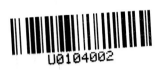

謹以此書獻給先母喬樹煥女士

哲學研究叢書・學術思想叢刊

孟子詮釋思想研究

李　凱　著

目次

序／顏炳罡

分析篇

釋讀篇

序

詮釋就是理解，就是解讀，或者說將自己讀出的意義傳達給他者，以幫助他者的理解。從某種意義上說，一部人類文明史就是不斷詮釋和被詮釋的歷史。在當代詮釋學中，無論是西方，還是東方，對詮釋的界定、起源等儘管有種種不同的說法，但這絲毫不妨礙人類過去是、現在還是、將來依然是一種不斷詮釋著他者與自身的動物。無論是對自然界，還是人類社會；無論是紙本文明的經典，還是信息時代的數字，皆因詮釋才有意義。人類一開始以自然為簡編，以民物為文字，去解讀自然這本無字天書。科學家們對自然無窮奧秘的探索是一種解讀，藝術家、詩人、哲學家等等托物言志，因物抒情也是對自然的一種解讀。「見山山含笑，見水水有情」，自然是人由解讀而生出的「笑」與「情」；「感時花濺淚，恨別鳥驚心」，同樣是由人的解讀而呈現出的「淚」與「驚」；從「見山是山，見水是水」，到「見山不是山，見水不是水」，再到「見山還是山，見水還是水」，在這種解讀的轉換與升進中，此山此水未變，而山、水對人的意義則迥然異趣。人類在解讀自然的同時，也在解讀著人自身、解讀著他者以及自身與他者的關係。自人類有文字記錄以來，尤其人類不同文化的經典出現以後，注、箋、訓、詁、疏、釋、正義等等解讀經典的方法出現了。在對經典的詮釋中，延續經典生命的同時，也將人類文化不斷推向新生。

在先秦諸子中，儒、墨兩家是延續傳統的，道、法兩家是反傳統的。儒家學派的創始人孔子，以文自任即以傳承華夏禮樂文化自任。傳承華夏文化必須識讀華夏文化，故孔子刪《詩》、《書》，定

《禮》、《樂》，贊《周易》，著《春秋》，蔣伯潛先生指出，孔子乃經學之開祖。「經學之開祖」從經學史的意義上說，這個評價是中肯的、恰當的。經學者，中國詮釋學之主幹也，經學之開祖即中國詮釋學之開祖也。孔子言《詩》論《書》，習禮賞樂，開創了詮釋傳統，但我們至今還沒有發現他對如何詮釋即詮釋方法有系統而明確的說明與反省。繼孔子而後，另一位大儒孟子則對詮釋方法與原則提出自己的看法，這些看法深深地影響著中國的詮釋傳統。

孟子言：「說《詩》者，不以文害辭，不以辭害志；以意逆志，是為得之。」（《孟子·萬章上》）他反對拘泥於文字，更不贊同望文生義，要求讀者用心去體貼《詩》作者的真實想法。文、辭是理解的手段，沒有文、辭，理解無法發生，但拘泥於文、辭可能會遮蔽了《詩》作者的真實意圖。從某種意義上說，孟子開創造性詮釋之先河。「盡信《書》，則不如無《書》。吾於《武成》，取二三策而已矣。仁人無敵於天下，以至仁伐至不仁，而何其血之流杵也。」（《孟子·盡心下》）這是對《書》的一種解讀，可謂開中國詮釋傳統中懷疑主義之先河。當然，孟子的懷疑是有根據的。在理解中，孟子要求做到「知人論世」，他說：「頌其詩，讀其書，不知其人可乎？是以論其世也。」（《孟子·萬章下》）「知人論世」至今仍然是我們解讀前人作品的基本方法。「以意逆志」、「盡信《書》，則不如無《書》」、「知人論世」有是三端，孟子對中國詮釋方法的貢獻不可謂不大矣。

在中國，詮釋是學問的實踐，即是說只有將詮釋方法與原則運用到具體經典詮釋活動中，這種方法與原則才有意義；而詮釋的方法與原則只有是從經典的詮釋實踐中總結、昇華的才有價值，知行合一，解行不二，這是中國的學問傳統，也是中國人的致思方向。不過，將詮釋作為一種學科尤其是一種哲學進行研究始自西方。但當其成為一門學科或一種哲學時，其實意味著知行為二，解行不一。李凱博士借助於西方的詮釋理論重新解讀孟子的詮釋方法與原則，是當代學術話語下的一種新嘗試。

與李凱博士相識已有十年了。二〇〇一年秋，時在大學讀本科三年級的他，在父親帶領下，走進山東大學二宿舍，我那個極為簡陋的家。自此以後，在我們舉辦的山東大學的義教課堂——經典誦讀班上多了一名外校學員，也開始了我們一起讀經典，一起登山，一起喝酒，一起辦《心燈》報的友誼。自讀碩士起，我要求他從詮釋學的角度研究孟子，碩士三年畢，接著繼續讀博士，我還是要求他從詮釋學的角度研究孟子。二〇〇七年，他得到臺灣中央研究院中國文哲所李明輝教授的幫助，前往臺灣進行為期三個月的訪學。臺灣孟子學研究知名學者李明輝教授、黃俊傑教授等人親自指點，使其學思大進，並最終以孟子的詮釋學為題完成了博士論文答辯。

李凱博士畢業後，進入西南大學任教。幾年來，還是延續孟子詮釋學的研究工作，不僅取得了相當可觀的成果，並成為一名富有學術潛質與創造力的青年學術俊彥。作為他的學術成長的見證者，目睹他的學術成長之路，見到他的學術成果，常常雀躍萬分，興奮不已。此書出版，是他近十年研讀《孟子》的結晶，也是他學術能力的一次展示。

李凱博士新著行將出版之際，懷忐忑之心，不安之情，略陳數語，聊以為序！

顏炳罡

孔紀二五六二年冬於泉城

分析篇

緒論

詮釋學是一門有關理解和解釋的學科。它在西方有很漫長的歷史。由於海德格爾、伽達默爾等大哲的努力，詮釋學在二十世紀由普通的技藝之學演變為一門哲學，並迅速成為當代西方哲學中的顯學。西方詮釋學的廣泛傳播和普遍應用，激發出中國哲學研究學者創建「中國詮釋學」的努力。關於「中國詮釋學」，黃俊傑教授定義說：「所謂『中國詮釋學』，是指中國學術史上源遠流長的經典注疏傳統中所呈現的，具有中國文化特質的詮釋學」[1]。按照這一定義，成中英教授的「本體詮釋學」與傅偉勳教授的「創造的詮釋學」尚不足以被稱為「中國詮釋學」。這是因為，「本體詮釋學的源頭是《易》的思想，而創造的詮釋學則發端於釋老之學」[2]，二者並不完全起源於經典注疏之學。不過，當前的學術界已開始泛用「中國詮釋學」的提法，來指稱立足中國傳統資源所產生的詮釋學體系或詮釋學構想。有鑒於此，筆者也沿用這一稱謂以表述一切有中國特色的詮釋學。近年來，有關「中國詮釋學」的論著相繼問世，較為重要的如李清良教授的《中國闡釋學》、周光慶教授的《中國古典解釋學導論》及周裕鍇教授的《中國古代闡釋學研究》。然而，最具代表性的「中國詮釋學」還是當屬傅偉勳教授的「創造的詮釋學」、成中英教授的「本體詮釋學」、黃俊傑教授以《孟子》為中心的「經典詮釋學」及湯一介教授創建「中國解釋學」的構想。

1　黃俊傑：《中國孟學詮釋史論》（北京市：社會科學文獻出版社，2004年），頁412。

2　潘德榮：《文字．詮釋．傳統——中國詮釋傳統的現代轉化》（上海市：上海譯文出版社，2003年），頁138。

一 「創造的詮釋學」及「本體詮釋學」

據黃俊傑教授的說法，「關於『儒家詮釋學』的建構，最早著其先鞭的是已故的傅偉勳教授」[3]。傅偉勳教授被視為新儒家最為重要的批評者之一，他曾在臺灣大學、伊利諾伊大學、俄亥俄大學等哲學系任教，也曾擔任美國費城州立天普大學宗教學研究所教授。著有《西洋哲學史》、《從西方哲學到禪佛教》、《批判的繼承與創造的發展》、《從創造的詮釋學到大乘佛學》、《中國哲學指導》（英文版）等中英文專著。早在一九七二年，傅教授在對老子的「道」進行探討時，便已萌發了建構「創造的詮釋學」的構想；一九八九年，傅教授寫成《創造的詮釋學及其應用——中國哲學方法論建構試論之一》，詳盡地闡釋了創造的詮釋學方法。

「創造的詮釋學」共分為五個層次。第一是「實謂」層次，探討「原思想家或原典實際上說了什麼」。這一層次的實質是要求詮釋者借助傳統的校勘方法為詮釋的展開提供可以信從的版本。第二是「意謂」層次，釐清「原思想家想要表達什麼」。這一層次主張詮釋者綜合運用語言解釋、心理解釋等方法，達到對作者或作品原意的客觀瞭解。顯然，這種方法與施萊爾馬赫的浪漫主義詮釋學頗為雷同。第三是「蘊謂」層次，追尋「原思想家可能要說什麼」。這一層次建議詮釋者跳出作品本身，對作者的思想繼承者們的思想進行分析，從而反推作者可能有的思想意蘊。不難看出，以上三個層次均屬於還原性詮釋方法。第四是「當謂」層次，追究「原思想家（本來）應當說出什麼」或者「我們詮釋者應該為原作者說出什麼」。在這一層次，詮釋者需要發揮自身的「詮釋學洞見」，挖掘作品「表面結構」下的

3 黃俊傑：《中國孟學詮釋史論》，頁49。

「深層結構」，進而發現作者自己也看不出來的「根本義理」。第五是「必謂」層次，闡明「原思想家現在必須說出什麼」或「為了解決原思想家未能完成的思想課題，創造的詮釋學者現在必須踐行什麼」。此時，詮釋者一方面應當「徹底解消原有思想的任何內在難題或實質性矛盾」[4]，這是所謂「批判地繼承」；另一方面則應當在不違背原有思想「根本義理」的前提下，實現理論創新，這是所謂「創造地發展」。顯而易見，「當謂」及「必謂」兩層次同屬於創造性詮釋方法。

「創造的詮釋學」將還原性詮釋方法與創造性詮釋方法有機地統一起來，並以創造性詮釋為最終依歸，的確較能體現中國傳統詮釋思想的部分特質。但是，其所存在的理論缺陷也是不容忽視的。對於「創造的詮釋學」，學術界一般的評價是，該理論具有「分析性和明晰性」[5]、「十分便於操作」[6]，筆者對此持有相反的看法。「創造的詮釋學」的理論核心在於創造性詮釋，即「當謂」及「必謂」層次。然而，傅教授恰恰未能指明通達這兩層次目標的具體途徑。由於不明所以，許多學者紛紛把伽達默爾的「視域融合」作為實現「當謂」或「必謂」的孔道，例如中國傳媒大學的蒲震元教授在評論王國維、宗白華及朱光潛對「意境」這一範疇的深層含義所作的詮釋時，就認為王國維等人「大都已由前面傅偉勳先生所說的『實謂』、『意謂』層詮釋，進入『蘊謂』、『當謂』、『創謂』（即「必謂」，筆者加）層的深層理解與視域融合了」[7]。

傅教授曾依據自身理論評價哲學詮釋學，認為伽達默爾只達到

---

4 傅偉勳：《學問的生命與生命的學問》（臺北市：正中書局，1994年），頁239。

5 潘德榮：《文字．詮釋．傳統——中國詮釋傳統的現代轉化》，頁141。

6 杜書瀛：〈面對傳統：繼承與超越〉，載《中國古代文論的現代轉換》（西安市：陝西師範大學出版社，1997年），頁29。

7 蒲震元：〈現代詮釋與微觀考辨——再談古代文論的現代價值轉型〉，載《文藝研究》（1998年第3期），頁9。

「當謂」階段，還不是「必謂」的詮釋學。所以，「視域融合」並不適用於「必謂」層次。那麼，「視域融合」能夠適用於「當謂」層次嗎？詮釋者的「詮釋學洞見」來自何處呢？「必謂」層次的「批判地繼承」與「創造地發展」又是如何達成的呢？對於這些問題，傅教授均未作出有效說明。

成中英教授被部分學者認為是第三代新儒家的代表人物之一。他曾為臺灣大學哲學系教授，現任美國夏威夷大學哲學系教授。其主要著作有：《儒家哲學論》、《本體與詮釋》、《中國文化的新定位》、《成中英自選集》、《中西哲學精神》、《知識與價值》、《易學本體論》、《美國哲學歸納法理論研究》、《戴震原善研究》、《中國哲學與中國文化》、《科學真理與人類價值》、《合外內之道：儒家哲學論》、《周易策略與經營管理》等。

一九八二年，在為伽達默爾的《真理與方法》所寫的書評中，成中英教授首次提出了「本體詮釋學」的有關構想，時至一九八五年，成教授終於正式創立起「本體詮釋學」的理論體系。成教授所說的本體不同於西方哲學中一般意義上的本體，通常所謂本體指的是某種終極存在，而成教授則將本體之義析而為二，「它是實體的體系，即體，它來源於實體的本源或根本，即本」[8]。成教授所說的本是指實體，其義大致接近於通常所謂本體；兩者的區別表現為，後者具有永恆性的特徵，而前者「是歷史性，是時間性」[9]，是在時間中流變、從而可以被修正的。

成教授所說的體是指體系，而且是以實體為根源所派生出的體系，這樣的體系自然屬於哲學體系。本與體之間存在著互動關係，

8 成中英：〈何為本體詮釋學〉，載《本體與詮釋》（北京市：生活．讀書．新知三聯書店，2000年），頁22。

9 成中英：〈從真理與方法到本體與詮釋（代前言）〉，載《本體與詮釋》，頁5。

這就決定了本體具備「發展、開放性」[10]，即本可以被重構、體可以被充實，「本可以開出體，體可以回到本，本永遠是一個不斷發展的力量源泉，體是一個不斷擴大的過程」[11]。成教授認為，詮釋活動可以分為「對本體的詮釋」及「自本體的詮釋」，兩類詮釋活動共同構成了「本體詮釋圓環」。所謂「對本體的詮釋」，就是將本體作為詮釋的對象，實則意指哲學體系的建構過程；所謂「自本體的詮釋」，就是將本體作為詮釋的泉源，實則意指根據已有哲學體系，對各種具體事物作出詮釋的過程。依託於這樣的「本體詮釋學」框架，成教授精心整合中西哲學，尤其是中國式的本體論與西方的方法論，竭力使「本體詮釋學」成為一種「世界整體哲學」。「本體詮釋學」有其自身的理論價值，這尤其表現在成先生的學說在某種意義上超越了伽達默爾哲學詮釋學中的相對主義因素。

在「自本體的詮釋」活動中，本體的地位大致接近於伽達默爾哲學體系中的「前見」。前見是詮釋者進行理解的前提條件，依照哲學詮釋學，詮釋者的前見是千差萬別、因人而異的；但成先生的所謂本體，係由於有本的規範或限定，無論體怎樣發展變化，總歸還要返本溯源，因此，這樣的本體便在一定程度上杜絕了前見概念的隨意性。不過，問題同樣也出現在這裏。為了保證人的意義不被「固定在某一點上」[12]，亦即為了保證體或日常生活意義的豐富多樣性，成教授便取消了本或終極意義的確定性。

然而，正如陝西師範大學金延教授所批評的，「否認永恆性是『本體』的固有特徵之一，必定會導致否認意義、價值、崇高、理想

10　成中英、潘德榮：〈本體詮釋學與當代精神〉，載《本體與詮釋》，頁56。

11　成中英：〈本體詮釋學三論〉，載《安徽師範大學學報（人文社會科學版）》（2004年第4期），頁398。

12　成中英、潘德榮：〈本體詮釋學與當代精神〉，載《本體與詮釋》，頁56。

的後果」[13]。如果終極意義都是相對的，那麼日常生活的意義還值得追求嗎？體固然可以不斷擴大，本卻必須變動不居嗎？成教授自稱：「本體詮釋學的看法是植根於中國哲學的觀念之中，尤其是植根於強調整體作用的《易經》哲學之中」[14]。「本體詮釋學」可謂充分發揮了「易」的「變易」之義，卻有意無意地抹煞了「易」的「不易」之義。

其實，日常生活的意義即使有無限多種，人生的終極意義也只會是有限幾種；只要對這有限幾種終極意義予以會通，便不會妨礙日常生活意義的豐富多樣性。在這方面，牟宗三先生早就做出了嘗試。牟先生指出，「不管是佛家的般若智心，抑或是道家的道心，抑或是儒家的知體明覺，它們皆是無限心……它們只是同一無限心底不同意義……每一意義皆與其他意義相鎔融，相滲透，而不能形成其他意義底障礙」[15]。牟先生將儒、道、釋三家的終極價值取向統一於「自由無限心」，而「自由無限心」對於牟先生而言正是帶有永恆性特徵的實體[16]，其與成教授的本極具可比性。

二　傳統經典詮釋學

黃俊傑教授是當代著名的孟子研究專家，曾任臺灣大學歷史研究所合聘教授，美國華盛頓大學、馬里蘭大學等校客座教授，現任臺灣大學歷史學系教授、臺灣「中央研究院」中國文哲研究所合聘研究員。著有《孟學思想史論》、《孟子》、《大學通識教育的理念與實踐》、《Mencian Hermeneutics：A History of Interpretations in China》

13 〈本體詮釋學的內涵與意義——國際本體詮釋學學會西安研究中心座談紀要〉，載《本體與詮釋》，頁380。

14 成中英：《世紀之交的抉擇》（上海市：知識出版社，1991年），頁83。

15 牟宗三：《現象與物自身》（臺北市：臺灣學生書局，1996年），頁449。

16 牟宗三：《現象與物自身》〈序〉，頁6。

等書，編有《孟子思想的歷史發展》、《中國經典詮釋傳統（一）：通論篇》、《Norms and the State in China》、《Cultural Change in Postwar Taiwan》、《Imperial Rulership and Cultural Change in Traditional China》、《Time and Space in Chinese Culture》等書。他的《孟學思想史論》（卷二）「從孟學詮釋史之具體發展經驗中，體現出……具有中國文化與思想特質的中國詮釋學」[17]。二〇〇四年，社會科學文獻出版社為該書出版了簡體字本，並將其更名為《中國孟學詮釋史論》。

透過對孟學詮釋史的詳細考察，黃教授將孟子學的研究者劃分為兩大陣營和三種基本形態。所謂兩大陣營，一是哲學／觀念史的研究進路，二是歷史／思想史的研究進路。「前者在研究方法上將《孟子》視為與社會、政治、經濟變遷無關的哲學文獻」[18]，獨立自主地研究孟子哲學體系中的核心概念；後者則將孟子思想放在歷史發展的脈絡中，著重探討其思想史的地位及其意義。所謂三種基本形態，一是作為解經者心路歷程之表述的詮釋學，歷代儒者透過注經以表述企慕聖賢境界的心路歷程；二是作為政治學的儒家詮釋學，許多儒者在有志難伸之餘，以經典注疏之學寄寓其經世濟民的政治理想；三是作為護教學的儒家詮釋學，在各種思潮強烈激盪的情境中，儒者們以經典注疏為武器，排擠「非正統」思想。

黃教授認為，討論中國詮釋學應特別關注三個問題。其一，詮釋者的歷史性：這是指詮釋者及其思想都受到特定的歷史條件的制約而言。詮釋者的歷史性往往由詮釋者所處的時代環境及詮釋者自身的思想系統所構成，該範疇略相當於海德格爾的「前理解」或伽達默爾的「前見」概念。其二，問題意識的自主性：這是指經典中的問題意識

---

17 黃俊傑：《中國孟學詮釋史論》，頁1。

18 同上書，頁8。

具有生命而言。《孟子》中的「義利之辨」等重要問題意識不僅為孟子及其弟子所一再辯論，而且為歷代孟子詮釋者所一再反省，從而較少受到外在因素的干擾，成為中國思想史上客觀的存在。其三，詮釋的循環性：這是指經典內部整體與部分之間，以及詮釋者與經典之間意義的循環而言。前者屬於西方古典詮釋學反復論述過的問題，而後者則有可能借鑒了伽達默爾的「視域融合」理論。

黃教授的上述結論出自對兩千年孟學詮釋史的深刻省察，絕非空發議論，因而具有極高的學術價值。不過，他建構起的新理論還不足以解決孟子學中所蘊含的一切詮釋難題。譬如，黃教授本人所提出的「『歷史性』與『超越性』之間蘊藏著某種緊張性」[19]的難題，非但沒有因為他的學術研究而消解，反倒加劇了緊張性演化為對立性。孟子講「盡心、知性、知天」，不僅為所有人指出了精神向上的途徑，而且為不同的人之間達成共識提供了可能。由於天是擁有「超越性」的無限存在，其價值內涵是單一的，因此，如果作者及不同的詮釋者都能夠「知天」，他們便可以產生相通的理解，經典詮釋的結果也只會是單一的。「歷史性」則意味著人是生活在時空中的有限存在，因此，人的認識活動、理解活動都不可避免地帶有時代的侷限性。黃教授就此提出問題：「在孟子思想中，人如何抖落歷史文化加諸人性的枷鎖，而將其超越性加以客體化而落實在現實世界之中？」[20]筆者以為，作者及詮釋者的「歷史性」並不必然導致理解的不可通約性，但如果詮釋學研究者僅僅注意到人的價值觀念隨著時代的變遷而變遷，那麼就只能認為作者與詮釋者之間無由達成一致的可能性，所謂「超越性」也會被架空。

---

19 同上書，頁87。

20 黃俊傑：《孟學思想史論》（臺北市：東大圖書公司，1991年），卷一，頁20。

黃教授強調，詮釋者的思想系統是特定時空條件下的產物，正是看到了人的價值觀念具有與時遷移的特性，詮釋者以這樣的思想系統為前見，而參與詮釋的循環，其與作者間的統一理解便不復存在，在這裏，「歷史性」的意蘊大為彰顯，而「超越性」卻被取消掉了。緩解「歷史性」與「超越性」之間緊張性的唯一途徑，在於嚴分知識及價值所屬的領域。一般意義上的價值觀念雖然隨時代而浮動，但終極價值取向卻不會是隨意的，將終極價值歸於「超越性」，將對生活經驗的體察、對時代環境的瞭解等知識性質的因素歸於「歷史性」，二者的緊張性便可消弭於無形。

經典之為經典，就在於其具有永恆的意義，而永恆的意義來自於其能夠反映人的終極價值訴求，只要詮釋者能夠回歸生命的本源，又能夠對經典作者所處的時代環境有所瞭解、對經典作者所獲致的生活經驗有所體察，從而設身處地地站在經典作者的立場上，那麼，在對經典的理解上，詮釋者便可以與作者產生默契、消除誤讀。此時，「超越性」與「歷史性」之意蘊雙彰。

湯一介教授是當代著名學者、哲學家。他曾任美國俄勒岡大學、澳大利亞墨爾本大學、香港科技大學、麥克瑪斯特大學等校客座教授，紐約州立大學宗教研究員，荷蘭萊頓大學漢學院胡適講座主講教授，香港中文大學錢賓四學術講座主講教授。現任北京大學哲學系教授，同時為南京大學、山東大學、蘭州大學、首都師範大學、北京理工大學等校兼任教授。著有《郭象與魏晉玄學》、《魏晉南北朝時期的道教》、《中國傳統文化中的儒道釋》、《儒道釋與內在超越問題》、《在非有非無之間》、《湯一介學術文化隨筆》、《非實非虛集》、《昔不至今》、《郭象》、《當代學者自選文庫：湯一介卷》、《佛教與中國文化》、《生死》、《Confucianism, Buddhism, Taoism, Christianity and Chinese Culture》、《La Mort》等書。

一九九八年，《學人》雜誌刊登了湯一介教授的短文〈能否創建中國的解釋學〉。此後，湯教授連續發表數篇文章，討論「中國解釋學」的創建問題。湯教授的有關構想一時間在學術界激起了不小的波瀾。湯教授認為，中國有很長的解釋經典的傳統及豐厚的經典注釋資源，然而，由於中國歷史上的思想家們未能將詮釋學作為專門的對象列入學術研究的範圍，因而中國傳統哲學中並不存在系統化的詮釋學理論。湯教授指出，要想創建「中國解釋學」，一方面需要對中國解釋經典的歷史和方法進行一番系統的梳理，另一方面還需要參照西方《聖經》詮釋學及施萊爾馬赫、狄爾泰等人詮釋學的相關理論。從湯教授所撰寫的論文來看，到目前為止，他還僅僅做了前一方面工作的一小部分。湯教授選取了幾部有代表性的解釋經典的書籍，從中歸納出先秦時期解釋經典的三種模式。一是歷史事件的解釋，如《左傳》對《春秋》的注解。這種模式既包含詮釋者對歷史事件的敘述，又包含詮釋者對歷史事件的評論。二是整體性的哲學解釋，如〈繫辭〉對《易經》的發揮。這種模式指詮釋者以自身建構的本體論或宇宙生成論為範式對經典展開詮釋。三是社會政治運作型的解釋，如《韓非子》對《老子》的論說。在這種模式下，詮釋者完全依據個人的政治觀點詮解經典，而對經典中的形而上學內容不加理會。

除此之外，湯教授還簡要分析了中國注經傳統中的個別方法，如漢儒的「章句之學」、魏晉人的「得意忘言」及「辨名析理」之法、佛教的「格義」之法等等。「中國解釋學」的創立，一要發揚民族傳統，二要借鑒西方文化，這種看法的確頗有見地。不過，在湯教授的計畫中，所須梳理的注經問題遍及經學史的各個角落，「傳」、「記」、「說」、「解」、「注」、「箋」、「疏」等解經形式均須考察，「訓詁學」、「文字學」、「考據學」、「音韻學」、「版本學」、「目錄學」等解經方法全要掌握，就連「通假」、「形似」等細瑣知識也應在「中國解釋學」的體系中有所安排。

湯教授似乎打算將中國兩千餘年的注經傳統熔於一爐，從中提煉出一套「放之四海而皆準」的詮釋學理論，這實在是一項艱巨而繁浩的工程。依筆者陋見，這種做法既無必要，又無可能。

西方詮釋學有各種類型，即使當代西方詮釋學也並非只有伽達默爾一家，較為重要的還有利科的反思詮釋學、哈貝馬斯的批判詮釋學等，各家無不處於爭鳴的狀態，既然如此，「中國解釋學」又何須歸於一統呢？再者，中國傳統的解經理路可謂異彩紛呈，假如硬要把這些不同的理路牽合在一起，會不會做成一鍋大雜燴呢？也許，「中國解釋學」能否被創建，更多依賴於中國哲學研究學者，能否找尋到適當的突破口。即能否選中較有代表性的「經典詮釋」的問題域，並以此為切入點，使先哲們的詮釋思想依其內在邏輯而形式化、系統化。事實上，黃俊傑教授正是這樣做的。至少從目前來看，湯教授的研究忽略了一個比較重要的問題域。中國的經典中最具關鍵性的是儒家經典，對儒家經典的詮釋中較具權威性的是先秦儒家的孔孟荀三人。《論語》、《孟子》及《荀子》中分別記載著孔孟荀三人針對《詩經》、《尚書》等古代經典的詮釋理論和詮釋實踐，對這些理論和實踐加以分析，或可形成堪稱典範的「中國解釋學」，對於這一領域的工作，湯教授至今尚未著手。

三 「中國詮釋學」的建構中應注意的問題

成中英教授的「本體詮釋學」受到《易經》哲學思維的啟發，傅偉勳教授的「創造的詮釋學」得益於對道家思想演化脈絡的揣摩，而黃俊傑教授的「經典詮釋學」及湯一介教授的「中國解釋學」則直接發端於傳統的經典注疏之學，這四種「中國詮釋學」的型態雖各具特色，但都未嘗不扎根於中國哲學的土壤之中，這恰是「中國詮釋學」在未來發展中所應當汲取的寶貴經驗。同時，四位學者所做的工作也曝露出兩個極需注意的問題。

第一，「中國詮釋學」的創立不應僅限於方法論的建構，還須包括本體論的說明，只有這樣，才能成功地回應西方詮釋學的挑戰；然而，四位學者的學術努力無一例外地僅僅灌注在方法論的層面上。景海峰教授認為，與其他學者偏重方法論的詮釋學理解不同，「成中英教授的『本體詮釋學』特別重視詮釋的本體論意蘊，比較接近海德格爾、伽達默爾等新派的哲學解釋學理路」[21]，實際上，這種看法反映出由於概念不清所造成的混淆。本體論在西方哲學中是多義詞，海德格爾的本體論詮釋學特指生存論詮釋學。生存論詮釋學既可以意指生存論意義上的詮釋學，也可以意指詮釋學意義上的生存論。換言之，生存論詮釋學包括了兩個方面的意義：一、詮釋者的詮釋活動不是為詮釋而詮釋，而是關涉生命的，是生存論的詮釋；二、詮釋者的生命展開過程及其存在，是以詮釋或理解的方式呈現出來的，因為理解是此在的存在方式。理解是此在的存在方式就是說，人不僅在面對陌生的語言時需要進行理解，只要人處於清醒狀態，他的閱讀行為、交際行為乃至心理活動等等無不帶有理解的印記，簡單地說，只要人活著，他就在理解著。誠然，成中英教授「把本體看作是生命的力量，人文世界、人的意義的根源和基礎」[22]，這樣的本體之中無疑凝聚著人的生活體驗，無論以之為詮釋的對象抑或泉源，詮釋活動都會暗含有生存論詮釋學第一個方面的意義。不過，是否這樣一種意義在其他三位學者的體系中就找不出呢？顯然不是。問題的關鍵在於，這樣一種意義

21 景海峰：〈解釋學與中國哲學〉，載《哲學動態》（2001年第7期），頁15。
22 成中英、潘德榮：〈本體詮釋學與當代精神〉，載《本體與詮釋》，頁56。

並非生存論詮釋學所獨有，狄爾泰的方法論詮釋學主張詮釋者應憑著自身的生命體驗去理解作者，從而也展示出類似的思路；因此，生存論詮釋學最為核心的意義體現在第二個方面，而這一點是無論哪一種型態的「中國詮釋學」都未及闡發的。

第二，在「中國詮釋學」的創立過程中，中國哲學研究學者不能不加分別地吸收西方詮釋學的理論成果，否則必將損害中國哲學的固有特質；然而，四位學者的學術活動中似乎不同程度地存在著這類問題。西方詮釋學誕生於西方哲學的特殊語境之中，其問題意識及理論形式往往與中國傳統詮釋思想有著較大的不同。筆者僅以伽達默爾的哲學詮釋學為例，說明其與中國哲學的異質性。一九〇〇年，伽達默爾出生於德國的馬堡，其全名是漢斯—格奧爾格·伽達默爾（Hans-Georg Gadamer）。他是德國存在哲學的大師海德格爾的得意弟子，曾任教於馬堡大學、萊比錫大學、法蘭克福大學及海德堡大學。伽達默爾是一位多產的作家，可以說是著作等身。在《真理與方法》裏，伽達默爾把他的哲學詮釋學理解為海德格爾詮釋學哲學的繼續發展。哲學詮釋學的核心概念是伽達默爾的「視域融合」。伽達默爾認為，人類均具有前理解結構，它為我們提供了特殊的視域。

所謂視域，就是「精神世界」或「意義空間」;「視域融合」指詮釋者的視域是同傳統的視域相接觸而不斷形成的，理解的產生便是詮釋者與作者兩種視域的交融。貝蒂等西方學者據此抨擊哲學詮釋學具有相對主義的傾向；面對指責，哲學詮釋學顯得回應乏力。格朗丹為哲學詮釋學辯護說，所謂相對主義，指「關於某個特定事物的觀點，或者甚至每一事物本身同任何別的觀點都一樣」[23]，而哲學詮釋學

---

23 [加拿大]J.Grondin: *Introduction to Philosophical Hermeneutics*, Yale University Press, 1994, P.141.

必然不存在這種意義上的相對主義；儘管哲學詮釋學所謂的經驗和真理都植根於我們的處境中，不同的處境可以產生不同的理解，但某一特定處境中的理解卻並非「怎麼都行」[24]。格朗丹對相對主義的界說與我們通常的定義頗有出入，「片面誇大事物和認識的相對性，否認事物和認識的絕對性，最終否定事物客觀存在和可知性的學說」[25]均可被視為相對主義。顯而易見，哲學詮釋學一方面否認存在著超出對話視域的絕對真理，主張「傳統中的文獻……沒有它們最終的真理——一個永恆不變的真理」[26]，另一方面又割裂方法與真理，使人們對真理的認識成為不客觀、不確定的，因此確屬相對主義的詮釋學。當然，這種相對主義與典型意義上的相對主義也確實存在著一些差別，這主要表現在詮釋者對作品的闡釋不是完全主觀、任意的，它畢竟還要受到來自作品本身意義的制約，於是洪漢鼎先生便稱其為「絕對的相對主義」[27]，但其為相對主義的則是無疑問的。如果我們盲目依靠這樣的詮釋學來解剖中國哲學，那麼，面對「先聖後聖，其揆一也。」（《孟子．離婁下》）、「天下無二道，聖賢無兩心。」（《荀子．解蔽》）及「同此心，同此理。」（《象山全集》卷二十二〈雜說〉）等等前聖之言，我們將如何自圓其說？

鑒於以往的種種經驗教訓，筆者擬從孟子對《詩經》、《尚書》等古代經典的詮釋入手，探析孟子所提出的「以意逆志」、「知人論世」、「不以文害辭，不以辭害志」以及「知言」等詮釋方法，並遵照其內在理路，歸納出一套較為系統、完備的詮釋思想體系。在進行

---

24 同上。

25 馮契主編：《哲學大辭典》（上海市：上海辭書出版社，1992年），頁1161。

26 陳榮華：《葛達瑪詮釋學與中國哲學的詮釋》（臺北市：明文書局，1998年），頁238。

27 洪漢鼎：《理解的真理》（濟南市：山東人民出版社，2001年），頁99。

這項工作的過程中，筆者力求既參考西方詮釋學的有益內容，又不喪失中國哲學的鮮明特徵；既建立起可操作性較強的方法論模式，又對該詮釋思想體系的本體論意蘊作以闡述。不僅如此，這套詮釋思想體系應當將傳統的還原性詮釋方法與創造性詮釋方法融為一體，還能夠消除「歷史性」與「超越性」之間的緊張。

四　近二十年來孟子學研究的回顧

自從上個世紀九十年代以來，孟子學的研究便一直成為儒學研究領域中的熱點，大批海內外學者致力於對孟子人性論、心性學或政治思想等課題的深入挖掘。無論就研究的深度抑或廣度而言，這一時期的孟子學研究均有超越前人的表現。從不同角度研究孟子的論著此時紛紛問世，其中較有代表性的如黃俊傑教授的《孟學思想史論》、李明輝教授的《康德倫理學與孟子道德思考之重建》、楊澤波教授的《孟子性善論研究》及信廣來教授的《孟子與早期中國思想》等。

黃俊傑教授的《孟學思想史論》計畫出三卷。其中卷一解析孟子思想的特質，卷二探討中國思想史上孟子學詮釋之發展軌跡，卷三預定分析德川日本思想史上孟子學的發展。卷二已如前述，卷三尚未出爐。初版於一九九一年的《孟學思想史論》（卷一）共包括〈論述篇〉和〈集釋篇〉兩大部分，兩者相互呼應，不可分割。論述篇各章析論孟子思想的各個面向，所提出的論斷係以〈集釋篇〉所條紮歷代中日韓儒者釋孟之言論作為參考，因此黃教授既能新見迭出，又不空發議論；〈集釋篇〉出入中外諸家，取其精華，去其糟粕，益以己見，勒成新詮，其對孟子言論的新解，則是以〈論述篇〉所創發的義理為根據，因此，集釋部分絕非簡單的材料堆砌，而是以義理貫通材料、藉材料闡發義理。李明輝教授長期從事於儒家哲學與康德哲學的比較研究，其早年間所撰成的《儒家與康德》一書堪稱這方面的代表之作。在這部書中，已有大量的內容涉及孟子學。出版於一九九四年的《康德倫理學與孟子道德思考之重建》一書，是李教授在《儒家與康德》的基礎上進一步闡釋孟子性善論的專著。該專著藉康德倫理學的論證策略來重建並證成孟子的性善說、乃至其整個道德哲學。李教授指出，孟子所謂「良知」實相當於西方哲學中的「隱默之知」，借助「隱默之知」的概念來理解孟子將大有裨益。近年來，大陸學者研治《孟子》的著作中影響較大者當首推楊澤波教授的《孟子性善論研究》。該書對性善論的涵義、方法、道德形上學建構及其影響進行了詳盡的論述。這部專著的最大創見在於將「良心」或「本心」解讀為「倫理心境」。所謂「倫理心境」，楊教授是指社會生活和理性思維在內心結晶而成的心理境況和境界。這樣一種意義上的「倫理心境」顯然是後天形成的，對此，楊教授本人亦不否認。至於多數學者所堅持的《孟子》書中表示道德的先天性的語句，比如「天之所與我者」(《孟子・告子上》)，楊教授則認為它們其實是在說明倫理道德的先在性。倫理道德的先在性是說人在正式處理倫理道德問題的時候，「良心」或「本心」已經存在了。依筆者陋見，楊教授雖然立意甚高，但其研究方法卻似乎存在可商榷之處。《孟子性善論研究》既然是研究孟子的，楊教授所應回答的問題就該是「孟子所謂『良心』、『本心』是什麼」，而不是「『良心』、『本心』在他看來實際是什麼」。然而，楊教授在開展研究時卻似乎是將個人的體驗置於第一位，而忽視了文獻原文的重要性。

信廣來教授於一九九七年出版的《孟子與早期中國思想》被許多學者認為是孟子研究的里程碑之作。信教授在這部專著裏對孟子的仁、義、禮、智、信、心等重要概念作了縝密的分析。信教授的分析緊扣《孟子》原文，例如，他解釋孟子的「義內」之說為義源於心，其依據全在於《孟子・告子上》的第四章及第五章。正因為信教授能夠忠實於文獻，而不是以先入為主的哲學思維模式或框架來解析《孟子》，所以，他所得出的結論頗為客觀和可信。

儘管孟子學領域的高水準研究成果近來層出不窮，但對於《孟子》一書所展現出的孟子本人的詮釋思想，當代學者卻鮮有論及，這方面也罕有分量較重的學術著作。當然，從上世紀九十年代至今，從文學角度闡述孟子「以意逆志」說的論文、從史學角度闡述孟子「知人論世」說的論文如夏夜繁星、指不勝屈，但較之前儒舊說，這些論文大多新見甚少，讀來常有似曾相識之感。

李清良教授的《中國闡釋學》、周光慶教授的《中國古典解釋學導論》及周裕鍇教授的《中國古代闡釋學研究》等專論「中國詮釋學」的著作中雖然也或多或少地含有涉及到孟子詮釋思想的零星內容，但這些論述一來較少碰觸到本體論詮釋的問題，二來只是對孟子的個別詮釋方法作了簡單介紹，系統性還遠遠不夠。二〇〇二年，上海譯文出版社出版了劉耘華副教授的專著《詮釋學與先秦儒家之意義生成——〈論語〉、〈孟子〉、〈荀子〉對古代傳統的解釋》，該書對關於孔孟荀詮釋《詩》、《書》的諸多問題作了全面而深入的分析，惜乎未能由此而昇華出一套邏輯嚴謹的詮釋學體系，所以，此領域中仍然存在著進一步開展研究的較大空間。

前輩學者們的輝煌學術成果為孟子詮釋思想的研究提供了借鑒和啟迪，在今天，開展此項課題研究的契機已經出現、條件已經成熟。研究孟子的詮釋思想，不僅可以使我們讀懂孟子詮釋《詩》、《書》及諸子的那些話語，而且有助於我們釐清孟子本人的思維模式，進而理解孟子的其它思想和言論。總之，孟子詮釋思想體系的構建或重建，不僅可以有助於「中國詮釋學」與西方詮釋學的平等對話，而且也能夠在很大程度上彌補孟子學研究領域中的空白，並對該領域的研究工作產生某種推動作用。

第一章
孟子詮釋思想的本體論意蘊

在中國詮釋學的創建過程中，多數學者還是從方法論的角度來使用詮釋學這一概念，對中國古代詮釋思想中的本體論意蘊挖掘不夠，從而未能真正實現與當代西方詮釋學的溝通與對話。生活在距今兩千餘年前的孟子固然不可能採用現代西方哲學的術語清晰地表述詮釋活動對於人類所具有的本體論意義；然而，從現代哲學的眼光來看，孟子的詮釋思想中包含著豐富的本體論意蘊，其與西方本體論詮釋學的差異也尤能體現中國古代詮釋思想的獨特性，亟應引起學界重視。

一　孟子的本體論詮釋思想的兩層意義

西方哲學中所謂「本體論詮釋學」肇始於海德格爾的「本體論轉向」，並由其弟子伽達默爾集其大成。海德格爾認為，西方傳統的「本體論」透過尋求諸「存在者」的共性，最後將其歸結為「實體」或「本體」，即某種最高或最優越的「存在者」，這種最高或最優越的存在者作為萬有的終極依據而成為某種具有神性的「事物」。然而，諸存在者的基礎反而被遺忘了，而諸存在者的基礎就是「存在」。簡言之，西方傳統的本體論只是抓住存在者卻遺忘了對存在本身的追問。海德格爾的工作正是要以對諸存在者基礎的追問代替對其共性的追問，從而將哲學的研究方向由傳統的本體論轉向「存在論」，這便是其本體論轉向的含義。

因此，所謂本體論詮釋學，實則是「存在論」詮釋學。所謂存在，海德格爾意指一種根本性的發生和維持著的狀態。存在並非超時間的實體，而是在時間中不斷打開著的展現，因此，對存在意義的追問不能採取「概念思維」的方式。一旦借助理性對存在加以概括，存在就僵化、凝固為有著明確規定性並與時間無涉的存在者。為了說明存在的意義，海德格爾引入了一個關鍵性的概念——「此在」。此在可以被表述為「人的實際生存狀態」。此在的與眾不同之處在於：「它存在論地存在」[1]。意思是說，此在不是像存在者那樣現成所與，而是始終處在去存在之中，因而經過它的活動——「領悟」，存在得以顯現。由於此在對存在的領悟是通過「生存」來實現的，存在意義的追問就轉化為對此在的「生存論」分析。由此可知，所謂存在論詮釋學，在本質上是「生存論」詮釋學。因此，說明孟子的詮釋思想具有本體論意蘊，實質是說明其詮釋思想具有存在論或生存論的意蘊。

本體論詮釋學不僅指謂本體論意義上的詮釋學，而且指謂詮釋學意義上的本體論。相應的，孟子的詮釋思想是本體論的，就同時涵蓋了如下兩個方面的意義：一、孟子的詮釋活動並非單純的理解行為，而是與個體存在相關聯，是存在論或生存論的詮釋；二、孟子的人生歷程即其存在通過詮釋或理解的方式而展開。

首先，本體論詮釋學具有普遍性，其所謂詮釋並不僅僅侷限於對文獻的詮釋；但畢竟文獻詮釋才是詮釋學思考最早的出發領域，所以我們仍可以從文獻詮釋的角度，分析孟子詮釋思想中所具有的本體論意蘊。正如孔子所說：「不學《詩》，無以言。」（《論語・季氏》），《詩》、《書》被先秦儒家奉為經典，是他們立論、言說的根據，孟子自然也不例外。據統計，《孟子》引《詩》、論《詩》共卅九次[2]，

---

1 〔德〕海德格爾著，陳嘉映、王慶節譯：《存在與時間》（北京市：生活・讀書・新知三聯書店，1987年），頁16。

2 董治安：《先秦文獻與先秦文學》（濟南市：齊魯書社，1994年），頁65～66。

《孟子》引《書》共廿五次[3]。這裏僅舉兩例，以說明孟子在對《詩》、《書》等經典文獻的詮釋中所折射出的深厚的人生體驗。請看下文：

> 孟子曰：「愛人，不親，反其仁。治人，不治，反其智。禮人，不答，反其敬。行有不得者，皆反求諸己。其身正而天下歸之。《詩》云：『永言配命，自求多福。』」（《孟子．離婁上》）

孟子在這裏引用《詩經》是為了證明自己的觀點：即面對道德的缺憾、不足乃至過失，不要一味向對方、向外面尋求解決，而應當反問自己。「永言配命，自求多福」出自《詩經．大雅．文王》。毛亨的序文稱：「〈文王〉，文王受命作周也。」（《毛詩正義．大雅．文王》）說明這是一首稱頌周文王的詩。它歌頌了周代受命於天，文王施行德政，當時的執政者希望諸侯及後王以文王為榜樣，吸取殷滅亡的教訓。對於「永言配命，自求多福」，毛亨《傳》曰：「永，常。言，我也。我常配天命而行，而庶國亦當自求多福。」（同上）說明這兩句話表達了周天子希望諸侯及後王繼承祖志、自律自強的意思，體現了他深沉的憂患意識和高明的政治智慧。「永言配命，自求多福」在《詩經》中是專對諸侯及後王而言的，體現的是執政者的政治遠見，孟子經過創造性地詮釋，使之由周王的自我道德反省的詩轉化為人人都應反省的詩，由原來的歷史意識和政治智慧轉化為個人道德踐行的智慧。可見，孟子對《詩經》的詮釋並非要追究其原意，而是借詩言志，抒發他對生命存在的深切體悟。又如，《孟子》載：

> 孟子曰：「……夫人必自侮，然後人侮之；家必自毀，而後人毀之；國必自伐，而後人伐之。《太甲》曰：『天作孽，猶可

3　據學界通論。

違；自作孽，不可活。』此之謂也。」(《孟子．離婁上》)

〈太甲〉屬於《尚書．商書》中的一篇。我們現在所能看到的〈太甲〉、〈武成〉及〈說命〉等篇章均出自東晉梅賾獻給晉元帝的《古文尚書》。南宋初年，吳棫開始懷疑梅氏《尚書》為偽書，後來朱熹也懷疑此書的真實性。明清時期，梅鷟作《尚書考異》、閻若璩作《古文尚書疏證》、惠棟作《古文尚書考》，他們透過考證確定，梅本比今文尚書多出來的二十五篇連同孔安國寫的《尚書傳》為魏晉時候的偽作，此後它們便被稱為《偽古文尚書》。儘管〈太甲〉等二十五篇出自偽造，但對於我們而言，它們仍然具有一定的參考價值；而且，在討論〈太甲〉、〈武成〉等文的具體內容時，梅氏《尚書》也是我們唯一可以依從的材料。因此，在本書中，筆者不打算將《偽古文尚書》棄之不用。「天作孽，猶可違；自作孽，不可活」在〈太甲〉中為「天作孽，猶可違；自作孽，不可逭」。「活」表示「生存」，「逭」表示「逃脫」，無論二者如何取捨，對於言辭大意都無太大影響，故而筆者對於二者的真偽正訛不予討論。對於〈太甲〉的話，孔安國注釋說：「言天災可避，自作災不可逃。」(《尚書正義．商書．太甲》)孔穎達注釋說：「此太甲自悔之深，故言自作甚於天災耳。」(同上)意謂這兩句話表達了太甲對於自身過失的痛切悔悟、深刻反省。孟子藉這兩句話來說明「人必自侮，然後人侮之；家必自毀，而後人毀之；國必自伐，而後人伐之」的道理，就在其「自責」、「反省」原意的基礎上引申出更深一層的哲理，即一切恥辱、災禍本起於自身，凡事都應先從自身找原因，太甲悔過之言由此而被賦予了新的涵義。顯然，這種新義也並非出自文獻本身，它是孟子於其豐富的人生閱歷中所提煉出的思想菁華。

其次，孟子對《詩》、《書》等經典文獻的詮釋只是其全副生命打開的一個環節，實則其人生感悟貫穿於其一生的學術活動及政治活動之中。《孟子》全書處處展示了孟子人生軌跡中的這種詮釋學意蘊。譬如《孟子》一書開篇第一段：

> 孟子見梁惠王。王曰：「叟不遠千里而來，亦將有以利吾國乎？」孟子對曰：「王何必曰利？亦有仁義而已矣。王曰：『何以利吾國？』大夫曰：『何以利吾家？』士庶人曰：『何以利吾身？』上下交征利，而國危矣。萬乘之國， 其君者必千乘之家；千乘之國， 其君者必百乘之家。萬取千焉，千取百焉，不為不多矣。苟為後義而先利，不奪不饜。未有仁而遺其親者也，未有義而後其君者也。王亦曰仁義而已矣，何必曰利？」(《孟子．梁惠王上》)

這段話記載了孟子與梁惠王之間的一次會面。梁惠王見到孟子，開口便詢問有無使其國家獲利的舉措。對於梁惠王這種急功近利的心態，孟子指出，如果諸侯王帶頭講利，便會形成一種上行下效的效應，最終只會導致國家的動亂、政權的鼎革；反之，只有將仁義作為立國之本，才是政權穩定、國家發展的長久之道。孟子的這一見地來自於他對春秋戰國時代層出不窮的「犯分亂理」事件的思索及其對人性的深刻洞察。孟子將他的見地與當時的政治背景相結合，形成了他對立國之道的獨特理解，並用其一生的政治活動不斷地加以詮釋。透過《孟子》一書，我們看到孟子的這種理解已完全滲透於其一言一行之中，成為其生命展開的表現形式。再如《孟子》一書的結尾一段：

> 孟子曰：「由堯、舜至於湯，五百有餘歲。若禹、皋陶，則見而知之。若湯，則聞而知之。由湯至於文王，五百有餘歲。若伊尹、萊朱，則見而知之。若文王，則聞而知之。由文王至於

> 孔子，五百有餘歲，若太公望、散宜生，則見而知之。若孔子，則聞而知之。由孔子而來，至於今，百有餘歲。去聖人之世，若此其未遠也。近聖人之居，若此其甚也。然而無有乎爾，則亦無有乎爾！」（《孟子‧盡心下》）

在這段話中，孟子表述了一種宏大的歷史觀，即社會由治到亂、由亂到治有一個五百年的循環週期，每當社會動盪乃至天下大亂之時，必有聖人橫空出世，推行王道政治，挽救世道人心，從而最終帶領人民走出劫數。在這段話的最後，孟子表面上喟歎世無孔子，實則慨然以孔子的繼承人自居，這正是他所以能說出「如欲平治天下，當今之世，舍我其誰也？」（《孟子‧公孫丑下》）的原因。可以想見，孟子一生的不懈努力便根由於他的歷史感與擔當感，也體現著他的歷史感與擔當感，他的理解促成了他的行動，他的行動加深著他的理解，孟子確乎已經做到了知行合一。

當然，無論是本體論意義上的詮釋學，還是詮釋學意義上的本體論，孟子都不曾有過專門的論述；換言之，對於本體論詮釋學，孟子缺乏理論的自覺。我們說孟子的詮釋思想中呈現出某些本體論的意蘊，只是表示孟子的詮釋思想在一定程度上印證了海德格爾有關本體論詮釋學的理論。對於孟子來說，沒有系統的本體論詮釋學理論也許是一種不足；但對於海德格爾來說，使本體論詮釋學僅僅侷限於貧乏、乾枯的理論似乎同樣也是一種缺憾。「他山之石，可以攻玉。」（《詩經‧小雅‧鶴鳴》）借助海德格爾本體論詮釋學的範式來重新解讀孟子的心路歷程、人生感悟，既可以增強該種理論的生命力，又可以使孟子的思想展示出新的面相。

二　孟子的本體論的兩項內容

本體論詮釋學系統中的本體論包括兩個方面的內容：其一，此在透過其生存領悟所揭示出的自身存在；其二，其他存在者在人與之交往的方式中所顯現出的存在。相應的，孟子詮釋思想中所蘊含的存在論也包含了這樣兩方面的內容，即孟子對人自身存在的領悟及其對其他存在者存在的開顯。

孟子對人的存在的領悟集中體現在他對「仁義」的闡揚和踐行上。仁義是孟子思想中的核心範疇，在《孟子》一書中，「仁」字出現一五七次[4]，「義」字出現一〇八次[5]。仁的基本內涵是「親親」，義的基本內涵是「敬長」，但其範圍又不限於此，而是可以向外推擴出去，所以，孟子可以說「親親而仁民，仁民而愛物。」（《孟子．心上》）孟子將仁義視為人的日常生活的軌道，他說，「仁，人心也；義，人路也。」（《孟子．告子上》）「仁，人之安宅也；義，人之正路也。」（《孟子．離婁上》）在孟子看來，一個始終能夠將仁義作為為人之本的人，方才稱得上是一個真正把握了人的真實存在——仁義的人。《孟子》載：

> 居天下之廣居，立天下之正位，行天下之大道。得志，與民由之；不得志，獨行其道。富貴不能淫，貧賤不能移，威武不能屈，此之謂大丈夫。（《孟子．滕文公下》）

朱熹《孟子集注》注曰：「廣居，仁也；正位，禮也；大道，義也。」（《孟子集注．滕文公章句下》）「天下之廣居，立天下之正位，行天

4　楊伯峻：《孟子譯注》（下）（北京市：中華書局，1960年版），頁356。

5　同上書，頁448。

下之大道」意為「住在天下最寬廣的住宅『仁』裏，站在天下最正確的位置『禮』上，走著天下最光明的大路『義』」[6]。孟子指出，在富貴、貧賤、威武面前不變節，仍能堅持踐仁行義，這樣的人便是一個真正的人——大丈夫。

對於孟子而言，踐仁行義不僅揭示出了人的真實存在，而且使天地萬物獲得了存在的意義，從而使天人在人的價值視野中呈現出一種一體無隔的和諧狀態。《孟子》載：

> 孟子曰：「萬物皆備於我矣。反身而誠，樂莫大焉。強恕而行，求仁莫近焉。」（《孟子．盡心上》）

儒家有許多這類「一天人」、「合內外」的話頭，諸如張載的「民吾同胞，物吾與也。」（《正蒙．西銘篇》）程顥的「仁者渾然與物同體」（《二程遺書．識仁篇》）、陸九淵的「宇宙便是吾心，吾心即是宇宙。」（《象山全集．雜說》）等等。這類話頭在不同的哲學家那裏有著不同的內涵，或者表示主體內在心性與宇宙生化本體的同一性，或者表示主體道德直覺所具有的感通、遍潤的功能。在《孟子》一書中，我們難以找到孟子有講宇宙論的跡象，因此「萬物皆備於我」並非暗示實體派生萬物，而是闡明主體與萬物之間的一種價值賦予的關係。仁義本是人的道德屬性，萬物無所謂德性可言，但萬物在人的仁義觀照之下，當下便呈現出德性的光輝，因此應當「親親而仁民，仁民而愛物。」（同上）孟子的這樣一種濃厚的人性關懷完全體現在他的「仁政」或「王道」的政治理念中。「仁政」、「王道」的典範是歷史上的堯、舜、文王之治，其具體內容可歸結為「養而後教」。孟子說：「養生喪死無憾，王道之始也。」（《孟子．惠王上》）接著應

---

6 楊伯峻：《孟子譯注》（上），頁141。

「謹庠序之教，申之以孝悌之義。」（同上）這便是「養而後教」的完整內涵。孟子的這一主張一方面固然是出自於他對「民之為道也，有恆產者有恒心，無恆產者無恒心。」（《孟子・滕文公上》）的睿智洞見，另一方面更是真誠地發自其悲天憫人的人道情懷。

康有為的《孟子微》開篇即云：「孟子一生學術，皆在『性善』、『稱堯舜』二語，（此）為《孟子》總括，即為七篇總提。」（《孟子微・總論》）「道性善」點明了孟子對仁義的體認，屬於「內聖學」方面；「稱堯舜」標舉出孟子對「仁政」、「王道」的推崇，屬於「外王學」方面。一「內」一「外」不僅總括了孟子的核心思想，而且較為周延地涵蓋了孟子「存在論」的主要內容。可見，孟子的核心思想就是存在論的。當然，如果嚴格按照海德格爾的思想來看，人的存在是不應當有所謂本質的，換句話說，立足於海德格爾的立場，存在是流轉無常、豐富多樣的，仁義只不過是其中的一個特殊面相而已，將人的存在抽象化、一般化為仁義，無異於把人等同於物，從而掩蓋了真實的存在。在評論尼采的思想時，海德格爾就曾明確提出，「問題依然是：人的本質規定是把人人化了，還是把人非人化了」[7]；不過，依筆者愚見，對於孟子這位道德感特強、使命感較重的聖人而言，仁義原本就是他生命的實存狀態，因此，即使我們將其存在論的內容化約為「道性善」、「稱堯舜」，也並無不妥之處。

三　孟子詮釋思想中的本體

如前所述，西方的本體論詮釋學存在著相對主義的嚴重弊端。王陽明詠良知詩曰：「人人自有定盤針，萬化根源總在心。」（《王陽明全集・良知四首示諸生》）西方本體論詮釋學之所以陷入相對主義的

7　海德格爾：《尼采》（上卷）（北京市：商務印書館，2002年），頁353。

泥潭，原因在於其所揭示的理解過程中缺少一個對理解活動加以規範的「定盤針」。

孟子的詮釋思想則不然。《孟子》載：

> 孟子曰：「舜生於諸馮，遷於負夏，卒於鳴條，東夷之人也。文王生於岐周，卒於畢郢，西夷之人也。地之相去也千有餘里，世之相後也千有餘歲。得志行乎中國，若合符節。先聖後聖，其揆一也。」（《孟子．離婁下》）

孟子在這裏指出，舜與文王在地域和時間上都存在著較大的距離，然而他們的行為卻具有驚人的相似性，孟子由此啟發人們去認識、發現聖賢內在標準的統一性。「揆」指尺度、道理、道路，也就是這裏所說的內在標準。聖人們的內在標準是什麼呢？它同時就是孟子思想體系中的「本體」。孟子涉及本體的言論散見於《孟子》書中，其中最重要的是這樣一處：

> 孟子曰：「盡其心者，知其性也。知其性，則知天矣。存其心，養其性，所以事天也。夭壽不貳，修身以俟之，所以立命也。」（《孟子．盡心上》）

關於「盡心、知性、知天」，一般性的解釋是這樣的：只要盡自己的道德本心去行事，就可以認識、瞭解到自己的本性是善的；而認識、瞭解到自己的本性是善的，也就是知「天命」了。這裏的「心」就是孟子所謂「良知」、「本心」。按牟宗三先生的詮解，儒家的「良知」實是一「智的直覺」，是用以認識本體或物自身的。[8]既然「性」需要通過「盡心」來「知」，那麼仁義本性自然就是一本體了。至於

---

[8] 牟宗三：《四因說演講錄》（臺北市：鵝湖出版社，1997年），頁193。

「天」，「究竟是不是超自然的存在？……在這個問題上，爭論最多而且迄無定論」[9]。楊伯峻先生認為《孟子》中的天共有「自然之天」、「命運之天」及「主宰之天」三種含義[10]，這裏的「天」應當含有命運之天及主宰之天的意思，所以楊先生將其譯為「天命」[11]。宋儒視天命為「天理」，天為「義理之天」，此時的心、性、天通而為一，若天為一「於穆不已」的宇宙生化實體，則心、性即為「純亦不已」的道德創造實體。然而，在孟子這裏，天似只表示命運之天或主宰之天，對心、性而言，天具有某種程度的外在性及異質性，因此，像牟宗三先生的「道德的形上學」那樣，將心、性、天內在地貫通起來的範式似乎並不適合於孟子。同時，孟子所說的天雖然可能指謂命運之天或主宰之天，但這命運之天與主宰之天又不像是實際的存在者，筆者認為，當如徐復觀先生所言：「所謂性，所謂天，即心展現在此無限的精神境界之中所擬議出的名稱」[12]，天只是用以表徵人在體悟的過程中所獲致的超越感，而作為本體的性亦並非帶有創生萬物功能的宇宙實體，倒毋寧說是一種「絜靜精微」的精神狀態。「絜靜精微」一詞源出《禮記．經解》，原本是孔子用來形容「易教」的。絜通潔，指純潔，靜指安閒，精微指見解深刻，具有洞察能力[13]。孟子的這種精神狀態是一種純然至善的精神狀態，達到這種精神狀態的人能夠不為世俗的安危禍福所擾動，而要達到這種精神狀態則需要具備超人的悟性並付出艱苦的努力，因此，用「絜靜精微」一詞形容這種精神狀態，可謂恰到好處。正如蒙培元先生所指出的：「研究中國哲學的人，常

9　蒙培元：〈儒學是宗教嗎？〉，載《孔子研究》（2002年第2期），頁41～42。

10　楊伯峻：《孟子譯注》（下），頁358。

11　同上書，頁301。

12　徐復觀：《中國人性論史（先秦篇）》（上海市：上海三聯書店，2001年），頁157。

13　呂紹綱編：《周易辭典》（長春市：吉林大學出版社，1992年），頁423。

常用西方哲學實體論的觀點講中國哲學，結果，中國哲學中的許多重要範疇，如：道、理、性、心、氣等等，都被說成是實體概念」[14]。實際上，牟宗三先生也「是從實體論的意義上講超越的」[15]，因此，孟子的性本體對牟先生而言當是一實體。「但是，用實體論觀點講中國哲學，是有問題的」[16]，筆者較同意蒙培元先生的論斷，即「從根本上說，中國哲學不是概念論、實體論的，而是詩學的、境界論的」[17]，所以，筆者傾向於將孟子思想中的本體規定為需要經過個人的長期修養方能開顯出的境界本體，而不是現成的實體本體。以筆者愚見，這樣的理解也許更加切合孟子的本意，同時也更能促使人們正視道德實踐的意義。

本體是時時有所呈露的，故而孟子可於人的「四端」處指點「性善」，然而本體的清晰朗現卻往往主要出現在以下三種情況中，即靜處體悟的功夫、道德實踐的積累及憂患意識的觸引。孟子的工夫論思想主要包括「養吾浩然之氣」(《孟子‧公孫丑上》)、「求放心」(《孟子‧告子上》)、「存夜氣」(同上)、「先立乎其大者」(同上)、「集義」(《孟子‧公孫丑上》)及「寡欲」(《孟子‧盡心下》)等等，可見孟子更多地是強調從道德實踐的角度呈現本體。由於本體並不是一個固定的「被給予者」，它事實上只是境界的一種抽象表達，而境界又是本體在實踐工夫中的彰顯。因此，本體的呈現同時便是最高境界的證成。孟子思想的最高境界集中體現在他對「浩然之氣」的表述上：

---

14 蒙培元：〈人‧理性‧境界——中國哲學研究中的三個問題〉，載《泉州師範學院學報(社會科學版)》(2004年第3期)，頁19。

15 蒙培元：〈儒學是宗教嗎？〉，載《孔子研究》(2002年第2期)，頁40。

16 蒙培元：〈人‧理性‧境界——中國哲學研究中的三個問題〉，載《泉州師範學院學報(社會科學版)》(2004年第3期)，頁19。

17 同上書，頁20。

> 其為氣也，至大至剛，以直養而無害，則塞於天地之間。其為氣也，配義與道；無是餒也。是集義所生者，非義襲而取之也。行有不慊於心，則餒矣。（《孟子・公孫丑上》）

朱熹《孟子集注》云：「浩然，盛大流行之貌。」（《孟子集注・公孫丑章句上》），所謂浩然之氣，是指一種盛大、剛直、正義的精神狀態。因其純然至善故而正義，因其安閒不為所動故能剛直，所以這樣一種精神狀態自然就是「絜靜精微」的精神狀態。既然浩然之氣須養而後得，那麼，這種絜靜精微的精神狀態也不具備實體的恒存特質。

孟子的本體具有內在性、超越性、絕對性及普遍性的特徵。孟子說：「仁義禮智根於心。」（《孟子・盡心上》）「非由外鑠於我也，我固有之也。」（《孟子・告子上》）說明道德原則根源於作為價值主體的人，這體現了本體的內在性。對仁義的踐履應當超乎於一切世俗利害關係之上，所謂「富貴不能淫，貧賤不能移，威武不能屈。」（《孟子・滕文公下》）這體現了本體的超越性。孟子說：「生，亦我所欲也。義，亦我所欲也。二者不可得兼，舍生而取義者也。」（《孟子・告子上》）這說明仁義作為人生的終極價值取向，是人應當無條件遵循的，即使犧牲個人的生命也在所不惜，這體現了本體的絕對性。孟子認為，良知、本心是人人都具備的，所謂「心之所同然者何也？謂理也，義也。」（《孟子・告子上》）這指明了本體的普遍性。本體的內在性、超越性及絕對性是可以透過良知的呈現而當下給出的，而本體的普遍性則既不能在道德直覺中直接顯現，也不能從邏輯上得到周延的論證。孟子在比較舜與文王的「外王」事業時說，「地之相去也千有餘里，世之相後也千有餘歲。得志行乎中國，若合符節。」（《孟子・離婁下》）聖賢在類似的條件下所行之事相近，所循之理相同，因此「先聖後聖，其揆一也。」（同上）這就提示我們，本體的普遍性是建立在「心同理同」生命體驗基礎上的推論或信仰。

由於承認本體的存在，故而對孟子來說，人的理解可以達至無限——盡心、知性、知天，而伽達默爾由於主張理解活動恆受到傳統所給予我們的視域的制約，過分誇大人的歷史性，看不到理解活動還有超越性的一面，所以在哲學詮釋學的系統下，人的理解總是有限的。

四　孟子的本體與其本體論的內容之間的關聯

孟子思想體系中的本體是如何對其理解過程產生「定盤針」的作用的？換言之，這種「絜靜精微」的精神狀態是如何規範孟子的存在論內容的？

本體雖是超越的，但並非隔絕的，雖不能創生萬物，但卻可派生萬理，它總要發揮其功用，即產生出具體道德法則，展現為實際道德實踐。這裏的所謂「道德法則」，就是對孟子存在論內容的另一種表述，二者在實質上是相等同的。本體的發用流行接觸到現實層面的不同經驗因素，會「應跡當機」顯發不同的道德法則，因此，道德法則的呈現是「具體而普遍」的。它由經驗層之跡或機所引發，從而具有具體性；相同的經驗層之跡或機只能引發相同的道德法則，從而它又具有普遍性。正如牟宗三先生所說：「自應跡當機言，是特殊的，而所發之律則則總是易地則皆然之普遍的，此是具體的普遍，而非抽象的普遍」[18]。

道德法則大致包括了兩個方面的內容，即濟世救民的良方與立身處世的道理。濟世救民的良方是指本體的發用流行與現實層面的時、勢因素相接，所呈現的外王之道。時指時機、機會，這裏特指社會歷

18　牟宗三：《心體與性體》（臺北市：正中書局，1968年），第一冊，頁367。

史發展的各項條件總和；勢指情勢、形勢、趨勢，這裏特指社會歷史發展的方向所指、民心所向。時勢不同，外王之道各異，在古代，逢治世則當忠君護國，逢亂世則當揭竿而起；在現代，則當依據不同國家的國情實行不同的政治制度。立身處世的道理是指本體與現實層面各單個個人的時、位因素相接，所呈現的個人內聖之道。這裏的時特指個人的時遇、境遇因素；位指分位，包括了個人所能擔當的各種職分，既有政治的，又有家庭倫理的、社會分工的乃至個人在宇宙中作為一名「天民」的職分。時位轉變，內聖之道遂變，生逢其時當如何，生不逢時當如何，在下位當如何，在上位當如何，如此等等，聖賢在這方面有著卓越的智慧。孟子盛讚孔子為「聖之時者」，就是稱道孔子在不同的時位因素下皆能取其「中道」而行。顯然，立身處世的道理與濟世救民的良方分別對應著孟子存在論內容的兩個方面。

另外，時勢也好，時位也罷，均屬知識或常識性質的因素，並非道德直覺所能直接含括，認識它們需要經過牟宗三先生所說的「良知自我坎陷」，即道德心為了成就知識，自覺地後退一步，從而轉出知識心；在認識把握時勢、時位因素的前提下，經歷由經驗到超驗的飛躍，方有具體的內聖、外王之道可言。前文中所說的「應跡當機」中的「跡」與「機」即指這裏的時勢因素或時位因素。本體只能為人的行為指出一個善的方向，而唯有掌握了相應的時勢因素或時位因素，本體的發用流行方能顯發為不同情境下的具體道德法則。以「助人」為例：本體使某人驗證了善的絕對性，自覺了「成己」、「成物」的道理，此人自然也就懂得了應當助人的道理。但是助什麼人、如何助人，單靠閉目冥想是找不出答案的。這就需要瞭解對方是個什麼樣的人、他需要什麼、他與本人處於什麼樣的關係之中，乃至當地的風俗習慣等等，這些方面統統包括在時勢因素或時位因素之中。在瞭解掌握以上種種知識或常識因素的基礎上，道德直覺方能為此人提供一個完備、具體的道德法則，這便是「應跡當機」。儘管道德法則關涉著知識或常識因素，但其本身絕非知識、常識，它恒是本體的發用流行，並可為我們的直覺所自覺的。

本體、經驗因素及具體道德法則之間的這樣一種微妙的關係在《孟子》一書中時有體現。最為典型者莫過於如下兩處：

> 禹、稷當平世，三過其門而不入。孔子賢之。顏子當亂世，居於陋巷，一簞食，一瓢飲，人不堪其憂，顏子不改其樂。孔子賢之。孟子曰：「禹、稷、顏回同道。禹思天下有溺者，由己溺之也。稷思天下有饑者，由己饑之也。是以如是其急也。禹、稷、顏子易地則皆然……」（同上）

禹、稷處於政治清明的時代，擔當起治理天下的重任，顏子處於政治昏亂的時代，過著獨善其身的生活。禹、稷、顏子所屬的宏觀歷史背景不同，或者說，他們面臨著迥異的「時勢」，從而選擇了不同的出處進退之道——道德法則，但孔子對他們都加以稱讚。孟子指出「禹、稷、顏子易地則皆然」，這就是說，一旦將禹、稷與顏子的時代背景——時勢互換，他們便會做出類似於對方的行為。為什麼聖賢在類似的境遇下會有類似的表現？孟子說：「禹、稷、顏回同道」。「易地則皆然」之說又見於下文：

> 曾子居武城。有越寇。或曰：「寇至，盍去諸？」曰：「無寓人於我室，毀傷其薪木。」寇退，則曰：「修我牆屋，我將反。」寇退，曾子反，左右曰：「待先生如此其忠且敬也，寇至則先去以為民望，寇退則反，殆於不可。」沈猶行曰：「是非汝所知也。昔沈猶有負芻之禍，從先生者七十人，未有與焉。」子思居於衛。有齊寇。或曰：「寇至，盍去諸？」子思

曰：「如伋去，君誰與守？」孟子曰：「曾子、子思同道。曾子，師也，父兄也。子思，臣也，微也。曾子、子思易地則皆然。」（同上）

曾子與子思在類似的事件發生時，做出了各自不同乃至截然相反的舉動，然而孟子卻指出他們的行為都是合乎道義的。曾子、子思的不同表現源於他們的不同境遇，「寇至」固然是他們所同樣面臨的突發事件——時，但「師」與「父兄」是曾子所處的「位」，「臣」與「微」是子思所處的「位」，境遇不同，自然表現不同。孟子在這裏再次指出，「曾子、子思易地則皆然」。曾子曾說：「辱若可避，避之而已；及其不可避，君子視死如歸。」（《春秋繁露・竹林》）想必曾子處在子思的位置上，也必定會做出守土赴難的抉擇。關於「易地則皆然」的原因，孟子的說法仍然是「曾子、子思同道」。楊伯峻先生認為，《孟子》一書中以名詞形式出現的道共計有三種意義，即「（一）孟子有特殊含義的哲學術語……（二）指一般的學術、主張、技藝而言……（三）指方式、方術而言……」[19]，依筆者愚見，前文「禹、稷、顏回同道」及此處「曾子、子思同道」的「道」，當屬於第一種情況，道在這裏實指本體。本體具有普遍性，只有本體自身才可以直接說「同」，而其發用流行則常顯具體性。本體發用流行至現實層面，觸發不同的時、位因素「師」、「父兄」或「臣」、「微」時，「當機」顯發不同的道德法則——全身而退或挺身而出，從而便會有曾子、子思立身處世之道的不同。「曾子、子思易地則皆然」的說法實際上點明了道德法則的普遍性——具體的普遍。

同西方的本體論詮釋學一樣，孟子的詮釋思想也是存在論或生存論的。但西方的本體論詮釋學將本體等同於實體，從而最終取消本

19　楊伯峻：《孟子譯注》（下），頁451。

體，這導致了其詮釋學成為相對主義的詮釋學。孟子的詮釋思想則不然，本體在孟子的思想體系中居於核心的地位。本體並非實體，而是一種「絜靜精微」的精神狀態，它不是透過邏輯的手段建構起來的，而是在人的直覺中呈現。本體派生萬理，孟子的存在論內容在本體的規範之下避免了走向相對主義。同時，由於孟子強調經驗因素在理解過程中的重要作用，從而又未使其詮釋思想陷入獨斷論。

本體的有無直接決定了兩種詮釋思想對「理解的確定性」的態度。海德格爾的「前理解」或伽達默爾的「偏見」之中更多地包含了「價值」要素，理解者總是不可避免地帶著彼此殊異的先在價值觀念進入理解過程。因此，對他們而言，一成不變的理解是不存在的。「當伽達默爾明確否認唯一正確解釋的可能性時，他也就可能否認了歷史過去及其語言和意義的確定性。」[20]然而，在孟子那裏，價值要素不是作為某種「視域」出現的，而是發源於本體，呈現於理解者當下的直覺。在一個理解過程中，與本體協同發揮作用的是經驗因素，主要包括知識或常識，而這兩者是可以達到價值中立的；換言之，只要理解者在獲取知識的過程中能夠做到荀子所謂的「虛壹而靜」，即不使已有的成見參與到對新知識的掌握中，那麼此時知識的客觀性就無庸置疑。本體的普遍性自不待言，當不同的理解者面對相同的經驗因素時，理解的確定性便得以保證了，這便是所謂「聖賢易地則皆然」。

20 洪漢鼎：《理解的真理》，頁292～293。

第二章
孟子詮釋思想的方法論內涵

從孟子「聖賢易地則皆然」的真知灼見中，我們可以透視出一種以直覺為依託的詮釋方法，這種詮釋方法鮮明地展現在孟子的「以意逆志」說及「知人論世」說中。不僅如此，孟子的「不以文害辭，不以辭害志」的方法及「知言」說均可以被視之為詮釋方法，而且其諸種詮釋方法之間有著內在的關聯，可以被整合為一個有機的理論整體。

一　孟子的「以意逆志」說

孟子在論述說《詩》之法時，提出了他的「以意逆志」說。他說：「說《詩》者不以文害辭，不以辭害志；以意逆志，是為得之。」（《孟子・萬章上》）《說文解字》注釋「志」說「意也，從心之聲」，注釋「意」說「志也。從心察言而知意也」。志意互訓，由此可見，二者在語義上原本就存在著某種內在關聯。關於「以意逆志」的確切含義，歷來的注釋家分別持有兩種不同的看法。其中最早作出解釋的是趙岐。他說：

> 志，詩人志所欲之事。意，學者之心意也。孟子言說詩者當本之志，不可以文害其辭，文不顯乃反顯也。不可以辭害其志，辭曰：「周餘黎民，靡有孑遺。」志在憂旱災民無孑然遺脫不遭旱災者，非無民也。人情不遠，以己之意，逆詩人之志，是為得其實矣。（《孟子章句・萬章上》）

趙岐指出，志是「詩人志所欲之事」，即作者所要表達的意義，意是「學者之心意」，即詮釋者的心意。「以意逆志」是詮釋者「以己之意，逆詩人之志」，即詮釋者以自己的心意去推求作者的原意。趙岐還認為，「以意逆志」這一方法的成立依據在於「人情不遠」，即人與人之間的心理同構；僅就這一點而言，華中師範大學的周光慶教授將「以意逆志」一類的詮釋方法稱之為「心理解釋」法[1]，這種講法可謂與趙岐之說名異實同。對於上述問題，清人吳淇提出了另一種看法。他說：

> 詩有內有外。顯於外者曰文曰辭，蘊於內者曰志曰意。此意字與「思無邪」之思字皆出於志。然有辨：思就其慘澹經營言之，意就其淋漓盡興言之，則志古人之志而意古人之意，故選詩中每每以古意命題是也。漢宋諸儒以「志」字屬古人，而「意」為自己之意。夫我非古人，而以己意說之，其賢於蒙之見也幾何矣！不知「志」者古人之心事，以「意」為輿，載「志」而游，或有方，或無方，意之所到，即志之所在。故以古人之意，求古人之志，乃就詩論詩，猶之以人治人也。即以此詩論之：「不得養父母」，其志也；「普天」云云，文辭也；「莫非王事，我獨賢勞」，其意也。故用此意以逆之，而得其志，在養親而已。（《六朝選詩定論緣起・以意逆志》）

與趙岐相同，吳淇同樣把志解釋為作者之志，不同的是吳淇將意解釋為典籍的思想內容或意義，主張「以古人之意，求古人之志」，即藉由典籍的思想內容，去推求作者的原意。近年來，由於受到哲學詮釋學的影響，在對「以意逆志」的解讀上，有許多學者不約而同地提出

---

1 周光慶：《中國古典解釋學導論》（北京市：中華書局，2002年），頁358。

了一種全新的闡釋，比如北京大學的董洪利教授，他說：

> 我們認為，批評與鑒賞是一種創造性的理解活動。在這個活動中，讀者所理解的作品意義不可能是作者原意的恢復與重建，只能是讀者個人的前理解與作品語言所表達的內容相互融合的產物。如果用「以意逆志」來概括，那麼「志」就應當理解為作品語言所表達的內容，而不是作者的原意；「以意逆志」就是讀者的前理解與作品語言所表達的內容相互融合的過程，而不是用讀者的心意去追尋迎合作者原意的過程。只有這樣理解，「以意逆志」才能成為具有可行性的文學批評與鑒賞的正確方法。[2]

毋庸諱言，上述的這類解讀其實是將孟子的「以意逆志」說與伽達默爾的「視域融合」理論作比附，「意」就相當於詮釋者自身的視域，「志」則相當於作品所呈現出來的視域，「以意逆志」成了「意」與「志」兩種視域的融合。對於此種闡釋模式的不合理性，筆者將會在後文中進行專門論述，茲不贅述。

對於志的理解，趙岐與吳淇基本相同，都將志理解為作者之志。近人聞一多說：「志有三個意義：一，記憶；二，記錄；三，懷抱。」[3]這裏的志應當屬於第三種情況，指作者的思想感情。首都師範大學的劉耘華副教授傾向於贊同吳淇對意的解讀，認為「以『意』為《詩經》文本之意比較符合孟子的原意」[4]；周光慶教授則以為，「『以意

2　董洪利：《孟子研究》（南京市：江蘇古籍出版社，1997年），頁117。

3　《聞一多全集·神話與詩·歌與詩》（北京市：生活·讀書·新知三聯書店，1987年），頁185。

4　劉耘華：《詮釋學與先秦儒家之意義生成——《論語》、《孟子》、《荀子》對古代傳統的解釋》（上海市：上海譯文出版社，2002年），頁90。

逆志』說的『意』，是解釋者心靈中先在的『意』，而不是所謂的蘊含於詩歌之內而『就其淋漓盡興言之』的那種『意』」[5]。

筆者非常同意周教授的看法，相信只有把意解釋為詮釋者的心意才是基本符合孟子本義的；這是因為，孟子在涉及《尚書．武成》、《詩經．文王》等篇的詮釋問題時，都是以己意作為理解或評判的標準的。至於「逆」，《說文解字》云：「逆，迎也」，日本德川時代儒者西島蘭溪更將其解為「由百世下，仰溯百世曰逆」[6]，這說明以意逆志是詮釋者以己意對作者之志的探求。不過，像趙岐那樣，把「人情不遠」作為「以意逆志」的基礎似乎不妥。所謂「人情」，往往是心理學意義上的，是落於經驗層面而言的；作為形而下意義的心，其同構性是根本無法得以保障的，古人自有古人之志，而今人則別有今人之意，如何能夠以己意去推求古人之志呢？宋儒張載的《經學理窟》載：「古之能知《詩》者，惟孟子為『以意逆志』也。

夫《詩》之志至平易，不必為艱險求之，今以艱險求《詩》，則已喪其本心，何由見詩人之志！」（《經學理窟．詩書》）將「以意逆志」與孟子所謂本心聯繫起來，以本心為見詩人之志的依憑，這顯示出張載的睿智洞見。其實，能夠作為「以意逆志」基礎的，很可能就是超驗的本心或良知；它是本體得以呈現的內在依據，具有「心之所同然」（《孟子．告子上》）的特徵，古人今人，皆存良知，「先聖後聖，其揆一也。」（《孟子．離婁下》）在狄爾泰於作為人文科學普遍方法論的詮釋學中，體驗是其核心概念。狄爾泰認為，體驗是所有的人全都擁有的，而不同人的體驗又是相通的；體驗外在化為表達，表達是連接體驗和理解的橋樑；詮釋的過程就是讓詮釋者借助自己的體

[5] 周光慶：《中國古典解釋學導論》，頁358。

[6] 轉引自黃俊傑：〈孟子運用經典的脈絡及其解經方法〉，載《儒家經典詮釋方法》（臺北市：喜瑪拉雅基金會，2003年），頁173。

驗，透過別人的表達，去理解他人的體驗或者生命。由此我們可以發現，孟子所謂「意」的作用與狄爾泰所謂體驗的作用是十分接近的，它們都是溝通自我與他人的中介。不過，與孟子不同的是，狄爾泰的體驗概念是純社會性的，這就是說，體驗絕不是在一個封閉的心靈中自發形成的，而是外在的環境賦予人們的。

許多當代學者如伽達默爾都指出，狄爾泰對體驗的這種界定不可避免地導致了其理論體系的自相矛盾——純粹社會性的體驗只能是豐富多樣的，不同的人會有不同的生命體驗，但狄爾泰卻試圖用這樣的體驗概念來標示人類的同類性，這是不可能做到的。假如當初狄爾泰能夠將其所謂體驗規定為帶有超驗性格的，那麼他的理論體系中的矛盾當不會產生。與其相反，孟子的詮釋理論之所以能夠自洽，就在於孟子一方面宣稱人們可以「以意逆志」，另一方面又將「意」視作超驗的。站在哲學詮釋學的立場來看，孟子的所謂「意」將是無法理解的。

伽達默爾認為，人類的一切意識均是效果歷史意識，效果歷史意識是指：「意識總是受到歷史的影響，而且早已對意識產生了效應」[7]，意識「本性上就是歷史的」[8]。既如此，則「一切自我認識都是從歷史的在先給定的東西開始的」[9]，不可能有超出歷史之外的意識。與之相反，孟子的「以意逆志」之「意」發端於本體，其超越性的特質是顯而易見的。這類意識的存在當然不能為伽達默爾所接受，他曾明確表示說：「富有神秘意味的洞黑無知——其中存在一種先於一切思想的

7　陳榮華：《葛達瑪詮釋學與中國哲學的詮釋》，頁128。

8　同上書，頁129。

9　〔德〕伽達默爾、洪漢鼎譯：《真理與方法》（上海市：上海譯文出版社，1999年），頁387。

神秘的集體意識——的前提……是獨斷論的和抽象的」[10]；但對於熟悉中國哲學的人來說，儒家的良知、道家的玄智以及佛家的般若智慧皆是真實的呈現，因此，「以意逆志」絕非不可思議。此外，按照伽達默爾的「視域融合」理論，人們在閱讀一部作品時，作品所呈現給我們的視域與詮釋者原有的視域相融合，從而產生一種既不同於詮釋者的前見，又非作品原意的新的理解。換句話說，對於同一作品的理解，詮釋者與作者之間、不同的詮釋者之間難以達成一致。不同主體間認識的不可通約性難題，在孟子的詮釋思想中，應當可以得到解決。對於孟子而言，理解的確定性是無庸置疑的，如果作者及不同的詮釋者在面對相同的境遇時，都能夠進行叩問本心的工夫，他們就往往能夠獲得相同的見解。

李澤厚先生與劉綱紀先生主編的《中國美學史》從美學的角度闡發「以意逆志」的大意說：「『意』是詩讀者主觀方面所具有的東西，『志』是詩人的作品客觀具有的……所謂『以意逆志』就是讀者根據自己對作品的主觀感受，通過想像、體驗、理解的活動，去把握詩人在作品中所要表達的思想感情。」[11]這種解說顯然已深得孟子之旨，現在我們可以從哲學的角度更加明確具體地描述「以意逆志」的過程：在瞭解、掌握作者所面臨的時位或時勢——經驗因素的基礎上，詮釋者身臨其境，反觀自心，設想自身在相同境遇下的價值判斷，從而當下獲得對具體道德法則的正確把握。這種具體道德法則首先是詮釋者之「意」，如果作者也有相通的心性，那麼詮釋者之「意」與作者之志就能夠達成一致，兩人心同理同、莫逆於心，反之，則不然，這便是王符所說的「惟聖知聖，惟賢知賢。」（《潛

---

10 同上書，頁351～352。

11 李澤厚、劉綱紀：《中國美學史》（北京市：中國社會科學出版社，1984年），卷一，頁194。

夫論・本政》）因此，「以意逆志」之「志」雖然被解釋為作者的原意，實則首先是詮釋者之「意」，它未必就是作者的原意，這種解釋只是一種預設。採用「以意逆志」的方法，詮釋者可以瞭解到作者之志，但並不必然。可是，如何才能還原作者身處的境遇呢？這便需要「知人論世」。

二　孟子的「知人論世」說

「知人論世」說的提出是在下面一段文字中：

> 孟子謂萬章曰：「一鄉之善士，斯友一鄉之善士；一國之善士，斯友一國之善士；天下之善士，斯友天下之善士。以友天下之善士為未足，又尚論古之人。頌其詩，讀其書，不知其人可乎？是以論其世也。是尚友也。」（《孟子・萬章下》）

孟子認為，如果一位賢德之士與當今天下的賢德之士交友還覺不夠，便又會追溯交往古聖先賢。具體的方法是吟詠他們的詩歌，品讀他們的著作，瞭解他們的為人，研究他們的時代。「知人論世」作為「尚友」之途徑，被孟子揭示出來。實際上，如果我們認真挖掘，就能發現「知人論世」說中還蘊含著深刻的詮釋學洞見。

首先看兩條前人對於「知人論世」的解析。章學誠說：

> 知其世矣，不知古人之身處，亦不可遽論其文也。身之所處，固有榮辱隱顯、屈伸憂樂之不齊……（《文史通義・文德》）

吳淇說：

> 「世」字見於文有二義：縱言之，曰世運，積時而成古；橫言之，曰世界，積人而成天下。故天下者，我之世；其世者，

> 古人之天下也……然未可以我之世例之，蓋古人自有古人之世也。「不殄厥慍」，文王之世也；「慍於群小」，孔子之世也……（《六朝選詩定論緣起》）

章學誠及吳淇均從客觀認知的角度去理解「知」與「論」，這一點是可取的。然而對於「人」與「世」的解釋，他們卻略有分歧。章學誠把「人 」解釋為作者遭逢的時遇、分位，即所謂「榮辱隱顯、屈伸憂樂」等「古人之身處」。吳淇對「世」的解釋較為複雜，「世」既可以表示作者生活於其中的宏觀歷史背景，如所謂「世運」、「世界」，也可以表示作者身處的時遇、分位，如所謂「不殄厥慍」、「慍於群小」。顯然，章學誠及吳淇均偏重於從外在角度即作者所處的外在境遇的角度去解釋「人」與「世」。

筆者認為，吳淇的解釋稍顯混亂。如章學誠所說，作者的時遇、分位可以以「人」指謂，因此，「世」只表示作者生活於其中的宏觀歷史背景即可。由此可知，所謂「人」就相當於本書所說的時與位，所謂「世」就相當於本書所說的時與勢，而所謂「知人論世」就是對作者所面對的外在境遇的客觀認知，要求讀者「知人論世」就意味著「使經典脫離解釋者的時空情境，回歸到經典成書時的時空情境而被視為當時歷史條件的產物來研讀」[12]。「以意逆志」的過程是詮釋者叩問本心的過程，開展這一過程的前提條件是詮釋者應對作者所面對的時勢或時位有準確的瞭解；而「知人論世」方法的運用恰好還原了作者身處的境遇。從這個意義上說，「知人論世」方法的運用為「以意逆志」方法的運用做好了鋪墊。「知人論世」與「以意逆志」之間的這樣一種內在的關聯，前人早已發現。清代的焦循說：

---

12 黃俊傑：〈從儒家經典詮釋史觀點論解經者的「歷史性」及其相關問題〉，載《中國經典詮釋傳統（一）通論篇》（臺北市：臺灣大學出版中心，2006年），頁356。

> 正惟有勢可論，有人可求，故吾之意有所措，而彼之志有可通。今不問其世為何世，人為何人而徒吟哦，上下去來推之，則其所逆乃在文辭而非志也……夫不論其世欲知其人，不得也；不知其人欲逆其志，亦不得也。孟子若預憂後世將秕糠一切，而自以其察言也，特著其說以妨之，故必論世知人，而後逆志之說可用之。（《孟子正義・萬章章句下》）

近人王國維說：

> 是故由其世以知其人，由其人以逆其志，則古詩雖有不能解者，寡矣。（〈玉溪生詩年譜會箋序〉）

可見，焦循、王國維等人均明確主張將「知人論世」作為「以意逆志」的基礎；黃俊傑教授便曾據此指出，「『知人論世』方法正是『以意逆志』方法的根本基礎」[13]。

章學誠及吳淇對「知人論世」說的解讀只是彰顯了其一方面的含義，歷史上還存在著對「知人論世」說的另一種解讀。這種情況以朱熹的解讀為代表。朱熹說：

> 論其當世行事之跡也。言既觀其言，則不可以不知其為人之實，是以又考其行也。（《孟子集注・萬章章句下》）

與章學誠及吳淇不同，朱熹把「人」解釋為作者的為人，即所謂「為人之實」，把「世」解釋為作者的生平事蹟，即所謂「當世行事之跡」，這是從內在角度即作者自身情況的角度來解釋「人」與「世」的，這一層面的「知人論世」就如孔子所說是要「視其所以，觀其所由，察其所安。」（《論語・為政》）筆者認為，朱熹與章學誠、吳淇

13　同上書，頁179。

三者的看法均有可取之處，可以並行不悖。為「以意逆志」的運用提供前提條件，只是「知人論世」的作用之一。除此之外，「知人論世」方法的運用能夠使詮釋者全面地瞭解作者，這就意味著詮釋者在相當程度上進入了作者的視域，從而有助於詮釋者更成功地再現作者的原意。僅僅知曉作者身處的境遇，還不足以理解作者；只有進一步瞭解作者的為人、研究其生平事蹟，才能知其心、洞其情。透過運用「知人論世」的方法，達到對於作者原意的瞭解，前人已有論述。例如，南宋的張栻說：

> 夫世有先後，理無古今，古人遠矣，而言行見於《詩》《書》，頌其《詩》，讀其《書》，而不知其人，則何益乎？頌《詩》讀《書》，必將尚論其事，而後古人之心，可得而明也。（《孟子說》）

張栻認為，詮釋者在頌《詩》讀《書》的過程中，只有瞭解到作者的為人及生平事蹟，才能夠明瞭古人之心。瞭解作者的為人及生平事蹟就是「知人論世」，明瞭古人之心就是了解作者的原意。瞭解作者的原意並非如西方哲學詮釋學所認為的那樣，「是純認識的，甚至是抽象的」[14]，「是要理解一個不熟悉的意義本身」[15]，與詮釋者當下的情境毫無關聯。

依據西方的學術傳統，詮釋學有所謂的三要素，即理解、解釋和應用。所謂應用，是指詮釋者對詮釋對象的理解能夠對詮釋者當下的生存產生影響——改變詮釋者的生活態度、指導詮釋者的行為方式。按照伽達默爾等人的看法「無論什麼時候我們理解，我們總是帶著我

---

14 〔加拿大〕J.Grondin: *Introduction to Philosophical Hermeneutics*, P.115.

15 同上。

們自己，以至於對伽達默爾來說，理解和應用是不可分地融合在一起的」[16]，可是，以施萊爾馬赫的普遍詮釋學為代表的方法論詮釋學在統一理解與解釋的同時，卻喪失了詮釋學本有的應用要素；換言之，方法論詮釋學只關注作者自己想要表達什麼，而忽視了作品對閱讀者意味著什麼。孟子在其詮釋活動中也使用方法，但在孟子這裏，「知人論世」的最終目的是尚友古人。與古聖先賢為友，實則是瞻仰其氣象，體貼其精神，從而達成變化氣質、洗練人格的效果。這一點正是孟子的詮釋方法與施萊爾馬赫式的方法論詮釋學絕然不同的地方。

朱自清先生稱「至於『知人論世』，並不是說詩的方法，而是修身的方法，『頌詩』、『讀書』與『知人論世』原來三件事並列，都是成人的道理，也就是『尚友』的道理」[17]；依筆者愚見，經由「知人論世」以修身成德跟經由「知人論世」以頌詩讀書二者並不矛盾，從這個意義上講，筆者較為同意周光慶教授的論斷——「孟子這一段論說有兩個層面的內容：一個層面是談『尚友』，其思想脈絡是『論世』、『讀書』以『知人』，『知人』以『尚友』，『尚友』以進德成人；一個層面是論『讀書』（『頌詩』），其思想脈絡是『論世』以『知人』，『知人』以解讀其詩書，解讀其詩書則又有益於『知人』、『尚友』，有益於進德、成人。在孟子的心目中，這兩個層面的思想內容是貫通的，是結合的，是統一的，統一於進德成人」[18]。因此，當如明代的郝敬所說：

> 論世知人，即詩書所言，神游古人之地，較量體驗，如親承謦咳，冥識其丰采，而洞悉其底裏者。（《孟子說解》卷十）

16　同上。

17　朱自清：《詩言志辨》（臺北市：臺灣開明書店，1975年），頁24。

18　周光慶：《中國古典解釋學導論》，頁328～329。

三 「不以文害辭，不以辭害志」的方法

除了「知人論世」的方法之外，孟子還原作者之志的重要手段還包括「不以文害辭，不以辭害志」的方法。《孟子》載：

> 咸丘蒙曰：「……《詩》云：『普天之下，莫非王土。率土之濱，莫非王臣。』而舜既為天子矣，敢問瞽瞍之非臣如何？」（孟子）曰：「是詩也，非是之謂也。勞於王事，而不得養父母也。」曰：『此莫非王事，我獨賢勞也。』故說《詩》者不以文害辭，不以辭害志；以意逆志，是為得之。如以辭而已矣，〈雲漢〉之詩曰：『周餘黎民，靡有孑遺。』信斯言也，是周無遺民也……（《孟子．萬章上》）

咸丘蒙引《詩經》為證，認為在政治倫理與血緣倫理發生衝突的情況下，應當秉持政治倫理優先的原則；然而，儒家所尊崇的聖王舜在處理與其父瞽瞍的關係時，卻未能貫徹這一原則；據《韓非子．忠孝篇》載：「《詩》云：『普天之下，莫非王土，率土之濱，莫非王臣。』信若《詩》之言也，是舜出則臣其君，入則臣其父」，韓非子所述之義正與咸丘蒙相合。又據《呂氏春秋．慎人篇》，「舜自為詩曰：『普天之下，莫非王土，率土之濱，莫非王臣。』」大概在孟子所生活的時代，許多人還誤以為此詩為舜所作，這可能就是咸丘蒙藉此詩向舜發難、指責舜言行不一的原因。

孟子在為舜作辯護的過程中，涉及到對《詩經》的詮釋問題。「普天之下，莫非王土。率土之濱，莫非王臣」出自《詩經．小雅．北山》，後文緊跟著還有一句「大夫不均，我從事獨賢」，或許孟子所謂的「此莫非王事，我獨賢勞也」便是從這句話引申而出。通觀全

文可知，這首詩反映的大概是一位士子因徭役分配不均、自己負擔過重而產生的怨恨心情。毛亨的序文說：「〈北山〉，大夫刺幽王也。役使不均，已勞於從事，而不得養其父母焉。」(《毛詩正義・小雅・北山》) 正標明了這一文章意旨。由於咸丘蒙對詩文作了斷章取義的理解，背離了這首詩的原意，孟子在這裏正好藉此指出正確的詮釋方法「不以文害辭，不以辭害志」及「以意逆志」。

「不以文害辭，不以辭害志」是孟子具有獨創性的語言解釋法，是孟子解讀《詩》《書》文獻、再現作者原意的手段之一。趙岐注云：「文，詩之文章，所引以興事也。辭，詩人所歌詠之辭。」(《孟子章句・萬章上》) 焦循對此作出進一步的解釋：「辭則孟子已明指『周餘黎民，靡有孑遺』為辭，即『普天之下』四句為辭，此是詩人所歌詠之辭已成篇章者也……趙氏以文為文章，是所引以興事即篇章上之文采。如『我獨賢勞』，辭之志也。『莫非王臣』，則辭之文也。」(《孟子正義・萬章章句上》)

總之，「文」指作品的文采，即比擬、隱喻、誇張等修辭手法，「辭」指作品的言辭，即言語表達。它的意思就是，不要拘泥於作品的修辭方式而損害作品的言語表達，也不要拘泥於作品的言語表達而曲解作者的原意。「不以文害辭，不以辭害志」是要求詮釋者剝離作品表面文辭的障蔽，剝離文辭的障蔽不能誤解為不要文辭或否定文辭的作用，它恰恰是強調應當透過對文辭冷靜、深入地分析，達到對作者原意的客觀瞭解。類似於荀子「虛壹而靜」的方法，要達到「不以文害辭，不以辭害志」的目的，詮釋者就應當在精神專一、內心寧靜、思想開放的狀態下去解讀文獻，否則他很容易被文獻的文辭所迷惑，從而得出錯誤的見解。

詮釋者的成見在伽達默爾那裏被稱為詮釋者自身的「視域」。在他看來，這一視域在詮釋過程中是不可消除的。與此不同，孟子、荀子大概都認為詮釋者在解讀文獻的過程中，可以使成見處於一種「虛位」的狀態；在這樣一種狀態下，詮釋者有可能最大限度地進入「作品的」視域。所謂「虛位」，可以用荀子的「不以所已臧害所將受」加以解釋，即詮釋者的成見固然無法抹煞，但詮釋者可以控制其對詮釋過程的參與從而弱化其作用。

當然，按照伽達默爾的看法，作者在完成一部作品之後，他創造作品時的視域隨即消失。因此，作品的視域與作者的視域雖可能重合但往往並不同一，作品意義與作者意圖之間存在著距離或者說差異性。在孟子的詮釋思想中，作者視域的還原主要依靠「知人論世」的方法，而「不以文害辭，不以辭害志」方法的運用即使不能完全還原作者意圖，至少可以無限接近之。

結合《孟子》原文來看「普天之下，莫非王土。率土之濱，莫非王臣」是一段文采斐然、極易使人產生誤解的文字。這段話前後對仗工整、氣勢恢宏，這是其「文」；這段話的字面意思是，「普天之下，沒有一塊土地不是天子的土地；四海以內，沒有一個人不是天子的臣民」，這是其「辭」。咸丘蒙正是拘泥於這段文字的表面文辭，而未作深入地分析，從而產生了錯誤的聯想，認為這段話是在強調天子所擁有的權力至高無上，並以此論證身為天子之父的瞽瞍也應當對舜行人臣之禮的看法。

孟子基於他對《詩》、《書》的深入瞭解，糾正了咸丘蒙的這一看法。孟子指出，《詩經・小雅・北山》的作者在這裏所要表達的是，國家大事沒有一件不是天子之事，而唯獨他一人在為國事奔波、操勞，以至於無暇奉養父母。因此，簡言之，「普天之下，莫非王土。率土之濱，莫非王臣」所蘊含的意思並不在於渲染天子的絕對權威，而在於強調天子的廣泛義務。鄭玄對詩文的注釋：「此言王之土地廣矣，王之臣又眾矣，何求而不得，何使而不行！」(《詩三家義集疏》卷十八，〈北山〉）正突出了這一思想內涵。《齊詩》對詩文的注釋「刺不均也」（同上），與鄭玄之意不謀而合。

孟子透過「不以文害辭，不以辭害志」的語言解釋法，較為準確地理解了作者的原意。

「不以文害辭，不以辭害志」以探究作者原意為目的，「以意逆志」則以反觀自心為手段，毫無疑問，它們是兩種不同的詮釋方法。在原文中，孟子未加說明地將兩類方法擺在了一起，他的這種做法當然有其自身的用意，但卻不期然造成了後世學者對二者的誤解與混淆。千古以來，學者們在解讀這兩句話時，或者單純強調讀者個人的主體性——「以意逆志」，或者只讀出忠實作品本義的意涵——「不以文害辭，不以辭害志」，前者如趙岐等人，後者如朱熹等人。人們對此問題的看法，至今仍是聚訟紛紜、莫衷一是。

四川大學的周裕鍇教授雖然看出了「不以文害辭，不以辭害志」與「以意逆志」在邏輯上的不連貫性，認為「儘管孟子主張『不以文害辭，不以辭害志』，但後世『害辭』、『害志』的注釋者及其辯護者偏偏從孟子那裏尋找理論依據……『以意逆志』被借為『斷章取義』的幌子」[19]；但令人遺憾的是，他卻未能發現調和這種表面上的矛盾的方案。同時，筆者也不得不承認，除了周光慶教授以外，歷來沒有學者將「不以文害辭，不以辭害志」視作一種獨立的詮釋方法。

以往的研究者們大都將「不以文害辭，不以辭害志」看成是孟子對「以意逆志」的補充說明，因為在他們看來，既然可以「以意逆志」，那麼詮釋者就自然不會拘泥於作品的表面文辭，而是會任由己意的主宰；但假若這樣的看法成立，則孟子的詮釋方法就成為純主觀的方法了，「不以文害辭，不以辭害志」中所昭示出的客觀精神將被

19　周裕鍇：《中國古代闡釋學研究》（上海市：上海人民出版社，2003年），頁48。

完全架空，這兩句話也近乎成為沒有意義的空話，孟子當不致如此。

朱熹雖然從中解讀出詮釋者應忠實於作品本義的意涵，但卻誤將這種意涵賦予「以意逆志」，「以意逆志」被其理解為一種客觀詮釋的方法，由此，即使在朱熹那裏，「不以文害辭，不以辭害志」也同樣被作為「以意逆志」的陪襯，而沒有取得自身獨立的地位。周光慶教授固然已經將「不以文害辭，不以辭害志」作為語言解釋方法獨立出來，但他卻錯誤地把「不以文害辭，不以辭害志」直接作為「以意逆志」的基礎，認為二者之間存在一種前後繼起的邏輯關係，他明確地說，「『以意逆志』的心理解釋，必須以語言解釋為基礎，為前導」[20]，顯然，周教授沒有清楚地意識到心理解釋方法與語言解釋方法之間的異質性，它們二者間確有關聯，但這種關聯是間接的，這還有待於進一步的說明。

筆者相信，將兩種詮釋方法的不同內涵明確區分開來，並以此為基礎說清二者的複雜關係，不僅不會導致《孟子》思想的矛盾，反而更能夠圓融地解說孟子詮釋《詩》、《書》的那些具體實例。如果我們願意由此入手重讀《孟子》，以往的爭論或許就可以平息了。

四　孟子的「知言」說

孟子的上述詮釋方法並非相互獨立、彼此無關，而是透過其「知言」說被整合為有機的理論整體。《孟子》載：

> 「敢問夫子惡乎長？」曰：「我知言，我善養吾浩然之氣。」……「何謂知言？」曰：「詖辭知其所蔽，淫辭知其所陷，邪辭知其所離，遁辭知其所窮。生於其心，害於其政；發

20　周光慶：《中國古典解釋學導論》，頁359。

於其政，害於其事。聖人複起，必從吾言矣。」（《孟子・公孫丑上》）

在這段話裏，公孫丑問孟子擅長什麼？孟子回答說，他能夠「知言」、善於「養浩然之氣」。所謂「知言」，也就是知道「詖辭」、「淫辭」、「邪辭」及「遁辭」四種言辭的毛病所在。有關以上四種言辭的具體內涵，朱熹辨析得最為清楚：對於詖辭，他說：「詖是偏詖，只見得一邊。此理本平正，他只說得一邊，那一邊看不見，便是如物蔽了。字凡從『皮』，皆是一邊意，如跛是脚一長一短，坡是山一邊斜……詖辭，偏詖之辭也。見詖辭，則知其人之蔽於一偏，如楊氏蔽於『為我』，墨氏蔽於『兼愛』，皆偏也。」（《朱子語類》卷五十二）對於淫辭，他說：「陷，是身溺在那裏。如陷溺於水，只是見水而不見岸也……淫辭，放蕩之辭也。見淫辭，則知其人之陷於不正，而莫知省悟也。」（同上）與詖辭相比，「詖是少了那一邊，淫是添了這一邊」（同上），二者總歸都是「不正」之辭；對於邪辭，他說：「見邪辭，則知其人之離於道……邪，則已離於正道，而自立一個門庭。」（同上）對於遁辭，他說：「見遁辭，則知其人之說窮而走也……遁辭，辭窮無可說，又卻自為一說。」（同上）綜上所述，詖辭是指偏頗的言辭，淫辭是指過分的言辭，邪辭是指偏邪的言辭，遁辭是指躲閃的言辭。

「知言」的「知」並非客觀認知的「知」，因為後者只表示「瞭解」之意，而前者還表示「價值評判」之意。因此，「知言」就包含兩個方面的內容：一是客觀地瞭解對方的言辭，二是藉助某種根據對對方的言辭進行價值評判。誠如朱熹所說：「人之有言，皆本於心。」（《孟子集注・公孫丑章句上》）言語的毛病根源於心，糾正這種毛病同樣依賴於心。孔子說：「唯仁者能好人，能惡人。」（《論語・里仁》）仁能辨別是非、善惡，所以仁者在處理自身與他人的關係時，好惡、愛憎都是合理的。

可見，在孔子的系統中，價值評判的根據是仁。相應的，在孟子的系統中，價值評判的根據是良知，「一切『言』之是非正誤必須以之為權衡」[21]。朱熹《孟子集注》引程子之言曰：「心通於道，然後能辨是非，如持權衡以較輕重，孟子所謂知言是也。」（《孟子集注・公孫丑章句上》）以此解「知言」，庶幾近之；今人李明輝教授則更為準確地闡釋道：「孟子所謂的『知言』，是以能制定道德法則、因而能知是知非之『心』為權衡，來判定各種『言』之是非正誤」[22]，所言極是。

關於孟子所謂的「言」，前人雖眾說紛紜，但大體上均認定該種「言」是特指「有規範性意涵的思想或主張」[23]。譬如，朱熹曾言，「『言』，只似『道理』字。」（《朱子語類》卷五十二）又說「言之所發，便是道理。」（同上）王夫之也認為：「凡天下事物之理，可名之為言者，皆言也。孟子向後說詖、淫、邪、遁之辭，卻但從言之差謬者一邊說。」（《讀四書大全說》卷八，《孟子・公孫丑上篇》）

顯而易見，朱熹和王夫之皆以言為理之載體，兩者的說法別無二致。近人徐復觀先生在〈孟子知言養氣章試釋〉一文中注釋說：「『言』者，乃指社會之思想言論」[24]，這一詮解自然也未能跳出前人注疏的藩籬。對於「言」的此種具體內涵，辨析得最為清晰者當屬岑溢成教授，他說：

---

21 李明輝：《孟子重探》（臺北市：聯經出版事業公司，2001年），頁38。

22 同上。

23 同上。

24 徐復觀：〈孟子知言養氣章試釋〉，載《中國思想史論集》（上海市：上海書店出版社，2004年），頁120。

> 借用當代英美倫理學家之術語來說，孟子所判別的「言辭」，不是描述性的語言或事實陳述，而是規令性的語言或道德判斷。[25]

「言」的含義果真是這樣嗎？筆者對此持有不同的看法。事實上，「知言」方法的適用對象共有兩類：一是孟子所云「楊朱、墨翟之言」（《孟子‧滕文公下》）之類的言辭，這種「言」大都確屬岑教授所說的「規令性的語言或道德判斷」，二是《詩經》、《尚書》等經典文獻中的言辭，這種「言」則大多屬於岑教授所說的「描述性的語言或事實陳述」。道德判斷的一般表述方式為「應當是什麼」，「應當是什麼」回答的是價值方面的問題；反之，事實陳述的一般表述方式為「是什麼」，「是什麼」回答的是事實方面的問題。前人觀點的共同缺失之處就表現在他們普遍忽略了孟子之「言」的另一種類型——「描述性的語言」或「事實陳述」。

詮釋活動的對象在伽達默爾的哲學體系中被稱之為「歷史流傳物」[26]，該詞彙用來指稱那些流傳於歷史進程中的意義載體。「流傳物的本質通過語言性而得到標誌」[27]，它們既可以以口頭語言的形式存在，也可以以書面文字的形式存在，語言傳達著流傳物所承載的意義。「當孟子談及『知言』時，實際上已將這一概念從口頭語言的考察擴展到書面文本的閱讀」[28]；從不太嚴格的意義上講，主要以口頭語言形式存在的楊、墨之言，與主要以書面文字形式存在的《詩》、《書》文獻分別代表了孟子的詮釋對象的兩種類型。

---

25 岑溢成：〈孟子「知言」初探〉，載《鵝湖月刊》第40期（1978年10月），頁40。

26 〔德〕伽達默爾：《真理與方法》，二版序。

27 同上書，頁497。

28 周裕鍇：《中國古代闡釋學研究》，頁52。

伽達默爾認為「文字的特殊弱點，亦即文字相對於生動的談話更加需要幫助這種弱點也有其另外的一面，即它使理解的辯證任務加倍清楚地顯露出來……正因為文字的固定化使陳述的意義同陳述的人完全分離，所以它就在進行理解的讀者中重新獲得它的真理要求的辯護人」[29]；就如同伽達默爾所述說的那樣，相對於口頭語言，書面文字由於與聲音和講話相分離，從而脫離了作者當時創作的具體語境，所以更易成為創造性詮釋活動的對象。

在孟子這裏，其情形當然也是如此。「知言」的方法也是一種獨具特色的詮釋方法，它是指詮釋者以本體所顯發的道德法則，即「以意逆志」之「意」，來評判作者的原意，即「不以文害辭，不以辭害志」之「志」。在許多情況下，二者是暗合的，這也許就是孟子在論及《詩經》詮釋問題時，將「不以文害辭，不以辭害志」與「以意逆志」並提的原因。當二者發生矛盾時，孟子大概有如下兩種處理方法：一是逕直指出對方言辭的錯誤，這主要是針對楊朱、墨翟之言而言的；二是以自身「以意逆志」之「意」替換作者之「志」，賦予言辭以新的意義，這主要是針對《詩》、《書》等經典文獻而言的。借用王夫之的說法，前者是「入其壘，襲其輜，暴其恃，而見其瑕。」(《老子衍・自序》)是在研究、瞭解對方學說基礎上的批判；後者是「六經責我開生面」，是對經典的創造性詮釋。

劉耘華副教授認為：「孟子的《詩經》詮釋原則……在理論上與艾柯的『詮釋文本』方式相通」[30]，對於這種看法，筆者持有保留意見。義大利學者艾柯將詮釋的方法分為兩種：一種被稱之為「詮釋文

29 〔德〕伽達默爾：《真理與方法》，頁503。

30 劉耘華：《詮釋學與先秦儒家之意義生成——《論語》、《孟子》、《荀子》對古代傳統的解釋》，頁93。

本」[31]，另一種則被稱之為「使用文本」[32]。「前者除了要求詮釋者對於文本有整體的瞭解之外，還要求必須尊重產生此一文本的歷史文化背景，即把所詮釋的『部分』與『整體』結合起來探討其意義、價值或美學品格；後者則指詮釋者出於不同的目的對文本的自由使用，很少受到限定，因此常常是『過度詮釋』」[33]。孟子的詮釋理論中誠然有與「詮釋文本」的方式相通的部分——「知人論世」、「不以文害辭，不以辭害志」；但如果說孟子的詮釋理論都是旨在追求文本原意的，則未免過於以偏概全。

孟子「知言」的對象包括了各種言，《詩經》裏的言辭自然也包含在內。顯然，「知言」的《詩經》詮釋原則是一種「創造性詮釋」的方法或者「過度詮釋」的方法，它在理論上與艾柯的「使用文本」方式相通。應當注意的是，我們所說的創造性詮釋方式與艾柯談到的使用文本的方式也存在著細微的差別。所謂創造性詮釋，當然常常會導致「文本的意義超越它的作者」[34]的結果，但其義若僅限於此，那麼創造性詮釋與一般意義上的誤讀有何區別呢？難道創造性詮釋就是隨意曲解作者的本意嗎？

依筆者之愚見，在對創造性詮釋的界定上，我們也許還要將詮釋學的應用要素引入進來。這就是說，詮釋者的創見或新解應當可以轉化為實踐智慧，從而應用於他當下的生存處境，只有這樣，創造性詮釋才是具有正面價值的。從這一意義上來說，孟子的「知言」不僅是過度詮釋的方法，更是創造性詮釋的方法。

31　艾柯等著，王宇根譯：《詮釋與過度詮釋》（北京市：生活．讀書．新知三聯書店，1997年），頁83。

32　同上。

33　劉耘華：《詮釋學與先秦儒家之意義生成——《論語》、《孟子》、《荀子》對古代傳統的解釋》，頁87。

34　〔德〕伽達默爾：《真理與方法》，頁380。

「知言」的詮釋方法可謂淵源有自，早在孔子那裏，「知言」的理路便已顯露出雛型。在說明自己對於古代文化的態度時，孔子表示他「述而不作，信而好古。」(《論語・述而》) 朱熹解釋說：「述，傳舊而已。作，則創始也。」(《論語集注・述而》)「述而不作，信而好古」的意思是，他（孔子）只闡述已有的學說而不創立新說，並且相信和喜愛古代文化。實際上，孔子雖然「信而好古」，但並非「述而不作」，而是「以述為作」或者「述中有作」[35]，即在原有經典的基礎上，闡釋自己的新思想、新學說。孔子「以述為作」的具體操作方法就是「知言」。他說：「不知言，無以知人也。」(《論語・堯曰》) 由此可見，孔子對於「知言」的重要性有著充分的認識。那麼孔子是如何「知言」的呢？

孔子的「知言」集中體現在他對《詩》、《書》的闡釋之中。孔子非常重視《詩》、《書》，在讀誦它們時總會使用「雅言」(《論語・述而》)，對於《詩經》一書，孔子還曾經說過「人而不為《周南》、《召南》，其猶正牆面而立也與？」(《論語・陽貨》)；《論語》引《詩》九處，論《詩》十一次，引《書》二次，論《書》一次，[36] 對孔子引論《詩》、《書》之處進行分析，便不難發現近乎孟子「知言」的思路同樣貫穿於孔子的詮釋實踐之中。《論語》載：

> 子曰：「《詩》三百，一言以蔽之，曰：『思無邪』。」(《論語・子張》)

孔子說，由他所刪定的《詩經》三百篇，有一個總的特點，就是「思無邪」。「思無邪」語出《詩經・魯頌・駉》，近人匡亞明說：「『思

35 劉耘華：《詮釋學與先秦儒家之意義生成——《論語》、《孟子》、《荀子》對古代傳統的解釋》，頁54。

36 同上書，頁49。

無邪』，本是《魯頌・駉》一詩中形容牧馬人吆喝著叫馬不要亂跑的意思（「思」係虛詞，吆喝聲，「邪」同斜，合起來即「嘔唷！不要亂跑！」）」[37]。在孔子的詮釋下，「思」作「思想」解，「無邪」指「正大而不淫邪」；「思無邪」就表示「思想正大而不淫邪」。「思無邪」既是孔子刪定《詩經》的標準，也是他對《詩》三百思想內涵的評斷。正是由於《詩》三百「思無邪」，所以《詩》才「可以觀」（《論語・陽貨》）。朱熹注釋「觀」為「考見得失」（《論語集注・陽貨》），意思是說，「思無邪」的《詩經》能夠使讀《詩》者獲取某種內在的尺度或依據，讀《詩》者以此為視角，便可以考評外在的政治得失。實際上，對於孔子而言，其所考評的對象不僅限於現實政治，而且也包括了《詩》文本身。以個人的價值標準來衡判經典中的言辭，這種詮釋方法顯然十分接近於孟子的「知言」。不過，「思無邪」的標準是否就是孔子「仁」的標準，僅憑此一例還難以判斷，再看《論語》中如下兩處詮釋實踐。《論語》載：

> 子貢曰：「貧而無諂，富而無驕，何如？」子曰：「可也。未若貧而樂，富而好禮者也。」子貢曰：「《詩》云：『如切如磋，如琢如磨。』其斯之謂與？」子曰：「賜也，始可與言《詩》已矣！告諸往而知來者。」（《論語・學而》）
>
> 子夏問曰：「『巧笑倩兮，美目盼兮，素以為絢兮』，何謂也？」子曰：「繪事後素。」曰：「禮後乎？」子曰：「起予者商也！始可與言詩已矣。」（《論語・八佾》）

「如切如磋，如琢如磨」出自《詩經・衛風・淇奧》，孔穎達疏曰：「治骨曰切，象曰磋，玉曰琢，石曰磨。道其學而成也。聽其規諫以

37　匡亞明：《孔子評傳》（南京市：南京大學出版社，1990年），頁349。

自修，如玉石之見琢磨也。」（《毛詩正義・衛風・淇奧》）表示這兩句話的原意是藉治理玉石形容君子的自我修養過程。子貢用這兩句詩比喻由「貧而無諂，富而無驕」到「貧而樂，富而好禮」的提升，就從詩中引申出了道德修養應「精益求精」的道理。孔子對這一詮釋給予了充分的肯定。「巧笑倩兮，美目盼兮，素以為絢兮」出自《詩經・衛風・碩人》[38]，原意是形容莊姜之美的。孔子對其做出新的詮釋，即「繪事後素」，意思是繪畫先要有好的質地，然後才能施以五彩，孔子大概是想以此暗示、比喻「禮」須建立在「仁」的思想感情的基礎上。子夏領會了孔子的意思，同樣得到了孔子的肯定。

由此兩例可見，孔子是在以儒家的倫理道德和審美標準來詮釋《詩經》中的言辭，這一標準應當也就是孔子「仁」的標準；劉耘華副教授稱「孔子把『真』分成了事實之『真』和義理之『真』兩類」[39]，而且「孔子主張義理之『真』高於事實之『真』」[40]，顯然也是見及於此。孔子不僅以「仁」解《詩》，同樣也以「仁」釋《書》。《論語》載：

> 子張曰：「《書》云：『高宗諒陰，三年不言。』何謂也？子曰：「何必高宗？古之人皆然。君薨，百官總己以聽於塚宰三年。」

「高宗諒陰，三年不言」出自《尚書・周書・無逸》，高宗也就是商王武丁，「諒陰」在今本《尚書》中作「亮陰」。孔安國注釋這兩句話說：「武丁起其即王位，則小乙死，乃有信默，三年不言。言孝行

---

38 今本《毛詩》只有前兩句。王先謙《三家詩義集疏》認為，《魯詩》有三句。

39 劉耘華：《詮釋學與先秦儒家之意義生成——《論語》、《孟子》、《荀子》對古代傳統的解釋》，頁98。

40 同上。

著。」（《尚書正義・周書・無逸》）這是說武丁為其父小乙服三年之喪時十分專注和投入，「三年不言」乃是他大孝的體現。表面上看，孔子對子張問題的回答似乎有些答非所問，實際上，孔子說「何必高宗？古之人皆然」就像說「夫三年之喪，天下之通喪也。」（《論語・陽貨》）是說三年之喪本是常禮，這種常禮是出於人皆有之的常情，出於心所不能已的哀傷之情，因此高宗的「三年不言」人人都能體會、沒有什麼難理解的。孔子曾批評欲去三年之喪的宰我「不仁」，可見，促使人實行三年之喪的哀情就是「仁」之情，孔子在這裏正是以「仁」釋《書》的。當然，孔子的這一詮釋應當是恰好合乎《尚書》原意的。

我們可以看到，「知言」法的大致思路在孔子那裏早就有所體現了，孟子除了完整地繼承孔子所肇始的該種思路以外，還更加細化了「知言」方法的具體步驟、豐富了其理論內涵，從而使其更具有可操作性。「知言」的方法是以己「意」解讀作者之「志」的方法，在孟子的詮釋思想中，詮釋者之「意」是通過「知人論世」基礎上的「以意逆志」而獲得，而作者之「志」則是經由「知人論世」及「不以文害辭，不以辭害志」的語言解釋法而呈現，可見，孟子的幾種詮釋方法在其「知言」說中得以交匯。

五　本體論與方法論的統一

本體論詮釋學探討理解的基礎，方法論詮釋學探討理解的程序，二者分別面向不同的問題域，原本可以彼此融通、並行不悖。在西方哲學的語境下，將本體與方法相分離肇端於海德格爾。海德格爾清楚地說道：「方法出自一條極端敗壞之路」[41]。這句話的意思是，人為設

[41] 〔德〕M.Heidegger: *On the Way to Language*, Harper & Row, 1971, P.91.

計出來的方法妨礙了存在真理、生存真相的顯現，人如果想瞭解生存的意義，就必須放棄方法。伽達默爾繼承了海德格爾的這一思路並且宣稱：「一種哲學的詮釋學理論並不是一種——不管是正確的抑或錯誤的（『危險的』）——方法學理論」[42]，在哲學詮釋學的體系裏，方法論詮釋學成為一個與本體論詮釋學截然對立的範疇；由於哲學詮釋學在西方詮釋學的領域中影響甚大，於是乎將兩者對立起來的觀念便也深入人心。

「視域融合」的理論係依據海德格爾的「解釋學循環」的概念發展而來，伽達默爾認為，「視域融合」或「解釋學循環」是所有理解活動中必然要發生的現象，用他自己的話說，「這種循環（指「解釋學循環」，筆者加）具有一種本體論的積極意義」[43]。「『本體論的』這裏的意思就是普遍的，伽達默爾常常指這個意思。」[44]這也就是說，無論我們從事藝術欣賞、歷史研究或是語言交流，這些特殊的理解模式中總會展現出互動、融合等特質，所以，從特殊理解模式裏提煉出的一般理解模式就是「視域融合」，「視域融合」是具有普遍性的。既然「視域融合」是具有普遍性的，那麼一切旨在達到理解確定性的方法論系統便都只能流於空想。

儘管「視域融合」的概念也屬於對某種理解過程的表述，但在伽達默爾看來，這樣一種理解的過程並非人為構造出來的程序，而是超出了所有人主觀意願的客觀事實，換句話說：「詮釋者必須在這個結構中進行詮釋，無論他採用或不採用它，他總是無可避免地接受這個結構」[45]，伽達默爾自敘道：「從根本說來我並未提出任何方法，相

42 〔德〕伽達默爾：〈詮釋學與歷史主義〉，載《真理與方法》（附錄），頁679。
43 〔德〕伽達默爾：《真理與方法》，頁342。
44 〔加拿大〕J.Grondin: *Introduction to Philosophical Hermeneutics*, P.111.
45 陳榮華：《葛達瑪詮釋學與中國哲學的詮釋》，頁122。

反，我只是描述了實際情形」[46]，因此，對伽達默爾來說「視域融合」絲毫不具備方法的特質。如此看來，哲學詮釋學確乎已經跟方法論詮釋學劃清了界限。

伽達默爾所說的方法原本是指自然科學的方法，在《真理與方法》一書的導言裏，伽達默爾就明確地表示：「本書所關注的是，在經驗所及並且可以追問其合法性的一切地方，去探尋那種超出科學方法論控制範圍的對真理的經驗」[47]。伽達默爾反對自然科學方法對人文科學的宰制，原本是有其積極意義的，可是他將所有方法一概排斥的做法卻也使他的哲學詮釋學難逃爭議。包括哈貝馬斯和利科在內的一些西方學者對此多有詬病。例如，特拉斯在《類比的想像》一文裏指責伽達默爾是在「牽強地反對所有方法」[48]；又如，曼迪遜認為：「在蓄意用真理去反對方法，並且說『詮釋學的哲學理論並非一種方法論』時，伽達默爾給人這種印象，即在解釋的理解中並沒有方法的位置。我並不認為情況如此，即在詮釋學中沒有為方法留有餘地」[49]。

若依照中國哲學的傳統來看，強調理解行為與人的生存間緊密關聯的本體論詮釋學並不具有對強調方法步驟明確性的方法論詮釋學的排他性，當然，中國詮釋學所使用的方法也不是歸納、演繹的科學方法。林忠軍教授在《試論〈易傳〉解釋學——方法與哲學之間》一文中，就曾以《易傳》對《周易》的解釋為例，具體地展示過方法與本體在中國早期的詮釋學當中的調融性。有關理解的確定性可否達成的問題，前文已詳，茲不贅述。依筆者陋見，既然理解的確定性是可以

---

46 〔德〕伽達默爾：〈詮釋學與歷史主義〉，載《真理與方法》（附錄），頁678。

47 同上書，導言。

48 〔英〕Joel C. Weinsheimer: *Hermeneutics:A Reading of Truth and Method*, Yale University Press, 1985, P.20.

49 〔美〕Gary Brent Madison: *The Hermeneutics of Postmodernity:Figure and Themes*, Indiana University Press, 1988, P.26.

保證的，那麼方法論詮釋學就未必是空想的產物，「視域融合」也不應被賦予普遍的適用性。進而言之，以「視域融合」為核心概念的哲學詮釋學並不能夠從外延上涵蓋本體論詮釋學的一切類型，方法論詮釋學同時也可以是本體論詮釋學。

孟子詮釋思想中的方法論內涵便可與其本體論的意蘊融通無礙。如前所述，「以意逆志」之「意」是本體所生發的道德法則，是孟子本體論的具體內容，也可以說，是其生命體驗的具體化。孟子以這樣的生命體驗為基礎重釋《詩》、《書》，衡斷諸家，這正彰顯出本體論詮釋學第一個層面的意義——「本體論意義上的詮釋學」，即詮釋者的詮釋活動是以其深切的生命體驗為依託的。顯然，這樣一種本體論詮釋學的意義與以「以意逆志」為其內容的詮釋方法間存在著緊密的關聯，二者不可割裂。不僅如此，按照孟子的詮釋思想，其人生的歷程是通過理解的方式而層層打開的，孟子的上述詮釋方法則恰好揭示了其理解活動中的特定思路。孟子以這樣的詮釋方法體味人生、解讀命運，這無疑說明了孟子的詮釋方法與本體論詮釋學第二個層面的意義——「詮釋學意義上的本體論」同樣是不相妨礙的，即孟子的詮釋方法正是其存在方式——理解的具體展開。一言以蔽之，在孟子的詮釋思想中，本體論的意蘊與方法論的內涵實現了完美的統一。

第三章
孟子的詮釋實踐

在詮釋《詩經》、《尚書》等經典文獻及楊朱、墨翟等諸子之言的過程中，孟子廣泛應用了其詮釋方法。

一　孟子對《詩》、《書》的詮釋

《詩》、《書》典籍是孟子詮釋實踐的主要對象，在現存《孟子》一書中，他引、論《詩》、《書》的言論可謂俯拾皆是。孟子為何要對《詩》、《書》進行如此頻繁地詮釋呢？

首先，《詩》、《書》之教是華夏民族的共同傳統，在諸侯割據的時代，透過詮釋《詩》、《書》表達個人觀點能夠得到更多的認同。據《禮記．王制》所載：「樂正崇四術，立四教，順先王《詩》、《書》、《禮》、《樂》以造士。春、秋教以《禮》、《樂》，冬、夏教以《詩》、《書》。」這就是說，《詩》、《書》、《禮》、《樂》是當時的上層社會需要普遍接受的教化內容。春秋禮崩樂壞，王官散在民間，這就是《左傳．昭公十七年》所記載的「天子失官，學在四夷」。孔子首開私人講學之風，有教無類，並主要以《詩》、《書》、《禮》、《樂》為教材。自此，《詩》、《書》之教廣泛走入民間，《詩》、《書》更進一步地成為各諸侯國間的共同話語。

其次，「誦《詩》三百」（《論語．子路》）的目的是要「使於四方」（同上），是能夠「專對」（同上），這就表示，在當時的外交場合中，人們普遍引用《詩》、《書》以說理、言志。《詩》、《書》言簡意賅，又富有文化底蘊，適合在關係微妙的政治領域中作為達意的工具，孔子所謂「不學《詩》，無以言。」（《論語・季氏》）就從側面反映了這種社會現象。

再次，《詩》、《書》中的許多篇章記述了古人對美德的頌揚，對惡行的抨擊，其價值取向契合了儒家的道德理念。譬如《詩經・大雅・抑》中有「白圭之玷，尚可磨也；斯言之玷，不可為也」之語，此語意在告誡統治者發佈教令時應當謹慎，「南容三復白圭」（《論語・先進》），便是取其慎言之意，又如，《詩經・邶風・雄雉》上有「不忮不求，何用不臧」兩句，這兩句話要人保持平常心，不貪求功名利祿，「子路終身誦之」（《論語・子罕》），以為座右銘。更具體地說：「《詩》通過先民的觀念、情感和願望反映了先民對生命價值和世界意義的體認和追求」[1]，而抑惡揚善正是其中許多詩篇共同的精神旨趣和價值訴求；不僅如此，《詩》、《書》中大量記述的三代「王道」政治為儒家的「德治」理想提供了歷史依據，尤能吸引孟子的注意。

最後，讀《詩》可以激發人內在的仁愛之情，這促使先秦儒家將仁與禮的核心價值觀念植入對《詩》、《書》的創造性詮釋之中。不可否認，《詩經》中的許多內容未必合乎德性或與德性無關，例如《詩經》中常見的「怨婦詩」，然而孔子卻斷言：「《詩》三百，一言以蔽之，曰：『思無邪』。」（《論語・子張》）這是為什麼呢？孔子認為「《詩》可以興」（《論語・陽貨》），又說「興於《詩》」（《論語・泰伯》），可見《詩》的主要功能是「興」。《說文解字》注釋「興」說「起也」，那麼《論語》中的「興」是指「興起」何物呢？朱熹解釋

1 張海晏：〈「《詩》云」時代——《詩經》在先秦的文化功能〉，載《國際儒學研究》（第四輯）（北京市：中國社會科學出版社，1998年），頁124。

「《詩》可以興」的「興」說「感發志意」（《論語集注．陽貨》）；解釋「興於《詩》」說，「《詩》本性情，有邪有正，其為言既易知，而吟詠之間，抑揚反覆，其感人又易入。故學者之初，所以興起其好善惡惡之心，而不能自已者，必於此而得之。」（《論語集注．泰伯》）。

用現代人的話說《詩》「可以通過具體的譬喻和生動的聯想，來感發和振奮我們的心智情意，使我們從感性的『美』的體驗，上升到理性的『善』的意識」[2]。可見《詩經》能夠觸引人內心的美好感情，勾起人豐富的聯想，對於《詩經》而言，新的意義由此生成。既然經典的原意不再重要，同樣被先秦儒家奉為經典的《尚書》便也一起進入了孟子創造性詮釋的視野。下面我們就舉例說明孟子在詮釋《詩》、《書》的過程中對其詮釋方法的運用。

例一

先看孟子對〈小弁〉、〈凱風〉的詮釋。《孟子》載：

> 公孫丑問曰：「高子曰：『〈小弁〉，小人之詩也。』」孟子曰：「何以言之？」曰：「怨。」曰：「固哉，高叟之為詩也？有人於此，越人關弓而射之，則己談笑而道之；無他，疏之也。其兄關弓而射之，則己垂涕泣而道之；無他，戚之也。〈小弁〉之怨，親親也。親親，仁也。固矣夫，高叟之為《詩》也！」曰：「〈凱風〉何以不怨？」曰：「〈凱風〉，親之過小者也。〈小弁〉，親之過大者也。親之過大而不怨，是愈疏也。親之過小而怨，是不可磯也。愈疏，不孝也。不可磯，亦不孝也。

2　郭傑：〈孔子的詩學〉，載《深圳大學學報（人文社科版）》（2000年第6期），頁70。

孔子曰：『舜其至孝矣！五十而慕。』」（《孟子‧告子下》）

這段文字記錄了孟子與其弟子公孫丑之間論《詩》的一段對話。由於〈小弁〉中表現出作者對於父母的抱怨之情，高子便將其斥為小人之詩。對此，孟子指出，這種抱怨之情恰恰體現了作者對於父母的孝；「詩……可以怨」（《論語‧陽貨》），怨的實質是詩人對於親人的關心及憂慮。同為《詩經》中的一篇，同為對父母過失的回應，〈凱風〉卻沒有表達出抱怨之情。於是，公孫丑便追問孟子「〈凱風〉何以不怨」。孟子透過區別這兩首詩的寫作背景，即「親之過大」與「親之過小」，指出詩中的「怨」與「不怨」同樣表達了作者對於父母的孝。

〈小弁〉為《詩經‧小雅》中的一篇，〈凱風〉為《詩經‧邶風》中的一篇。關於〈小弁〉、〈凱風〉兩首詩的作者及內容所指歷來是存在爭議的。關於〈小弁〉，毛亨的序文稱：「〈小弁〉，刺幽王也。太子之傅作焉。」（《毛詩正義‧小雅‧小弁》）孔穎達疏曰：「太子，為宜臼也。幽王信褒姒之讒，放逐宜臼。其傅親訓太子，知其無罪，閔其見逐，故作此詩以刺王。」（同上）這說明毛亨、孔穎達均認為〈小弁〉的作者是宜臼的師傅；〈小弁〉的背景及內容是：周幽王寵幸褒姒，廢黜了申后與太子宜臼，宜臼的師傅站在宜臼的立場上，以宜臼的口氣作此詩以洩其憂憤。《魯詩》的看法為：「〈小弁〉、〈小雅〉之篇，伯奇之詩也。伯奇仁人，而父虐之，故作〈小弁〉之詩。」（《詩三家義集疏》卷十七，〈小弁〉）《齊詩》的看法也大致如此。「要之此詩涉及的是一場發生在上層貴族家庭內部中的父子間的矛盾衝突。這也是漢人不同說法中的相同點。其內容表現的是父對子的迫害及子對這迫害的憤懣與無奈」[3]；由於孟子只是籠統解

3　聶石樵、雒三桂、李山：《詩經新注》（濟南市：齊魯書社，2000年），頁397。

詩，在承認〈小弁〉為「孝子」之詩的共同背景下，魯齊毛三家的分歧並不會影響到孟子的詮釋。

關於〈凱風〉，毛亨的序文稱：「〈凱風〉，美孝子也。衛之淫風流行，雖有七子之母，猶不能安其室，故美七子能盡其孝道，以慰其母心，而成其志爾。」（《毛詩正義‧邶風‧凱風》）孔穎達疏曰：「作〈凱風〉詩者，美孝子也。當時衛之淫風流行，雖有七子之母，猶不能安其夫室，而欲去嫁，故美七子能自盡其孝順之道，以安慰其母之心，作此詩而成其孝子自責之志也。」（同上）這說明《凱風》表達的很可能是兒子自責不能孝母的心情。衛國一位婦女，身為七個孩子的母親，仍然不能堅守婦道，兒子們便把責任歸之於自身不能恪盡孝道。《齊詩》的看法與此迥異，認為「〈凱風〉無母，何恃何怙？幼孤弱子，為人所苦。」（《詩三家義集疏》卷三，〈凱風〉）如此一來，〈凱風〉成了頌繼母之詩，「因該繼母或未能慈愛於前母之子，故七子作此詩而感動之」[4]。

《毛詩》與《齊詩》的共同點在於，它們都承認〈凱風〉是兒子歌頌母親並自責的詩。此處暫以毛序為準。

孟子認為：「〈凱風〉，親之過小者也。〈小弁〉，親之過大者也」，這是孟子對於七子與廢太子所處的時位的分別概括，是對其各自境遇的客觀表述，這裏體現出孟子對「知人論世」方法的運用。在此基礎上，孟子指出「親之過大」應當「怨」，否則便是「愈疏」，即更加疏遠父母，「親之過小」應當「不怨」，否則便是「不可磯」，即受不了一點微小的刺激，這說明孟子在使用內在價值尺度對「親之過大」、「親之過小」兩種情況加以評斷。這一內在價值尺度應當就是「以意逆志」之「意」，孟子很可能在「知人論世」的基礎上運用

4　同上書，頁73。

了「以意逆志」的方法。因為〈小弁〉、〈凱風〉各自的意旨大略與孟子的內在價值尺度相吻合，所以在這一詮釋活動中，孟子就不再需要對其進行創造性地詮釋。

例二

再看孟子對「若藥不瞑眩，厥疾不瘳」的引用。《孟子》載：

> 滕文公為世子，將之楚，過宋而見孟子。孟子道性善，言必稱堯、舜。世子自楚反，復見孟子。孟子曰：「世子疑吾言乎？夫道一而已矣。成覸謂齊景公曰：『彼丈夫也，我丈夫也，吾何畏彼哉？』顏淵曰：『舜何人也？予何人也？有為者亦若是！』公明儀曰：『文王，我師也。周公豈欺我哉？』今滕，絕長補短，將五十里也，猶可以為善國。《書》曰：『若藥不瞑眩，厥疾不瘳。』」(《孟子．滕文公上》)

在這段話中，孟子兩次言辭懇切地向時為世子的滕文公講述行「仁政」的道理，「若藥不瞑眩，厥疾不瘳」在文中比喻「措詞不嚴厲就不能夠使人警醒」。

「若藥不瞑眩，厥疾不瘳」出自《尚書．商書．說命上》。孔安國傳曰：「高宗夢得說，使百工營求諸野，得諸傅岩，作《說命》三篇。」(《尚書正義．商書．說命》) 孔穎達疏曰：「殷之賢王有高宗者，夢得賢相，其名曰『說』。群臣之內即無其人，使百官以所夢之形象經營求之於野外，得之於傅氏之岩，遂命以為相。史敘其事，作《說命》三篇。」(同上) 這說明《說命》三篇所記載的是商王武丁發現傅說並任其為相的一段歷史。

「若藥不瞑眩，厥疾不瘳」見於下文：「啟乃心，沃朕心。若藥不瞑眩，厥疾不瘳。若跣弗視地，厥足用傷。惟暨乃僚，罔不同心，以匡乃辟」。「若藥不瞑眩，厥疾不瘳」的字面意思是「如果藥物不能使人吃得頭暈眼花，那病是不會痊癒的」。孔安國對其注釋說：「開汝心，以沃我心。如服藥必瞑眩極，其病乃除。欲其出切言以自警。」（同上）孔穎達正義說：「當開汝心所有，以灌沃我心。欲令以彼所見，教己未知故也。其沃我心，須切至，若服藥不使人瞑眩憒亂，則其疾不得瘳癒。言藥毒乃得除病，言切乃得去惑也。」（同上），說明這兩句話是藉下猛藥治頑疾的醫療手段來比喻直言進諫方能使人覺悟的道理。這一比喻義正為孟子所採納。

孟子在這裏使用的是對《尚書》原文直接引用的詮釋方法，我們無法明確地看到孟子詮釋的具體過程。不過，從孟子對原文所具有的道德內涵的「認肯」上，我們大略可以看出孟子經歷過反觀自心的過程，因為認可、肯定一種說法，意味著詮釋者已經具有先在的評判標準，對孟子而言，這一標準是透過內省的方法而獲得；從孟子對原文的準確引用中，我們大略可以肯定孟子經歷過客觀認知的過程。相應地「不以文害辭，不以辭害志」、「以意逆志」及「知人論世」等詮釋方法也極有可能在其詮釋過程中有所運用。由於在這裏孟子對《尚書》的理解與其原意相統一，所以孟子也不需要運用「知言」的方法進行創造性詮釋。

例三

在某些詮釋實踐中，孟子並不需要嚴格地貫徹他的詮釋方法，他對「既醉以酒，既飽以德」的理解就屬於這一類。《孟子》載：

> 孟子曰：「欲貴者，人之同心也。人人有貴於己者，弗思耳

> 矣。人之所貴者，非良貴也。趙孟之所貴，趙孟能賤之。《詩》云：『既醉以酒，既飽以德。』言飽乎仁義也，所以不願人之膏粱之味也；令聞廣譽施於身，所以不願人之文繡也。」（《孟子．告子上》）

孟子在這裏比較了兩種「貴」，一種是「趙孟之所貴」，即官爵俸祿，孟子又稱其為「人爵」（同上），一種是「良貴」，即仁義道德，孟子又稱其為「天爵」（同上）。孟子作這種比較的意義在於啟發人們正視本心、良知，回歸生命的本源。他引用《詩經》中的言辭，其目的在於說明仁義道德的超越性及優先性。

「既醉以酒，既飽以德」出自《詩經．大雅．既醉》。毛亨的序文稱：「〈既醉〉，大平也。醉酒飽德，人有士君子之行焉。」（《毛詩正義．大雅．既醉》）孔穎達疏曰：「作〈既醉〉詩者，言太平也。謂四方寧靜而無事，此則平之大者，故謂太平也。成王之祭宗廟，群臣助之。至於祭末，莫不醉足於酒，猒飽其德。既荷德澤，莫不自修，人皆有士君子之行焉。」（同上）可見，〈既醉〉記載的內容大概是周代統治者祭祀祖先時，巫師代表神祗向主人表示祝福。「既醉以酒，既飽以德」見於下文：「既醉以酒，既飽以德。君子萬年，介爾景福。既醉以酒，爾肴既將。君子萬年，介爾昭明」。關於「既醉以酒，既飽以德」，毛亨傳曰：「既者，盡其禮，終其事。」（同上），鄭玄箋云：「禮，為旅酬之屬。事，謂惠施先後及歸俎之類。」（同上）「旅酬」指賓客之間相互敬酒；「惠施」即施惠，意思是施與恩惠；「歸俎」指主人向賓客致贈俎肉。因此，「既醉以酒，既飽以德」的意思是「已經喝醉美酒，已經飽受恩惠」，它是對當時宴會情景的「事實陳述」。

《魯詩》及《齊詩》的注釋大致是講，不應過度飲酒，而應講究美德。高亨先生提出一種新解，認為「德，當作食，古德字作悳，與食形近，因而寫錯」[5]；「既醉以酒，既飽以德」「言貴族祭神，醉神以酒，飽神以食」[6]。在證據不足的情況下，此處仍暫以「毛傳」為準。

在古漢語中，「德」既可表示「美德」，也可表示「恩惠」。在〈既醉〉原文中，它大概屬於後一種情況。因此，「既醉以酒，既飽以德」只是兩句平淡的敘述，缺少思想內涵、價值意義；孟子將「德」解釋為「美德」，使其具有了較高的思想性。「既醉以酒，既飽以德」句意轉為「美酒已使人陶醉，仁德已使人富足」。孟子的這一類引用，既不需要對於原文文辭的分析，也不需要「知人論世」方法的運用，更無必要設身處地地去「以意逆志」，而完全是信手拈來，「余取所求」（《左傳．襄公二十八年》），一切以論證自身觀點的目的為轉移。不過，孟子的這一類詮釋實踐仍然是符合其詮釋方法的。孟子以自身的價值信念為創發新意的源泉，從而賦予經典以新的意義，這種創造性的詮釋方法也就是「知言」的詮釋方法。

例四

再看孟子對「周道如砥，其直如矢；君子所履，小人所視」四句話的詮釋。《孟子》載：

> （孟子）曰：「……欲見賢人而不以其道，猶欲其入而閉之門也。夫義，路也；禮，門也。惟君子能由是路，出入是門也。詩云：『周道如砥，其直如矢；君子所履，小人所視。』」（《孟子．萬章下》）

5　高亨：《詩經今注》（上海市：上海古籍出版社，1980年），頁409。

6　同上。

「周道如砥，其直如矢；君子所履，小人所視」出自《詩經・小雅・大東》。對於「周道如砥，其直如矢」，孔穎達疏曰：「如砥，貢賦平均也。如矢，賞罰不偏也。」（《毛詩正義・小雅・大東》）對於「君子所履，小人所視」，鄭玄箋云：「此言古者天子之恩厚也，君子皆法效而履行之；其如砥矢之平，小人又皆視之、共之無怨。」（同上）若孔疏、鄭箋不誤，則這四句詩的原意是用來形容周朝的政治清明，平均如一。孟子所謂「夫義，路也；禮，門也。惟君子能由是路，出入是門也」，是指諸侯召見君子時應待之以禮義。孟子用《詩經》中的言辭說明這一觀點，就賦予了「周道如砥」等四句詩以嶄新的含義，即禮義恰似平而直的大路，君子能夠恪守禮義，正如循此大路行走，而小人則反之。在這裏，孟子依據儒家思想學說「意」對詩文作出創造性的詮釋，使原本的「事實陳述」轉化為「道德判斷」，體現了對「知言」方法的運用。

例五

接下來請看孟子「知言」法的另一種應用。他對「血流漂杵」一句記載的質疑屬於這種情況。《孟子》載：

> 孟子曰：「盡信《書》，則不如無《書》。吾於〈武成〉，取二三策而已矣。仁人無敵於天下。以至仁伐至不仁，而何其血之流杵也？」（《孟子・盡心下》）

孟子這段話藉他對於《尚書》中〈武成〉篇內容的質疑，說明了自身對於古代文化典籍的態度——盡信《書》，則不如無《書》，體現了孟子詮釋思想的懷疑、批判精神。

關於〈武成〉篇的寫作背景及內容，孔安國傳曰：「武王伐殷，往伐歸獸，識其政事，作〈武成〉。」（《尚書正義．周書．武成》）孔穎達疏曰：「武王之伐殷也，往則陳兵伐紂，歸放牛馬為獸，記識殷家美政善事而行用之。史敘其事，作〈武成〉。」（同上）這表示〈武成〉篇記述的是：周武王伐紂歸來後，向祖廟、上天、山川以及諸侯百官報告伐紂成就的情況。

〈武成〉篇中有一句「血流漂杵」，這句話屬於典型的「描述性語言」或「事實陳述」，它的意思是「血多得把搗米用的長木槌都漂流起來了」，孔安國對其注釋說：「血流漂舂杵。甚之言。」（同上）孔穎達評價說：「是言不實也」（同上），都認為這是一種誇張、不實之辭。「血流漂杵」見於下文：「罔有敵於我師，前徒倒戈，攻於後以北，血流漂杵。一戎衣，天下大定」，結合上下文來分析，作者講這句話的原意也許只是為了說明戰爭的慘烈和艱苦。這句話引起了孟子的高度警覺。

透過引文中的文句，我們有理由認為孟子在自覺地應用其自身的詮釋方法。「至仁」、「至不仁」是孟子對於武王與紂王為人的刻劃，「以至仁伐至不仁」是孟子對於這場決定商周命運的戰爭性質的概括，是對「血流漂杵」這句言辭所屬的宏觀歷史背景的客觀描述，顯而易見，孟子在這裏運用了「知人論世」的方法。孟子說「仁人無敵於天下」，這說明他具有評判這一歷史事件的內在價值尺度，即「革命」、「討伐」的正義性、正當性，因此，孟子很可能在這裏運用了「以意逆志」的方法。孟子以其內在價值尺度質疑甚至否定了「血流漂杵」的說法。較為明顯，「血流漂杵」的記載運用了誇張的修辭手法，孟子有「不以文害辭，不以辭害志」的語言解釋法，他所否定的應當不僅限於這一記載的表面文辭，還應包括這一記載背後的深意，即這場戰爭的慘烈和艱苦。孟子以其「以意逆志」之「意」逕直否定了作者之「志」，「這便是以自家義理來決定文本事實是否可

『信』」[7]，正是「知言」方法的一種應用。

例六

最後，再看孟子對「娶妻如之何？必告父母」的辯證解釋。《孟子》載：

> 萬章問曰：「《詩》云：『娶妻如之何？必告父母。』信斯言也，宜莫如舜。舜之不告而娶，何也？」孟子曰：「告則不得娶。男女居室，人之大倫也。如告，則廢人之大倫以懟父母，是以不告也。」（《孟子．萬章上》）

在上述對話中，萬章以《詩經》為據，認為舜的「不告而娶」違反了古禮，孟子則指出舜當時的處境與常人不同，從而達到為舜辯護的目的。

「娶妻如之何？必告父母」出自《詩經．齊風．南山》，鄭玄箋云：「取妻之禮，議於生者，卜於死者，此之謂告。」（《毛詩正義．齊風．南山》），男子娶妻應先與父母商量，這是古代男子的娶妻之禮。對於這種禮法的合理性，《白虎通義》中有明確的說明：「男不自專娶，女不自專嫁，必由父母、須媒妁何？遠恥防淫泆也」（《白虎通．嫁娶》）可見，「娶妻必告父母」的做法出自道德的考量，不是可以輕易否定的。

「娶妻必告父母」顯然是一句「規令性的語言」或「道德判斷」，它是舜所生活的那個時代中的社會行為規範，對於這一點，孟子不會不清楚；不過，孟子更加清楚的一點是，舜的父親和後母跟舜

7 劉耘華：《詮釋學與先秦儒家之意義生成——《論語》、《孟子》、《荀子》對古代傳統的解釋》，頁99。

的關係並不融洽，乃至於他們還時常懷有謀殺舜的想法，所以孟子便將舜當時的處境總括為一句話，即「告則不得娶」。由此可知，判斷舜的「不告而娶」是否妥當，首先應該「知人論世」。相對於古禮，孟子有一個更高的道德標準，即所謂「男女居室，人之大倫」。換句話說，就對於父母的孝而言，「娶妻」比「告父母」更具有倫理的優先性，在「告則不得娶」的特殊情況下，當事人可以「不告而娶」。孟子說：「如告則廢人之大倫，以懟父母。是以不告也」；懟，「怨也」[8]，「以懟父母」即怨恨父母，而怨恨父母這種事情顯然是以孝聞名的舜所不希望發生的，因此舜會很自然地選擇事先不讓父母知道，這是孟子設身處地地站在舜的立場上「以意逆志」的結論。孟子以這一結論辯證地否定了「娶妻必告父母」的全稱判斷，反映出他對「知言」方法的運用。

劉耘華副教授借用艾柯對「詮釋文本」與「使用文本」的區分，指出在孟子詮釋《詩經》、《尚書》等古代文本的過程中，「總是『使用文本』的方式壓倒了『詮釋文本』的方式」[9]，筆者基本上贊同這種講法。在孟子詮釋《詩》、《書》的上述案例中，只有他對〈小弁〉、〈凱風〉兩詩的詮釋及對「若藥不瞑眩，厥疾不瘳」的引用是基本準確的，在絕大多數情況下，由於「知言」原則的引導，孟子的詮釋總是超越了作品或作者的原意。

二　孟子對諸子的詮釋

諸子百家的學說同樣是孟子所詮釋的重要內容。孟子選擇百家之

8　楊伯峻：《孟子譯注》（上），頁211。

9　劉耘華：《詮釋學與先秦儒家之意義生成——《論語》、《孟子》、《荀子》對古代傳統的解釋》，頁87。

言作為他的詮釋對象，原因有二：其一，捍衛儒家的學術地位，批判異端學說；其二，冀求儒學用世於當今，防止「觀念的災害」[10]。孟子生活在戰國中期，時逢百家爭鳴的高潮階段，作為儒家學說的傳承者，孟子懷著強烈的使命感與楊、墨後學論辯不已。道家及墨家是當時影響較大的思想流派，用孟子的話說：「天下之言，不歸楊，則歸墨。」（《孟子・滕文公下》）孟子明言：「楊墨之道不息，孔子之道不著。」（同上）為了使孔子之道揚於天下，就必須將楊墨之道辯下去，因此孟子一方面「閑先聖之道」（同上），另一方面則「距楊墨，放淫辭。」（同上）儒學自創立之始就帶有積極用世的價值取向，孟子一生的努力自然也不會僅僅侷限在學術領域。孟子中年時開始周遊列國、遊說諸侯，宣傳「仁政」、「王道」的政治理想，雖然終未實現其「平治天下」（《孟子・公孫丑下》）的遠大抱負，但其政治主張卻為當時及後世的許多統治者不同程度地採納。孟子對楊、墨後學的抨擊，目的之一在於避免「觀念的災害」。所謂觀念的災害，是牟宗三先生一篇演講詞的題目，牟先生用它指稱孟子所述「作於其心，害於其事；作於其事，害於其政。」（《孟子・滕文公下》）的思想。荒謬的學說一旦為統治者所採信，便會在現實中造成惡劣的後果，孟子將其比喻為「率獸食人，人將相食。」（同上）較之他對《詩經》、《尚書》等經典文獻的詮釋，孟子在詮釋諸子的過程中表現出特別激烈的批判態度，詮釋的方式較為單一，這裏僅舉三例。

例一

《孟子》載：

10 牟宗三：〈觀念的災害〉，載《時代與感受》（臺北市：鵝湖出版社，1984年），頁1。

> 夷子曰：「儒者之道，古之人『若保赤子』，此言何謂也？之則以為愛無差等，施由親始。」

徐子以告孟子。

> 孟子曰：「夫夷子信以為人之親其兄之子，為若親其鄰之赤子乎？彼有取爾也。赤子匍匐將入井，非赤子之罪也。且天之生物也，使之一本，而夷子二本故也。蓋上世嘗有不葬其親者。其親死，則舉而委之於壑。他日過之，狐狸食之，蠅蚋姑嘬之。其顙有泚，睨而不視。夫泚也，非為人泚，中心達於面目。蓋歸反虆梩而掩之。掩之誠是也，則孝子仁人之掩其親，亦必有道矣。」（《孟子‧滕文公上》）

在上述文字中，墨者夷之引《尚書‧周書‧康誥》的「若保赤子」之語，以佐證自己的論點——愛無差等，施由親始。「愛無差等」及「施由親始」的說法均屬「規令性的語言」或「道德判斷」，前者體現了墨家平等地愛一切人的「兼愛」主張，後者則反映出夷之對儒家「孝悌」原則的吸納或遷就。對於這種言論，孟子進行了針鋒相對的反駁，孟子指出「若保赤子」乃指「赤子匍匐將入井，非赤子之罪也」，如朱熹所言，「《書》之取譬，本為小民無知而犯法，如赤子無知而入井耳。」（《孟子集注‧滕文公章句上》）即「若保赤子」的原意是說，國君保護平民百姓就如同母親愛護嬰孩一樣，倘若百姓因無知而犯法也如同嬰孩因無知而跌入井中一樣，罪責不在自身而在他們的保護者、管理者；夷之藉這句話來說明「人之親其兄之子，為若親其鄰之赤子」的「兼愛」之旨，可謂望文生義，「若保赤子」的譬喻用在這裏也成了「所謂遁辭」（同上）。可以想見，在探究「若保赤子」一語的原意時，孟子很可能運用了「不以文害辭，不以辭害志」

的語言解釋法。

由於「施由親始」的主張與儒家的「仁愛」思想並無矛盾之處，因此孟子對夷之論點的批判便都集中在了「愛無差等」上。特別值得注意的是，在論證差等之愛的合理性時，孟子並沒有空談其理，而是訴諸人性、常情，以孝子仁人掩其親的真實心理體驗，喚起人們對儒家「親親」理念的認同，由此無差別之愛的空想性便也自然而然地展現出來了。當人們看到尚未被掩埋的親人屍體被狐狸啃噬、被蚊蟲叮咬時，額頭冒冷汗且不忍心正視「其顙有泚，睨而不視」的表現恐怕是每個心智正常的人都會做出的反應；平心而論，如果死者是一個與自己毫不相干的人，那種人的屍體被昆蟲、野獸撕咬的景象還能夠帶給我們同等的觸動嗎？顯而易見，在本例中，孟子是以人人均能體認到的具體道德法則「愛有差等」來證明夷之觀點「愛無差等」的荒謬性，這種論辯方式中清晰地展示著「知言」法的理路。

例二

《孟子》載：

> 宋牼將至楚。孟子遇於石丘，曰：「先生將何之？」曰：「吾聞秦、楚構兵，我將見楚王說而罷之；楚王不悅，我將見秦王說而罷之。二王我將有所遇焉。」曰：「軻也請無問其詳，願聞其指。說之將何如？」曰：「我將言其不利也。」曰：「先生之志則大矣，先生之號則不可。先生以利說秦、楚之王，秦、楚之王悅於利，以罷三軍之師，是三軍之士樂罷而悅於利也。為人臣者，懷利以事其君；為人子者，懷利以事其父；為人弟者，懷利以事其兄：是君臣、父子兄弟終去仁義，懷

利以相接；然而不亡者，未之有也。先生以仁義說秦、楚之王，秦、楚之王悅於仁義而罷三軍之師，是三軍之士樂罷而悅於仁義也。為人臣者，懷仁義以事其君；為人子者，懷仁義以事其父；為人弟者，懷仁義以事其兄：是君臣、父子、兄弟去利，懷仁義以相接也；然而不王者，未之有也。何必曰利？」（《孟子·告子下》）

上述文字記載了這樣一件事情：戰國時期，秦、楚兩大國交兵，當時的著名學者宋牼得到消息後，打算前往楚國勸說楚王罷兵，不期然在石丘路遇孟子。於是，孟子便與他就遊說國君的策略展開了討論。宋牼遊說國君的策略是曉以利害，即說明戰爭對國家利益的危害性。孟子則認為，用利益打動國君的方法縱然能夠暫時奏效，也必將引發「上下交征利」（《孟子·梁惠王上》）的不良後果，最終會導致國家的覆亡。反之，如果國君能夠因道義的原因而停止戰爭，那麼他對仁義的愛好也會為其國內的臣民所效法，最終可以實現以王道統一天下的目的。宋牼也就是宋鈃或宋榮，他的學說分見於《莊子·天下篇》、《荀子·非十二子篇》以及《韓非子·顯學》。荀子在〈非十二子篇〉中將宋牼與墨子並稱，但依照徐復觀先生的分析，宋牼當屬於「道家的別派」[11]。據《莊子·天下篇》的說法，宋牼的主張可以被概括為「以禁攻寢兵為外，以情欲寡淺為內。」（《莊子·天下篇》）「禁攻寢兵」及「情欲寡淺」無疑都屬於「規令性的語言」。在這一則事件中，宋牼決心遊說秦、楚諸侯罷兵的行為完全符合他的「禁攻寢兵」的政治主張。不過，面對諸侯國君，宋牼此時卻並非以「情欲寡淺」為號召，而是試圖以功利動其心，從這個角度來講，宋牼與墨子確實有類似之處。孟子對於宋牼的想法既沒有完全肯定，也

---

[11] 徐復觀：《中國人性論史》（先秦篇），頁397。

沒有完全否定。春秋無義戰，戰國時期的戰爭更是純為利益而起，因此，「禁攻寢兵」的主張固然是對的。不過，在那樣一個急功近利的時代，游士們還要借助利益的權衡來打動諸侯國君，則勢必會強化他們唯利是圖的心態，進而影響諸侯國的國策。如此一來，天下還將爭戰不休、生靈塗炭，這便是孟子所說的「生於其心，害於其政；發於其政，害於其事。」(《孟子·公孫丑上》)。

孟子分別站在諸侯國君、三軍之士及人臣、人子、人弟的立場上考慮問題，這也是「知人論世」法的一種運用，由此而產生出國君應當採納合乎道義的建議、三軍之士應當因愛好仁義而罷兵等看法，這則是「以意逆志」後的結論。在仁政、王道政治理想的觀照下，宋牼主張中的不合理性頓時呈顯。在這裏，孟子可謂是「詖辭知其所蔽」(同上)。顯然，孟子使用了「知言」的詮釋方法。

例三

《孟子》載：

> 孟子曰：「楊子取為我，拔一毛而利天下，不為也。墨子兼愛，摩頂放踵利天下，為之。子莫執中，執中為近之。執中無權，猶執一也。所惡執一者，為其賊道也，舉一而廢百也。」(《孟子·盡心上》)

在這裏，孟子言簡意賅地列舉了楊朱、墨子以及子莫三個人的思想學說，並分別對他們予以評價：楊朱和墨子的主張均違反了中道，而子莫的問題則在於不懂得權變之術。關於楊朱其人，徐復觀先生認為「《莊子·應帝王》及《寓言》中的陽子居，當即係楊朱；其為老子弟子或其後輩，這也是大概可以確定的」[12]，顯然，楊朱的思想屬於道家。楊朱的主張是所謂「貴生」、「重己」，即重視個體生理生命的保全、注重養生之道，「拔一毛而利天下不為，可能是孟子過分的形容」[13]。「兼愛」是墨子思想的核心，孟子所謂「摩頂放踵利天下，為之」正是對胸懷兼愛之旨、且奔波勞頓於天下的墨者形象的誇張描寫。孟子以子莫的思想為參照，指出楊朱與墨子都有悖於中正之道：或者自私自利、缺乏社會責任感，孟子譏其為「無君」（《孟子・滕文公下》）；或者大公無私、卻又不切實際，孟子譏其為「無父」（同上）。關於子莫其人，根據楊伯峻先生的考證：「趙岐注云：『魯之賢人也。』孫詒讓《籀廎述林》、俞樾《茶香室經說》以為即魏中山公子牟，近人羅根澤已駁之。黃鶴《四書異同商》疑即《說苑・修文篇》之顓孫子莫，羅根澤尤主此說，近之」[14]。所以，此處所說的子莫大概是指魯國賢人顓孫子莫。子莫思想的詳細內容我們今天已無從得知，只能大致知道他「執中無權」。孟子之所以批評子莫缺乏靈活性，在根本上是因為「執一」則「賊道」。楊伯峻先生將賊道翻譯為「損害於仁義之道」[15]。綜上所述，孟子首先以子莫之中正之道為標準駁斥楊、墨之「淫辭」，繼而以儒家之仁義之道為標準批評子莫「舉一而廢百」。很明顯，孟子是把儒家的仁義之道作為終極的評判尺度來衡量各種思想學說之優劣得失的，他在這裏又一次實踐了自己的「知言」理論。

　　無論是孟子對於《詩》、《書》的詮釋，還是他對於諸子的詮釋，孟子個人的人生感悟總是貫穿其中。在孟子對《小弁》、《凱風》

12　同上書，頁372。

13　同上。

14　楊伯峻：《孟子譯注》（下），頁313。

15　同上。

的詮釋中，對「娶妻如之何？必告父母」的辯證解釋中、對墨家所謂「愛無差等」的批判中，對於孝道的切身體驗都是他開展理解活動的基礎；當孟子引用「若藥不瞑眩，厥疾不瘳」時，質疑「血流漂杵」的記載時、批評宋牼的遊說策略時，他的詮釋依據均為其對立國之道的獨特理解——仁政、王道的政治理念；至於孟子對「既醉以酒，既飽以德」的理解、對「周道如砥」等四句話的詮釋以及對楊朱、墨子和子莫等人的思想學說的抨擊，也總是基於如下的深切體悟——仁、義、禮、智等德行規範應當作為人們日常生活的軌道。所以，在孟子具體實踐他的詮釋方法的同時，本體論詮釋學第一個層面的意義也已經蘊涵在內。其實，孟子的詮釋方法不僅應用於對《詩》、《書》及諸子的詮釋，而且也被他廣泛地應用到對一般性言論和行為的詮釋上。《孟子》載：

> 公孫丑曰：「君子之不教子，何也？」孟子曰：「勢不行也。教者必以正。以正不行，繼之以怒。繼之以怒，則反夷矣。『夫子教我以正，夫子未出於正也。』則是父子相夷也。父子相夷，則惡矣。古者易子而教之，父子之間不責善。責善則離，離則不祥莫大焉。」（《孟子‧離婁上》）

在這裏，公孫丑對於「古者易子而教」的教育模式感到困惑。於是，孟子便為其釋疑解惑。孟子使用了反證的方法，指出假設古人親自教子，則為人父者將會「以正不行，繼之以怒」，即「用正道行不通，跟著來的就是憤怒」，而為人子者則會抱怨「夫子教我以正，夫子未出於正也」，即「您拿正道教我，您的言行卻不一定出於正道」。這樣發展下去，必將出現「父子相夷」的不良後果，孟子對人父、人子的行為、言語如親見親聞，這是其對於不同身分的當事人所處境遇的切己體察，是對「知人論世」方法的活用。孟子在如此背景下「以意逆志」，從而得出「父子之間不責善」、君子當「易子而教」的結論便是毫不稀奇的了。可見，孟子的詮釋方法在他日常生活中的時時處處均有所運用。孟子的生命展開方式是理解，而理解總離不開他的那套詮釋方法。所以，在分析孟子詮釋方法的過程中，我們就可以發現本體論詮釋學第二個層面的意義。總之，孟子的詮釋實踐不僅體現了其詮釋思想中的方法論內涵，同時也體現了其詮釋思想中的本體論意蘊。

第四章
孟、莊詮釋思想之比較

莊子是道家學派的重要代表，與孟子同為戰國中期的思想家，對他們二人的詮釋思想進行比較，不僅可以彰顯孟子詮釋思想的獨特性，而且有助於我們找出儒、道兩家在詮釋問題上的共同點。

現存《莊子》一書分為內篇、外篇和雜篇三部分，傳統上一般認為，《莊子》內篇為莊子本人所著，外篇及雜篇則是莊子後學的作品。在本書中，筆者仍然沿用這一看法。不過，恰如楊國榮教授所指出的：「對《莊子》一書更合理的理解，是將其視為一個整體。儘管《莊子》各篇具體出於何人之手、形成於何時，以現有的材料尚難確切考定，但它奠立於莊子，具有自身主導的哲學觀念和基本的學術立場，這一點又顯然不應有疑問。作為先秦的重要哲學經典，《莊子》中的主導觀念、基本立場內在地滲入於全書，並展示了莊子哲學之為莊子哲學的整體特徵」[1]。鑒於上述理由，在引證文獻時，筆者將以內篇為主，但同時也輔以外、雜篇的部分材料。

一　莊子對「知」與「言」的態度及其與孟子的歧見

這裏的「知」就是知識或智慧，「言」就是語言，對於一項詮釋過程的完成來說，以上二者都是必不可少的要素。理解顯然屬於寬泛意義上的「知」，一個渾然無知的人是不可能有所謂理解的；同樣，語言是詮釋活動的載體，離卻了語言，詮釋活動便無由展開。通讀

1　楊國榮：《莊子的思想世界》（北京市：北京大學出版社，2006年），頁13。

《莊子》各篇，我們將不難發現莊子對知識意義的否定以及對語言作用的貶抑。莊子對「知」與「言」的這種態度不免會使人懷疑，他的思想世界中是否存在有關詮釋方面的理論。

《莊子・養生主》開篇寫道：

> 吾生也有涯，而知也無涯。以有涯隨無涯，殆已。已而為知者，殆而已矣。

莊子的態度非常明白，以我們有限的生命去追逐無限的知識，無異於將自身置於危險的境地，既然如此，人就應當放棄對知識的探求。〈大宗師〉裏的「離形去知」、〈馬蹄〉中的「同乎無知」以及〈刻意〉中的「去知與故」等表述無不體現著莊子的這一思維的一貫性。人們對是與非的辨別無疑也跳不出「知」的範圍，孟子就明確地說：「是非之心，智也。」(《孟子・告子上》)「智」是「知」的後起字，「智」、「知」二字古通，所以對於是與非的這類「知」，莊子自然也是持否定的態度。莊子認為「是亦一無窮，非亦一無窮也。」(《莊子・齊物論》)各種是非的分別只不過是暫時的、相對的，如果人們偏要執著於是非、彼此的對立，那麼，就必然會損傷大道「是非之彰也，道之所以虧也。」(同上)所以，聖人應當「和之以是非」(同上)，即把是非調和、統一起來，這便是莊子的「齊是非」的主張。如前所述，孟子「知言」的詮釋方法正是要判定各種言的是非正誤的，消除了是非之間的差別，莊子還如何進行詮釋呢？

事實上，莊子所要摒棄的只是是非之知這樣的「小知」；反之，對於「大知」或「不知之知」，莊子卻是打算極力保留的。〈逍遙遊〉說「小知不及大知」，〈知北遊〉說「弗知乃知乎？知乃不知乎？孰知不知之知」，〈外物〉說「去小知而大知明」，在如上幾處中，「知」都被明顯地劃分為相互對立的兩種類型「小知」與「大知」或「不知之知」。「小知」也就是莊子眼中的世俗知識；「大知」或「不知之知」則是以道為對象的知，換言之，是莊子眼中關於真實存在的知識，這種存在論或本體論意義上的「知」同時也構成了莊子的核心價值系統，在詮釋學的語境中，道或「不知之知」正是莊子從事理解活動的前見或視域。借用〈天下〉篇對莊子思想的概括，莊子的道或「不知之知」主要包括了「獨與天地精神往來，而不敖倪於萬物」以及「不譴是非，以與世俗處」兩方面；前者展現了莊子提升精神生命所達致的高度，後者揭示了莊子保全肉體生命所採取的策略，保全肉體生命、昇華精神生命的訴求集中地、強烈地顯露出莊子對存在的關切。如果將莊子的道或其本體論的內容與孟子的本體論的內容放在一起加以比較，我們會很容易地發現二者之間的尖銳衝突。孟子本體論的主要內容是所謂「道性善」及「稱堯舜」，這就表明了，孟子認為人們應當培護道德的心靈、關心人間的秩序。莊子對於人間的秩序是無所用心的，他只關心個體的生命。〈秋水〉中的一段記載把莊子的這種價值取向表露無遺：

> 莊子釣於濮水。楚王使大夫二人往先焉，曰：「願以境內累矣！」莊子持竿不顧，曰：「吾聞楚有神龜，死已三千歲矣，王巾笥而藏之廟堂之上，此龜者，寧其死為留骨而貴乎，寧其生而曳尾於塗中乎？「二大夫曰：「寧生而曳尾塗中。」莊子曰：「往矣！吾將曳尾於塗中。」

莊子以神龜為喻，表示自己寧願過清貧但自在的生活，也不願接受卿相之位，為有國者所累。《史記．老莊申韓列傳》中有一段與此類似的記載，這說明歷史上的莊子確實是一個特立獨行之人。莊子也頗為厭棄儒家提倡的仁義道德，認為它戕害了人的自然本性。《莊子》載：

> 意而子見許由，許由曰：「堯何以資汝？」意而子曰：「堯謂我：『汝必躬服仁義而明言是非』。許由曰：『而奚來為軹？夫堯既已黥汝以仁義，而劓汝以是非矣，汝將何以游夫遙蕩恣睢轉徙之塗乎？』……」（《莊子．大宗師》）

在上面的一則寓言中，莊子用黥和劓這兩種古代的刑罰來比喻仁義道德對人類天性的破壞，認為但凡觀念中被打上了仁義、是非烙印的人，便再也無法游心於自由逍遙之境了。在莊子看來，儒家所倡導者是典型的世俗之知，它構成了對存在的遮蔽。「混沌七日而死」的寓言、「落馬首、穿牛鼻」（《莊子．秋水》）的譬喻也都多少暗含有對儒家的這類譏諷。荀子曾站在儒家的立場上批評莊子「蔽於天而不知人」（《荀子．解蔽》），即只注重「本然的存在形態與本然的存在方式」[2]，而忽視了「人的存在價值、人的歷史活動及其結果（包括不同的文明形態以及文化創造成果）、作為『當然』的社會規範系統」[3]，確實不無道理。

道德規範或社會秩序確乎在某種程度上妨害了人的自然天性的展現，個別情況下甚至會導致人的異化，但令筆者感到懷疑的是，生命的自然狀態當真像莊子所描繪的那樣美好嗎？現實中的人往往是在秩序中獲得自由、透過履行道德義務而盡其天性；全然否定人類文明的成果難道就不會使人類社會退回到弱肉強食的動物世界中去嗎？「蔽於天而不知人」的評斷鮮明地揭示出莊子與孟子、荀子乃至儒家在何為人的真實存在這一問題上的分歧，這種分歧決定了莊子擁有與孟子不同的詮釋前見和詮釋進路。

莊子對待「言」的看法同其對待「知」的看法十分近似。《莊

---

2 同上書，頁20。

3 同上。

子·則陽》裏說：「言之所盡，知之所至，極物而已」，這就是說，語言和知識的作用範圍僅及於物，這裏的「知」顯然指世俗知識，「言」當是日常生活中的語言。〈秋水〉中的一段話表達了同樣的思想：「可以言論者，物之粗也；可以意致者，物之精也。言之所不能論，意之所不能察致者，不期精粗焉。」在《莊子》的系統下，「不期精粗」者只能是道，道是與物相對的，也是語言所不能議論的。

至於「言」為什麼不能議論「道」，原因也許在於如下兩個方面：其一，「言隱於榮華」（《莊子·齊物論》），語言常常是華而不實的，因而不能恰當地表達道；其二，「道未始有封，言未始有常」（同上），道是渾然一體沒有分界的，語言卻「因為站在不同的角度而出現了差異，並不是確定不變的」[4]。「知言」一詞也出現在《莊子》書中，但其義與孟子的「知言」說大相逕庭。《莊子》載：

> ……知謂黃帝曰：「吾問無為謂，無為謂不我應。非不我應，不知應我也。吾問狂屈，狂屈中欲告我而不我告。非不我告，中欲告而忘之也。今予問乎若，若知之，奚故不近？」黃帝曰：「彼其真是也，以其不知也；此其似之也，以其忘之也；予與若終不近也，以其知之也」。狂屈聞之，以黃帝為知言。（《莊子·知北遊》）

以上的寓言講述了，知為了求道分別向無為謂、狂屈以及黃帝請教，無為謂不知道該怎麼回答，狂屈想要回答卻又忘記了要說的話，黃帝作出了令知滿意的答覆，卻又強調這種答覆本身足以表明自己距離大道甚遠；狂屈聽到了黃帝的話，於是便斷定其「知言」。河北師範大

4　馬恒君：《莊子正宗》（北京市：華夏出版社，2007年），頁27。

學的馬恒君教授將這裏的「知言」解釋為「知道大道的說法」[5]，知道大道的說法意謂知道大道不可言說，也即知道語言的侷限性。正如前文所提及的，道是莊子進行詮釋活動的前見，道不可說，便也意味著莊子無法借助一般意義上的語言來準確地傳達他對世界的理解。對於「言」，莊子尚且承認它具有「極物」的功能，對於「辯」，莊子則徹底否定其存在的價值。《莊子》載：

> 既使我與若辯矣，若勝我，我不若勝，若果是也，我果非也邪？我勝若，若不吾勝，我果是也，而果非也邪？其或是也，其或非也邪？其俱是也，其俱非也邪？我與若不能相知也。則人固受其黮暗，吾誰使正之？使同乎若者正之，既與若同矣，惡能正之？使同乎我者正之，既同乎我矣，惡能正之？使異乎我與若者正之，既異乎我與若矣，惡能正之？使同乎我與若者正之，既同乎我與若矣，惡能正之？然則我與若與人，俱不能相知也，而待彼也邪？（《莊子．齊物論》）

以上便是莊子的「辯無勝」的理論。莊子認為，辯論的勝負是無從決定的，勝的一方未必對，敗的一方也未必錯。既然如此，辯論還有什麼意義呢？所以，在莊子看來，「聖人懷之，眾人辯之」（同上），辯論是眾人的做法，聖人則能包容各種矛盾的觀點。與之相反，孟子的「知言」不僅僅是一種詮釋的方法，而且也是一種辯論的方式。孟子總是透過犀利的言辭和巧妙的論證來闡明自己的立場、揭露論敵的謬誤，以至於給時人留下了「好辯」（《孟子．滕文公下》）的印象，對於孟子而言，詮釋的過程與論辯的過程常常是合一的。莊子籠統地反對辯論，這就說明了，他具有與孟子的「知言」不同的詮釋理路。

5　同上書，頁252。

二　莊子對「三言」的運用及其與孟子詮釋方法的對比

日常生活中的語言不足以表現道，莊子便以特殊的語言表達他對道的體悟、對世界的理解。這特殊的語言就是寓言、重言和卮言。由此可知，對寓言、重言和卮言這「三言」的運用不僅成為莊子的獨具特色的寫作方式，同時也成為他詮釋宇宙、人生以及現實政治的具體方法。與孟子的「知言」相比，莊子的詮釋方法少了些鋒芒畢露的「論辯」特色，多了些如夢如幻的「詩化」特徵。《莊子》載：

> 寓言十九，重言十七，卮言日出，和以天倪。寓言十九，藉外論之。親父不為其子媒，親父譽之，不若非其父者也。非吾罪也，人之罪也。與己同則應，不與己同則反；同於己為是之，異於己為非之。重言十七，所以已言也，是為耆艾，年先矣。而無經緯本末以期年耆者，是非先也，人而無以先人，無人道也。人而無人道，是之謂陳人。卮言日出，和以天倪，因以曼衍，所以窮年。(《莊子・寓言》)

上述文字是莊子後學對《莊子》一書的表達方式的集中概括，文中對寓言和重言在《莊子》裏所佔據的比例、莊子採用這種特殊行文方式的理由以及三種言各自的特徵作了說明。按照陳鼓應先生的注釋，寓言是指「寄託寓意的言論」[6]，重言是指「借重先哲時賢的言論」[7]，卮言是指「無心之言」[8]，「『卮』是酒器，卮器滿了，自然向外流溢，莊子用『卮言』來形容他的言論並不是偏漏的，乃是無心而自然的流

6　陳鼓應：《莊子今注今譯》（北京市：中華書局，1983年），頁728。

7　同上。

8　同上書，頁729。

露」[9]。人都難免有成見，有了成見才會產生關於是非的爭辯，莊子卻宣稱他的言都是卮言，即「他說的話都是無成見之言……他是替大自然宣洩聲音的」[10]，從這裏我們也可以看出孟子與莊子在詮釋問題上的差異，前者使用的是雄辯的語言，後者使用的是詩意的語言。雄辯的語言總是尖銳潑辣、準確優美，它咄咄逼人地展現著論者鮮明的立場；詩意的語言則是婉曲含蓄、情理融合，它樸素自然地揭示著文中隱寓的哲理。

下面我們就舉例說明莊子對「三言」的運用。首先來看莊子使用寓言的情況。《莊子》載：

> 顏回見仲尼，請行。曰：「奚之？」曰：「將之衛。」曰：「奚為焉？」曰：「回聞衛君，其年壯，其行獨；輕用其國，而不見其過；輕用民死，死者以國，量乎澤若蕉。民其無如矣。回嘗聞之夫子曰：『治國去之，亂國就之，醫門多疾。』願以所聞思其則，庶幾其國有瘳乎！」
> 仲尼曰：「嘻！若殆往而刑耳。夫道不欲雜，雜則多，多則擾，擾則憂，憂而不救。古之至人，先存諸己而後存諸人，所存於己者未定，何暇至於暴人之所行……」（《莊子‧人間世》）

〈人間世〉裏的這則寓言記錄了莊子對以儒家為代表的救世行為的詮釋。在這裏，莊子並沒有像孟子那樣，以論辯一方的身分直接出場，而是藉孔子之口闡明了自己的見解。寓言中的孔子脫離了自己在現實中的社會角色，完全站到了自己的對立面上，對顏回將要遊說衛君的

9 同上。
10 同上。

行動百般阻撓。莊子的想法很明確，在暴君、虐政面前，知識分子應當明哲保身，以免自己的肉體生命受到損害。顯而易見，莊子在這裏所表達的正是其本體論內容的一個方面——保全肉體的生命。再看下面一例：

> 顏回問仲尼曰：「孟孫才，其母死，哭泣無涕，中心不戚，居喪不哀。無是三者，以善處喪蓋魯國，固有無其實而得其名者乎？回壹怪之。」仲尼曰：「夫孟孫氏盡之矣，進於知矣，唯簡之而不得，夫已有所簡矣。孟孫氏不知所以生，不知所以死；不知孰先，不知孰後；若化為物，以待其所不知之化已乎……造適不及笑，獻笑不及排，安排而去化，乃入於寥天一。」（《莊子・大宗師》）

在上面的寓言裏，孔子和顏回就孟孫才在其母喪禮上的表現展開了討論，我們可以從中看到莊子對死亡的理解和對喪禮的詮釋。儒家是極為重視喪葬之禮的教化意義的，同時也一貫主張禮樂文化應當有其價值依託，孔子說：「禮云禮云，玉帛云乎哉？樂云樂云，鐘鼓云乎哉？」（《論語・陽貨》）就表示禮與樂不能僅僅流於外在的形式，還要以內在的道德情感作支撐。然而，寓言裏的孔子卻對孟孫才「哭泣無涕，中心不戚，居喪不哀」的違禮舉動大加讚賞，認為他已經悟到了「死生存亡之一體」（《莊子・大宗師》）的道理，能夠將自己的思想境界提升到「與造物者遊」（《莊子・天下》）的高度。可見，在這一則寓言中，莊子表達了其本體論內容的另一個方面——昇華精神的生命。

借助於前面的分析，我們現在可以總結出莊子使用寓言的一般規律。這就是，莊子總是經由某位代言人，來道出自己對某一事件、某項行為或某種觀念的詮釋。弔詭的是，代言人的所作所為、所說所想常常是其不當說、不當為的。筆者非常同意王博教授對莊子寓言的有關論斷：

> 如果我們把這種說話方式和他的思想聯繫起來的話，他是不是想通過這種荒誕的方式來達到一種類似於「齊物」的「齊言」的效果呢……這樣看來，寓言就不僅僅是一種言說的方式，它就是內容本身，就是莊子思想的表達。[11]

莊子的寓言讓每個人都說著不該說的話，「儒墨之是非」顯得那樣荒誕不經，這似乎意味著，任何人都有可能走向自己的反面；這也正是「以道觀之」（《莊子・秋水》）或「照之於天」（《莊子・齊物論》）的結論，在道或天的觀照之下，是非泯除、萬物齊一。所以，對寓言這種言說方式的運用，本身就已經在彰顯著莊子的存在論內涵。使用什麼樣的語言就擁有什麼樣的生存理解，莊子的這一個案剛好印證了洪堡、伽達默爾等人有關語言觀的論斷。

德國語言學家威廉・馮・洪堡認為：「語言就是世界觀……相對附屬於某個語言共同體的個人，語言具有一種獨立的此在，如果這個個人是在這種語言中成長起來的，則語言就會把他同時引入一種確定的世界關係和世界行為之中」[12]。這就是說，語言承載著人們對世界的看法、對人生的態度，價值觀念、道德規範以及風俗習慣等等統統體現在語言裏，語言薰陶著從屬於這個語言共同體的個人，從而造就了他的情感模式、思維模式和行為模式，總之，相應的世界觀、人生觀就凝結在相應的語言中。莊子用詩化的語言告訴人們「萬物齊一」，孟子用論辯的語言向人們證明「惟義所在」（《孟子・離婁下》），語

11 王博：《莊子哲學》（北京市：北京大學出版社，2004年），頁19。

12 〔德〕伽達默爾：《真理與方法》，頁566。

言與世界觀的相應性在莊子和孟子的身上體現無遺。

其次，再看莊子使用重言的情況。《莊子》載：

> 老聃死，秦失弔之，三號而出。弟子曰：「非夫子之友邪？」曰：「然！」「然則弔焉若此可乎？」曰：「然。始也吾以為其人也，而今非也。向吾入而弔焉，有老者哭之，如哭其子；少者哭之，如哭其母。彼其所以會之，必有不蘄言而言，不蘄哭而哭者。是遁天倍情，忘其所受，古者謂之遁天之刑。適來，夫子時也；適去，夫子順也。安時而處順，哀樂不能入也，古者謂是帝之縣解。」（《莊子．養生主》）

秦失作為老子的朋友，對莊子而言，自然是一位先賢。秦失的主張——人在死亡面前應當「安時而處順」，無疑與莊子所信仰的道正相一致。莊子借重秦失的言論，來表現自身對死亡的態度，這種詮釋方法就是對重言的使用。不過，莊子的重言往往是寓言中的重言，所以，他運用重言的情況就比較複雜。有時莊子並不直接指明先哲的名號，例如「古之真人，不逆寡，不雄成，不謨士……古之真人，不知說生，不知惡死……古之真人，其狀義而不朋，若不足而不承」（《莊子．大宗師》），這位真人是誰，莊子沒有明說；有時莊子所倚重者是杜撰出來的人物，純屬子虛烏有，例如〈大宗師〉中的女偊；有時所謂先哲之言不太可能為當事人所說，例如〈應帝王〉裏楚狂接輿對泰山之神肩吾講的一番話。

從不太嚴格的意義上說，孟子引用《詩》、《書》也帶有使用重言的性質。《詩》、《書》作為儒家經典，對孟子而言具有較高的權威性，因此，《詩》、《書》就相當於《孟子》系統下的重言。不同於莊子的是，孟子對《詩》、《書》的引用都是有典可考、有據可查的，不像莊子那般隨心所欲。也許，在莊子看來，先哲時賢是否講過相應的話本不重要，重要的是話語中所顯揚出的智慧；如果我們用心於考證某人有否講過某話，那便又落入「以物觀之」(《莊子・秋水》)、執著是非的俗境了。

最後，請看莊子使用卮言的情況。如前所述，卮言也就是無成見之言。不過，這裏的無成見只是莊學視野下的無成見。莊子的看法是，人們對是非、善惡、夭壽、美醜等等的分別是成見。可是，在消除了這些分別之後，人就沒有成見了嗎？當然不是。莊子用於理解的前見或「視域是道」，換句話說，道就是莊子的成見。因此，所謂的卮言實質上是莊子以道為成見詮釋社會和人生時所使用的語言。依照這一標準，寓言和重言同時就是卮言，不僅如此，莊子直抒胸臆的言論也都是卮言。譬如下面一例：

> 天下莫大於秋毫之末，而泰山為小；莫壽於殤子，而彭祖為夭。天地與我並生，而萬物與我為一。(《莊子・齊物論》)

以上的心靈獨白表達的是莊子的「齊萬物」的思想。要想「齊萬物」，當然就得摒除世俗的成見；可「等觀萬物」本身也是一種價值觀，有價值觀就有成見。再如〈應帝王〉中的一段自白：

> 無為名尸，無為謀府，無為事任，無為知主。體盡無窮，而遊無朕。盡其所受乎天而無見得，亦虛而已。

這裏表現了莊子的清靜無為的處世原則。無為一方面蘊含著「不譴是非，以與世俗處」的意思，即不以個人的主觀好惡干預世俗的事務；另一方面也指向莊子的「獨與天地精神往來」的精神追求，只有與世俗事務保持一定的距離，人的心靈才能獲得自由與解放。總之，道這一成見就體現於莊子對卮言的運用之中，在這一點上，莊子與孟子等人並無不同。

與孟子對《詩》、《書》的推崇備至形成強烈對比的是，《詩經》、《尚書》除了在《天下》篇中被詮釋為道術之一端「《詩》以道志，《書》以道事」之外，《莊子》一書多對其持貶斥的態度，甚至於極盡諷刺、挖苦之能事。《莊子》載：

> ……徐無鬼出，女商曰：「先生獨何以說吾君乎？吾所以說吾君者，橫說之則以《詩》、《書》、禮、樂，從說之則以〈金版〉、〈六弢〉，奉事而大有功者不可為數，而吾君未嘗啟齒。今先生何以說吾君，使吾君說若此乎？」徐無鬼曰：「吾直告之吾相狗馬耳……」（《莊子．徐無鬼》）

寓言中的徐無鬼僅僅憑藉給魏武侯講說相狗術、相馬術，便引得武侯大悅，並取得其信任；而魏武侯的臣子時常與其談論《詩》、《書》，卻未曾博得武侯一笑。《詩》、《書》的作用還比不上相狗、相馬之術，這對儒家而言顯然是無情的嘲諷。莊子透過這種巨大的反差向讀者說明了，儒家的《詩》、《書》、禮、樂的教化扭曲了人的自然性情，進而使人偏離於大道之途。對於《詩》、《書》的這種理解，決定了《莊子》中引《詩》的情況必定異於《孟子》對《詩經》的引用。《莊子》載：

> 儒以《詩》、禮發塚，大儒臚傳曰：「東方作矣，事之何若？」小儒曰：「未解裙襦，口中有珠。」「《詩》固有之曰：『青青之麥，生於陵陂。生不佈施，死何含珠為？』接其鬢，壓其顪，儒以金椎控其頤，徐別其頰，無傷口中珠。」（《莊子．外物》）

馬恒君教授認為，文中的《詩》即為《詩經》[13]，「青青之麥」等四句「今本《詩經》裏沒有，可能是被孔子刪掉的逸詩」[14]。這則寓言把儒者比作盜墓賊，《詩經》成了為盜墓行為作辯護的工具，儒家連同儒家所遵奉的經典一起被醜化了，孟子式的引、論《詩》、《書》的言說方式顯得滑稽可笑、醜陋和虛偽。與《孟子》類似，《莊子》書中也不乏對百家之言的詮釋，其中尤以〈天下〉篇最為集中。例如，《莊子》載：

> 不侈於後世，不靡於萬物，不暉於數度，以繩墨自矯，而備世之急。古之道術有在於是者，墨翟、禽滑釐聞其風而說之。為之大過，已之大循……
>
> 墨翟、禽滑釐之意則是，其行則非也。將使後世之墨者，必自苦以腓無胈、脛無毛相進而已矣。亂之上也，治之下也。雖然，墨子真天下之好也，將求之不得也，雖枯槁不舍也，才士也夫！(《莊子．天下》)

以上是莊子後學對墨學及墨家的詮釋。〈天下〉篇的作者肯定了墨學與古之道術的關聯，並相信墨子、禽滑釐的行為是出於善良的動機，是誠心誠意地為天下人著想；不過，較之於「天地之純、古人之大體」(同上)，墨家的主張又顯得「為之大過，已之大循」，總之是有失中道。因此，墨子雖為「才士」，但同時也僅是「一曲之士」(同上)。由此可見，莊子後學的詮釋策略與荀子的視仲尼和子弓的道為大全、其它各家則皆為「道之一偏」的詮釋策略有著驚人的相似性，而與孟子慣於全盤否定異己學說的思路大不相同；當然，用莊子的眼

13 馬恒君：《莊子正宗》，頁322。

14 同上。

光來看，荀子的思想恐怕也只能被歸入「道之一偏」的行列。

歷史文化傳統和異己學術思潮是所有從事於著書立說的思想家都應面對並作出回應的，但相比較而言，莊子本人在處理這一問題時還是保持了較為超然的姿態的，所以，詮釋《詩》、《書》經典和諸子百家之言並未成為莊子詮釋活動的重點；莊子是以道為詮釋前見，以寓言、重言和卮言為言說形式，來抒發他對人心與人生、社會與政治的理解的。不過，即使是寓言、重言和卮言，它們對於莊子的詮釋也並非始終必要。

〈外物〉的作者說：「筌者所以在魚，得魚而忘筌；蹄者所以在兔，得兔而忘蹄；言者所以在意，得意而忘言」，寓言、重言和卮言就如同捕魚的竹籠或者捕兔的套子，是可以捨棄的，一旦對意義的理解完成了，寓言、重言和卮言也就失去了它們的功用；這與伽達默爾等人將語言視作詮釋活動必不可少的媒介、認為「詮釋學始於語言，進行於語言和終止於語言」[15]的看法又有所區別。

三　莊子的「心齋」與孟子的「浩然之氣」之異同

孟子的本體論的內容是有根的，是在本體「浩然之氣」的規範、制約之下的，莊子亦然，他的詮釋思想中也存在一個本體。

在孔子竭力阻止顏回救世的寓言中，莊子給出了這一本體。《莊子》載：

> 回曰：「敢問心齋？」仲尼曰：「若一志，無聽之以耳而聽之以心，無聽之以心而聽之以氣。聽止於耳，心止於符。氣也者，虛而待物者也。唯道集虛。虛者，心齋也。」（《莊子・人

15　洪漢鼎：《理解的真理》，頁290。

間世》）

「心齋」便是莊子詮釋思想裏的本體。通過寓言中孔子的描述，我們得以較為清楚地瞭解「心齋」的意涵。「一志」表示「心齋」的狀態只有在意念精誠專一的條件下才能夠達到；「無聽之以耳而聽之以心，無聽之以心而聽之以氣」則表示在「心齋」的狀態中，人是閉塞了耳目視聽並斷絕了思慮的。關於「氣」，陳鼓應先生指出：「在這裏『氣』當指心靈活動到達極精純的境地。換言之，『氣』即是高度修養境界的空靈明覺之心」[16]。處於「心齋」狀態下的心是空靈的，此時人會連自我都忘掉——未始有回（同上），這時的心既不拒斥外物，也不執著外物；氣也具有相同的特性，它是上下流通、無所窒滯的，而且萬物都可以駐留於其中。

總之，二者都具有「虛而待物」的屬性，以氣喻心的確巧妙之極。另外，這裏的虛並不等同於絕對的虛無，而是「虛室生白」（同上），空靈中會生出無限的智慧，這智慧就是道，道就含藏在這空明的心境裏——唯道集虛。莊子說：「虛者，心齋也」，又說：「唯道集虛」，可見「心齋」就是道原或道本。只有將精神昇華到「心齋」這樣的狀態，人才能更加深切地體會到外在的功名利祿的虛妄、世俗的是非之爭的無謂，從而更加關注精神的生命；同時，「心齋」的狀態也使人更加強烈地感受到萬物的誕生、成長和衰亡是一個自然的過程，作為萬物中的一員，人也應當順應這一過程，而不應任意妄為，如此方能「終其天年」（同上），總而言之，莊子的道或其本體論的內容是以「心齋」為本體的。

孟子的「浩然之氣」是一種「絜靜精微」的精神狀態，而莊子的「心齋」則是一種「虛通無礙」的精神狀態。「虛」是「心齋」的本

16 陳鼓應：《莊子今注今譯》，頁117。

質規定性，這裏自不必多說，「虛」則「無礙」，「無礙」方能「通」達萬物，「通」就是主體在「心齋」的狀態下所直覺到的心靈的自由寧靜、萬物的平等如一。劉笑敢教授在論述莊子的體道方法時曾指出，它「既是一種直覺的認識，也是一種個人與最高存在合為一體的神秘體驗，所以莊子哲學不僅是直覺主義的，而且是神秘主義的」[17]。其實，不惟莊子的「心齋」是一種神秘的直覺，孟子的「浩然之氣」又何嘗不是。神秘的直覺屬於英國哲學家波藍尼所謂的「隱默之知」。按照波藍尼的看法：「在人類底各種文化活動中更具有決定性意義的，往往是我們尚未能、甚或根本無法明確表達的『先識』[18]，這裏的「先識」也就是「隱默之知」。

人的存在原本具備多種可能，人不會出於某種簡單的理由而將存在固定在某一點上；也許正是由於有了「隱默之知」或一種神秘的體驗，孟子或莊子才能貞定住自己的生存樣態，不為物欲所牽，不從眾從俗。除此之外，孟子和莊子都是借用「氣」這一哲學範疇來說明某種特殊的精神狀態的；在描述「浩然之氣」時，孟子強調「配義與道」，在回答何為「心齋」時，莊子指出「唯道集虛」，他們都承認「氣」與其各自的本體論內容之間的關聯。不過，儘管孟子和莊子都用氣的流通性來表徵特殊精神狀態下心所具有的感通萬物的功能，但莊子顯然更加重視氣的「虛」的特性，而「集虛」便不能「集義」，道德法則在莊子這裏被「虛」掉了，這正是「心齋」與「浩然之氣」間的最大區別，這一區別也昭示出孟子與莊子在工夫取向上的歧異。

「浩然之氣」必須通過「養」而後才能獲得，「心齋」的狀態也

17　劉笑敢：《莊子哲學及其演變》（北京市：中國社會科學出版社，1988年），頁175。

18　李明輝：《康德倫理學與孟子道德思考之重建》（臺北市：中央研究院中國文哲研究所，1994年），頁13～14。

不是輕易可達到的。巧合的是，《莊子》一書也談到了「養氣」之說。《莊子》載：

> 子列子問關尹曰：「至人潛行不窒，蹈火不熱，行乎萬物之上而不栗。請問何以至於此？」關尹曰：「是純氣之守也，非知巧果敢之列……彼將處乎不淫之度，而藏乎無端之紀，遊乎萬物之所終始。壹其性，養其氣，合其德，以通乎物之所造。夫若是者，其天守全，其神無郤，物奚自入焉……」（《莊子．達生》）

這是一則略帶神話色彩的寓言。列子向關尹請教至人為何會有不同於常人的表現，關尹的回答概括地說就是「純氣之守」，即保持住了天地純正之氣的緣故。文中「養其氣」的「氣」，陳鼓應先生譯為「精氣」[19]，馬恒君教授譯為「正氣」[20]，從同一哲學用語在同一篇章中的含義應當保持一致性的角度出發，這裏的「氣」當即前文的「純氣」，似譯為「正氣」較妥；另外，一般而言，「精氣」往往帶有物質性，而這則寓言更多地是討論精神層面的問題，所以，筆者比較贊同徐復觀先生的說法：「上面所說的氣，實際只是心的某種狀態的比擬之詞，與老子所說的純生理之氣不同」[21]。進而言之，「養其氣」的「氣」應當就是〈人間世〉中「聽之以氣」的「氣」，兩者都是以氣喻心。「養其氣」的說法向讀者表明了，「心齋」並非現成的狀態，而是自我修養的產物。那麼，莊子的修養之法是什麼呢？筆者認為，他的方法應該就是所謂的「坐忘」。《莊子》載：

---

19 陳鼓應：《莊子今注今譯》，頁471。

20 馬恒君：《莊子正宗》，頁210。

21 徐復觀：《中國人性論史》（先秦篇），頁340。

> 顏回曰：「回益矣。」仲尼曰：「何謂也？」曰：「回忘仁義矣。」曰：「可矣，猶未也。」他日復見，曰：「回益矣。」曰：「何謂也？」曰：「回忘禮樂矣。」曰：「可矣，猶未也。」他日復見，曰：「回益矣。」曰：「何謂也？」曰：「回坐忘矣。」仲尼蹴然曰：「何謂坐忘？」顏回曰：「墮肢體，黜聰明，離形去知，同於大通，此謂坐忘。」仲尼曰：「同則無好，化則無常也。而果其賢乎！丘也請從而後也。」（《莊子．大宗師》）

上面的寓言仍然是以孔子和顏回為主角，寓言裏的顏回詳細地　述了「坐忘」的過程。「坐忘」的關鍵在於「忘」，從忘仁義、忘禮樂，到忘肢體、忘聰明，忘的內容由外及內、步步深入。不難看出，這是一種心理調節的方法，「忘當然是有意的，是有意的捨棄」[22]，人的心靈不會僅僅因為身體靜坐不動就一念不生，反倒有可能更加向外馳逐，這便是莊子所說的「坐馳」（《莊子．人間世》）。所以，「坐忘」就必然要求姿勢調整和心態轉換的相互配合，而後者顯然是更重要的。忘掉一切之後，人便可以「同於大通」，「大通不是別的，其實就是無限隔的造化之途，也就是道」[23]。道是在空靈中產生的，之前的仁義禮樂、自我的觀念以及耳目見聞等因素均不會對道的形成發揮影響，由此可見，莊子的詮釋前見——道是在價值中立的前提下確立的，如後文所述，這也是他與孟子及荀子的相同之處。

在道或者說本體論內容的生成的問題上，莊子與孟子也有不同。莊子的道產生於「心齋」的狀態，「心齋」是莊子精神修養的最高境界；孟子的道則產生於「心官之思」的階段，「心官之思」是主體

22　王博：《莊子哲學》，頁68。

23　同上書，頁99。

對本心的發現、正視及確認，也就相當於孟子所說的「先立乎其大者」，本心的呈現並不等於最高境界的實現，在此之後，主體還要努力去做擴充的工夫，「浩然之氣」才能最終「養」成。孟子的擴充工夫主要包括「存夜氣」和「集義」兩類，前者是指黃昏或清晨，人在心平氣和之時自覺地反省或檢討之前的所作所為，後者是指人在日常生活中不斷地積聚正義的行為。莊子和孟子的工夫論是截然相反的，莊子用減法，採用忘卻的辦法，孟子用加法，採用擴充的辦法，道是在相應的工夫中產生的，孟、莊兩家在存在問題上的分歧早在他們採取不同的工夫進路時就已經注定了。

認真梳理過莊子的詮釋思想之後，再反觀孟子，我們可以發現孟子的詮釋思想具有如下幾項獨特性：第一，孟子的現實感特強，這一方面表現為孟子的本體論的內容雖然源於本心，但孟子卻並未因此而否定世俗經驗常識的存在價值，另一方面則表現為在孟子的詮釋實踐中，他能夠積極回應異己學術思潮並批判繼承歷史文化傳統；第二，孟子用於詮釋的語言嚴謹、直白且犀利，他常常是在與人辯論中完成詮釋；第三，孟子的道或其本體論的內容切近日常生活，每個心智正常的人不需要經過專門修養，隨時可以當下確認。

藉由對孟子和莊子的比較，我們也可以找出先秦時期的儒道兩家在詮釋問題上的幾點共性：第一，不同的言說方式對應著不同的生存理解，也影響著詮釋的最終結論，因此，在詮釋的過程中採用何種類型的語言對儒道兩家來說都意義非常；第二，對孟子、莊子的本體論內容或其詮釋前見產生「定盤針」作用的本體均屬於某種神秘的直覺，對神秘直覺的體驗使得他們的詮釋思想避免了走入哲學詮釋學所無法擺脫的相對主義困境；第三，以孟子、荀子和莊子為代表，他們詮釋思想裏的前見都是確立於價值中立的前提之下，這與以伽達默爾為代表的西方詮釋學十分不同；第四，從根源上說，無論孟子還是莊子，他們採取什麼樣的詮釋前見，甚或得出什麼樣的詮釋結論，歸根結柢都是由相應的修養方法決定的，從這裏我們也可以看出，儒道兩家的詮釋思想絕非單純的理論，而是源於生活、源於實踐的。

第五章
孟、荀詮釋思想之比較

作為先秦時期的另一位大儒，荀子與孟子在詮釋思想中的相似點尤能體現儒家詮釋思想的共性，二者的差異也富有代表性地反映了儒家內部在詮釋問題上的分歧。

一　孟、荀詮釋思想的相似點

詮釋活動須在詮釋者具有先在價值取向的情況下方能進行，用海德格爾的話說：「解釋從來不是對先行給定的東西所作的無前提的把握」[1]，所謂「前提」「原不過是解釋者的不言而喻、無可爭議的先入之見」[2]，伽達默爾也指出：「一切理解都必然包含某種前見」[3]，「前見構成了某個現在的視域，因為它們表現了那種我們不能超出其去觀看的東西」[4]。詮釋者的前見或視域「是在一切對於事情具有決定性作用的要素被最後考察之前被給與的」[5]，它用來指稱詮釋者在理解活動發生之前已然具有的價值觀念、知識經驗、思維方式及情感體驗等精神要素的綜合，大致相當於我們通常所說的主觀成見。在海德格爾的著作中，主觀成見的概念則被包含於「前理解」這一範疇之中。

海德格爾仔細地分析了前理解的具體組成，指出前理解分為先

1　〔德〕海德格爾：《存在與時間》，頁176。

2　同上。

3　〔德〕伽達默爾：《真理與方法》，頁347。

4　同上書，頁392～393。

5　同上書，頁347。

有、先見及先把握三個層次。先有指的是一個人所置身於其中的政治背景、文化傳統及民族心理習慣等等；先見指的是一個人對先有所形成的獨特理解；先把握指的是當一個人面對一部文字作品時，他當下所產生的對該文字作品意義的主觀預期。不難看出，前見或前理解之中更多地包含了「價值」要素。

在價值真空或價值中立的情況下，人們只能成為歷史資料的收集者或整理者，卻無法成為詮釋者。這是因為，詮釋者所面對的是具有思想性的經典文獻，他「之所以要詮釋一本文獻，當然是因為他無法直接瞭解它的意義。它似乎隱藏起來，而詮釋就是讓這個隱藏的意義明白顯示出來」[6]，假若沒有先在的價值取向則詮釋者就無法使經典文獻的思想價值彰顯出來。前見這一概念是由伽達默爾所提出的，海德格爾之前的詮釋學家不曾對這一問題有過理論上的自覺；但事實上，在他們的詮釋學體系中都存在著一個佔據前見地位、產生前見作用的部分。比如說，德國浪漫主義詮釋學大師施萊爾馬赫的特殊貢獻是「心理學解釋」[7]，心理學解釋實質上是一種心理置換的技術，它要求詮釋者將作者的精神世界或意義空間納入自身之中，因此，依照施萊爾馬赫的浪漫主義詮釋學，詮釋者的前見是對作者前見的複製或重構；施萊爾馬赫的前驅者阿斯特認為「所有的精神都是一樣的」[8]，這就意味著，依照阿斯特的普遍詮釋學，作者與詮釋者之間、不同的詮釋者之間可以擁有共同的前見。

海德格爾、伽達默爾是本體論詮釋學的代表，阿斯特、施萊爾馬赫是方法論詮釋學的代表，他們之間在前見問題上的相似點無可辯駁

6 陳榮華：《葛達瑪詮釋學與中國哲學的詮釋》，頁95。

7 同上書，頁242。

8 〔德〕阿斯特：〈語法學、詮釋學和批評學的基本原理〉，載《理解與解釋——詮釋學經典文選》（北京市：東方出版社，2001年），頁3。

地表明，對於任一理解過程而言，詮釋者抱持的前見都是不可或缺的。該論斷自然也適用於中國詮釋學。如前所述，就連使用卮言來進行言說的莊子也難免以其所體認到的道為詮釋前見，故而孟子及荀子也必有其各自的詮釋前見。

那麼，孟、荀的詮釋前見是什麼呢？二者有何異同呢？李清良教授曾指出：「中國古典闡釋理論堅持去除理解之蔽，並不是要去除海德格所說的『前理解』。因為由中國古典闡釋理論看來，真正的『前理解』並不簡單地存在於理解之蔽中，而是存在於『本心』之中」[9]。對於這種講法，筆者深以為然。只不過本心之說較適合孟子，以之概括荀子則嫌不妥。

概而言之，無論孟子抑或荀子均以根源於本體的本體論內容作為自身的詮釋前見，這種本體論的內容集中體現著儒家的核心價值觀。由於古人在用詞上不甚嚴格，因此古漢語具有模糊性和多義性，在孟子或荀子那裏，「道」之一字既可指謂本體，又可指謂本體規定下的本體論內容或核心價值系統。譬如說，孟子的「責善，朋友之道也。」（《孟子．離婁下》）以及荀子的「道也者何也？曰：禮讓忠信是也。」（《荀子．強國篇》）兩處中的道就是專對具體道德法則而言的。因而在這裏，我們便不妨將孟、荀的詮釋前見統稱為道。孟子曾言：「大人者，言不必信，行不必果，惟義所在。」（《孟子．離婁下》）又說：「其為氣也，配義與道。」（《孟子．公孫丑上》）「義」與「道」並列，足見二者能夠相互替換，「惟義所在」即「惟道所在」；荀子也說過，「兼陳萬物，而中懸衡焉……何謂衡？曰道。」（《荀子．解蔽篇》）

9　李清良：〈朱子對理解之蔽的認識——兼論中西闡釋理論的一項本質區別〉，載《中日〈四書〉詮釋傳統初探》（臺北市：臺灣大學出版中心，2004年），頁474。

可見，道是孟子立身處世的最高準則，是荀子評判事物的終極依據，立足於詮釋學的角度來看，道顯然正是他們的詮釋前見。不僅如此，孟子及荀子都認為道這一核心價值系統是歷代聖賢的公共視域，用孟子的話說：「先聖後聖，其揆一也。」（《孟子・離婁下》）用荀子的話說：「天下無二道，聖人無兩心。」（《荀子・解蔽篇》）當然，孟子之道與荀子之道也存在差別。顏炳罡教授認為：「儒家創始人孔子建立了以仁為本源，以禮為表徵，仁禮合一的思想系統」[10]，「後世儒者如孟子等尊仁，依仁以成禮，荀子等崇禮，設禮以顯仁」[11]。因此，孔子的道兼指仁與禮，孟子的道偏重指仁，荀子的道偏重指禮。

孟、荀以自身對道的體悟去審視百家之言，去理解《詩》、《書》中的思想，道是他們的詮釋活動的出發點、最高標準和終極依據。在孟子的詮釋思想中，「以意逆志」之意就是道，二者異名同謂。孟子以這樣的道為標準來評判《詩》、《書》跟諸子，這正展現了其「知言」說的具體內涵。對應於孟子的「知言」說，荀子詮釋《詩》、《書》經典及百家之言的方法是「解蔽」。荀子作有〈解蔽〉一文，專門論述其「解蔽」說。首先，荀子指出「治之要，在於知道」（《荀子・解蔽篇》），即平治天下的關鍵取決於對道的瞭解；對於荀子而言，平治天下的前提是當事人應當「知」（同上），「知」即明智，明智意味著無蔽，因此，解蔽的關鍵自然也「在於知道」。其次，由於古漢語的模糊性和多義性，解蔽說在詮釋學的視野下具有兩種不同的含義。

荀子說：「欲為蔽，惡為蔽；始為蔽，終為蔽；遠為蔽，近為

10 顏炳罡：《生命的底色》（濟南市：山東友誼出版社，2005年），頁88。

11 同上。

蔽；博為蔽，淺為蔽；古為蔽，今為蔽。」（同上）楊柳橋先生將文中的五對範疇分別解為情欲、憎惡、開始、終結、疏遠、親近、廣博、鄙淺、好古、悅今[12]；荀子還說，「桀蔽於末喜、斯觀……紂蔽於妲己、飛廉。」（《荀子・解蔽篇》）文中被視為「蔽」的是四個歷史人物。顯然，這裏的蔽，與伽達默爾所謂「輕率」[13]或「盲從」[14]屬於同一層面，指導致「不合理的前見」[15]產生的因素。因此，解蔽在這裏是指解除導致不合理的前見產生的因素。伽達默爾把詮釋者的前見區別為合理的前見與不合理的前見，並主張只有不合理的前見才是引發誤讀的根源；在不作特殊說明的情況下，本書中所講的詮釋前見均是指合理的前見，它對於人的理解有著建設性的作用。

荀子說：「凡人之患，蔽於一曲，而暗於大理。」（《荀子・解蔽篇》）「蔽於一曲」指被「一曲」所蒙蔽。唐人楊倞解釋「一曲」為「一端之曲說」[16]，即一偏之見，可見這裏的蔽，是指某種價值觀念或思想學說，是見解本身。荀子認為「唐鞅蔽於欲權……奚齊蔽於欲國。」（《荀子・解蔽篇》）又說，「墨子蔽於用，而不知文；宋子蔽於欲，而不知得；慎子蔽於法，而不知賢；申子蔽於勢，而不知知；惠子蔽於辭，而不知實；莊子蔽於天，而不知人。」（同上）唐鞅、奚齊的蔽是錯誤的價值觀念，墨子等人的蔽是片面的思想學說。因此，解蔽在這裏是指破除奸言、邪說。最後，後一種意義上的解蔽說向我們昭示出荀子的詮釋方法，這種方法類似於孟子的「知言」，是以道為準繩對奸言、邪說進行權衡、取捨，在道的審視之下，墨、

12　楊柳橋：《荀子詁譯》（濟南市：齊魯書社，1985年），頁585。

13　〔德〕伽達默爾：《真理與方法》，頁356。

14　同上書，頁358。

15　同上書，頁357。

16　楊柳橋：《荀子詁譯》，頁577。

道、法、名等各家學說皆為「道之一隅」(同上)。〈天論篇〉中的兩段文字典型地展現了荀子對此方法的應用，荀子說：

> 萬物為道一偏，一物為萬物一偏，愚者為一物一偏。而自以為知道，無知也。
>
> 慎子有見於後，無見於先；老子有見於詘，無見於信；墨子有見於齊，無見於畸；宋子有見於少，無見於多。(《荀子・天論篇》)

在荀子看來，只有道可以謂之「全」，「夫道者，體常而盡變，一隅不足以舉之」(《荀子・解蔽篇》)舍此之外皆為「一偏」，因此，諸子百家的學說雖然「有見」，但與道相較，仍然存在「無見」之處。

荀子生活在戰國末期，此時百家爭鳴已接近尾聲，荀子除了繼續與其他學派論戰，「務息十二子之說」(《荀子・非十二子篇》)，還歷史地承擔起批判地總結先秦學術的重任，即所謂「總方略，齊言行，一統類。」(同上)而其批判總結的最終歸趨仍然是儒家學說，即所謂「仲尼、子弓之義」(同上)；荀子身處秦統一六國的前夜，他更加敏銳地感受到「大一統」時代的即將來臨，也因此更加積極地建構能夠為新王朝所實行的理論，荀子深知，邪說、奸言流行的後果是「使天下混然不知是非、治亂之所存」(同上)，其危害不僅限於學術，即所謂「是非」，而且及於政治，即所謂「治亂」，只有奉行正確的理論，才能達成「一天下，財萬物，長養人民，兼利天下。」(同上)的效果。

時代背景的不同，使荀子對百家之言的詮釋呈現出某些嶄新的特質：較孟子而言，荀子爭當儒家正統的意識特強，他獨標仲尼、子弓，對儒家中的其他支派則予以抨擊，在〈非十二子篇〉中，荀子將子張氏之儒、子夏氏之儒及子游氏之儒譏為賤儒，孟子所代表的思孟學派也在其批評之列，而孟子至少未對「子夏、子游、子張，皆有聖人之一體。」(《孟子・公孫丑上》）的說法加以否定；與此同時，荀子卻對儒家之外的百家之言進行了更多地吸納、整合，荀子所謂「慎子有見於後，無見於先；老子有見於詘，無見於信；墨子有見於齊，無見於畸；宋子有見於少，無見於多。」(《荀子・天論篇》)，表明他不再簡單地駁斥其他學派的言論，而是在承認其「有見」的基礎上，對道、墨、法諸家之言進行批判地整合。下面我們就藉兩個具體實例來看荀子詮釋諸子的實踐。

例一

> 墨子曰：「樂者，聖王之所非也；而儒者為之，過也。」君子以為不然。
> 樂者，聖人之所樂也，而可以善民心。其感人，深；其移風俗，易。故，先王導之以禮樂，而民和睦。(《荀子・樂論篇》)

墨子認為，音樂是聖王所非難的，可是儒者卻舉辦它，這是一種錯誤。墨子的說法清晰地反映出他的十大主張之一——「非樂」。非樂是一句典型的「規令性語言」，它是指反對奢靡的音樂活動，提倡節省人力、物力、財力。對於墨子的「樂者，聖王之所非也」，荀子針鋒相對地提出「樂者，聖人之所樂也」。之所以這樣講，是因為荀子注意到演奏音樂可以達到移風易俗、感化人心的教化效果，有助於王道政治理想的實現，進而言之，他相信樂教始終是儒家禮樂制度——道的重要組成部分，樂不可非，道不可廢。儘管如此，荀子也並未全盤否定墨子的主張，他毫不懷疑「墨子之言，昭昭然為天下憂不足。」（《荀子・富國篇》）知道墨子學說的立場和出發點都是善意的。不過，荀子指出「夫不足，非天下之公患也。」（同上）「天下之公患，亂傷之也。」（同上）意指墨子只看到問題的細枝末節，而沒有抓住事情的根本；如果要救亂除患，唯有推行儒家的禮樂之道，然而墨子卻倡導非樂，因此荀子便批評道：「墨子之非樂也，則使天下亂。」（同上）就荀子而言，墨子的非樂主張當為「蔽於一曲，而暗於大理」的顯證。

例二

> 孟子曰：「人之性善。」曰：是不然。凡古今天下之所謂善者，正理、平治也；所謂惡者，偏險、悖亂也。是善惡之分也已。今誠以人之性，固正理、平治邪？則有惡用聖王，惡用禮義矣哉？雖有聖王、禮義，將曷加於正理、平治也哉？今不然。人之性惡。（《荀子・性惡篇》）

「法先王」（《荀子・非十二子篇》）之道是孟子與荀子的共同歸趨，因此，荀子對孟子的批判自然屬於儒家內部的爭論。孔子沒後，儒分為八，荀子獨標仲尼、子弓，其主張與思孟一派的看法有分歧，這本是正常之事，不足驚怪。不過，我們由此也可以得知，成為荀子詮釋前見的道確切地講，是所謂「仲尼、子弓之義」（同上）；此外，荀子的道的內涵中也包含了一部分他個人的創見，比如其「人性惡」的理論。

在人性論問題上，孟子旗幟鮮明地標舉「性善論」；至少從表面看來，孟子與荀子的立場是截然對立的。荀子反駁孟子的方法是典型的歸謬法，他把性善之善解讀為正理、平治，把性惡之惡解讀為偏邪、悖亂，進而指出，假如人的本性是善良的，那麼聖王和禮義——道便會成為多餘的，然而聖王和禮義在現實中卻恰恰是必要的，所以，人的本性是惡劣的。且不論荀子對孟子性善論的解讀是否正確；荀子立足於自身對道的理解——人性惡去駁斥孟子的學說，並且以道——禮義的存在作為證偽性善論的論據，我們無疑仍能在這種批判方式中發現道所起的重要作用。

落實到對經典文獻的詮釋上，孟子的「知言」方法具體化為其「盡信《書》，則不如無《書》」之說；相應的，荀子的「解蔽」方法也具體化為其「隆禮義而敦《詩》、《書》」之說。荀子在《儒效篇》中提出了「隆禮義而敦《詩》、《書》」之說，此說可被視為其經典詮釋理論的集中表述。所謂「隆禮義而敦《詩》、《書》」，意思是尊崇禮義而修習《詩》、《書》，但「隆禮義」與「敦《詩》、《書》」之間並非並列關係。荀子批評「俗儒」「不知隆禮義而敦《詩》、《書》」（《荀子・儒效篇》），楊柳橋先生將其譯為「不懂得尊崇禮義，卻要修習《詩》、《書》」[17]，可見，在荀子看來，唯有「隆禮義」，方能「敦《詩》、《書》」，前者是後者的前提條件。在有些版本中，荀子的經典詮釋理論也被記作「隆禮義而殺《詩》、《書》」。梁啟雄先生注釋此文說：「殺，差也，省也……此文認實踐『禮義』為首要，記誦《詩》、《書》為次要。殺《詩》、《書》，謂對於研究《詩》、《書》應依其重要性的差等比『隆禮義』酌量減省一些……荀子確提倡讀書，可是，確反對搬弄教條。」[18]這種解釋說明，「隆禮義而殺《詩》、《書》」同樣強調禮義的優先性，同樣強調尊崇禮義對於研修經典的指導意義，它與「隆禮義而敦《詩》、《書》」只是在表述上有所不

17　同上書，頁182。

18　梁啟雄：《荀子簡釋》（北京市：中華書局，1983年），頁92。

同，二者間的意義差別並不大。〈儒效篇〉中的另一段文字對荀子的經典詮釋理論作了具體的展開：

> 聖人也者，道之管也。天下之道管是矣，百王之道一是矣，故《詩》、《書》、《禮》、《樂》之歸是矣。《詩》言是，其志也；《書》言是，其事也；《禮》言是，其行也；《樂》言是，其和也；《春秋》言是，其微也。故〈風〉之所以為不逐者，取是以節之也；〈小雅〉之所以為〈小雅〉者，取是而文之也；〈大雅〉之所以為〈大雅〉者，取是而光之也；〈頌〉之所以為至者，取是而通之也。(《荀子・儒效篇》)

這就是說，道是《詩》、《書》、《禮》、《樂》的旨歸，《詩》、《書》、《禮》、《樂》是道的體現，其間只是體現的側重點有所不同。因此，與孟子相類似，荀子也強調，在詮釋《詩》、《書》等經典文獻的過程中，應以道即禮義作為指導思想。下面我們舉例說明荀子的詮釋理論在解讀經典文獻方面的應用。

例一

> 持寵處位，終身不厭之術：主尊貴之，則恭敬而僔；主信愛之，則謹慎而嗛……貴而不為誇，信而不處謙，任重而不敢專；財利至，則善而不及也，必將盡辭讓之義，然後受……是持寵處位、終身不厭之術也。雖在貧窮徒處之勢，亦取象於是矣。夫是之謂吉人。《詩》曰：「媚茲一人，應侯順德，永言孝思，昭哉嗣服！」此之謂也。(《荀子・仲尼篇》)

「媚茲一人，應侯順德，永言孝思，昭哉嗣服」出自《詩經・大雅・

下武》。據《毛詩正義》中的注釋：「媚，愛。茲，此也。」（《毛詩正義・大雅・下武》）：「一人，天子也。應，當。侯，維也……服，事也。」（同上）鄭玄箋云：「可愛乎武王，能當此順德。謂能成其祖考之功也。」（同上）依從於鄭玄的解說，這四句詩的原意乃是讚美周武王能夠繼承其父、祖的遺志，一舉成就伐紂滅殷、定鼎天下的大業，它是對於歷史事件的「事實陳述」；與毛、鄭之說相左，今人多傾向於認為，「《毛序》以武王來解此詩，但詩的風格、技法，絕不會是周初所能有，而且〈於斯萬年〉、〈四方來賀〉之辭，也不會是對死去周王的用語，而更像是對在位之王的祝賀與讚歎」[19]。但不論如何，荀子藉此詩來印證「持寵處位、終身不厭之術」，都賦予這些詩句以全新的含義。楊柳橋先生將此新義表述為，「奉承一國之主，總是以柔順的風度來適應，永遠懷存忠孝之心，他的後嗣的事業是多麼光明啊」[20]，這顯然是在宣揚一種謙退、拘謹的事君之道。

由稱頌周王的詩轉化為闡發臣道的詩，荀子以儒家的行為準則——道為依據對《詩經》進行了創造性的誤讀。著眼於曲解作者原意的這一點來看，荀子的上述解讀的的確確屬於誤讀；但對於荀子而言，只有合乎道的解讀才是恰當的、有意義的，「唯其當之為貴」（《荀子・不苟篇》），從這種角度講，荀子的上述解讀又是正讀。

例二

> 急得其人，則身佚而國治，功大而名美，上可以王，下可以霸；不急得其人，而急得其勢，則身勞而國亂，功廢而名辱，

19　聶石樵、雒三桂、李山：《詩經新注》，頁507。

20　楊柳橋：《荀子詁譯》，頁144。

社稷必危。故，君人者，勞於索之，而休於使之。《書》曰：「惟文王敬忌，一人以擇。」此之謂也。(《荀子・君道篇》)

荀子的這段議論著重強調了選拔、使用人才對於治理國家的重要性，《尚書》中的話便是用來佐證這一觀點的。楊柳橋先生將《尚書》引文譯為「只有文王心存警戒，自已選拔人才」[21]，這樣一種解讀明確地傳達著周文王重視人才選拔的訊息。然而，此內涵卻與《尚書》原意毫不相符。「惟文王敬忌，一人以擇」出自《尚書・周書・康誥》，在《今文尚書》中，其原文實為「惟文王之敬忌。乃裕民，曰：『我惟有及。』則予一人以懌」。〈康誥〉通篇記載了周公旦對其幼弟康叔的告誡之辭；據《尚書正義》注：「『文王所敬忌』，即敬德忌刑。」(《尚書正義・周書・康誥》) 這說明「惟文王之敬忌」等幾句話表達了周公希望康叔能夠效法文王的德政，採取寬以待民、使民富裕的政治舉措之意，其中並未涉及文王對人才問題的態度。所以，在這一詮釋實踐中，荀子仍然是藉經典裏的話來說他自己的道——治國之道。

綜上可知，在孟子及荀子的詮釋思想中，對道的瞭解是一項必不可少的內容。它一方面使詮釋者確立起自身的詮釋前見，另一方面則當下使道、墨、法、名等各家學說作為不合理的前見從詮釋者的前見中排除出去，並且當再次遭遇此類學說時詮釋者也能夠自覺地拒斥它們，這便是荀子所說的「可道，然後能守道，以禁非道。」(《荀子・解蔽篇》)、孟子所說的「正人心，息邪說，距詖行，放淫辭。」(《孟子・滕文公下》)。

與此不同，伽達默爾卻認為，我們無法借助某種程序或方法來分辨前見的性質，而且對不合理前見的處理不可能發生於理解活動開始之前，「解釋者不可能事先就把那些使理解得以可能的生產性的前

21 同上書，頁316～317。

見與那些阻礙理解並導致誤解的前見區分開來」[22]；他相信，澄清不合理的前見依賴於「時間距離」[23]，只有時間才能將偏見的不良後果逐漸清晰地展現出來，「時間距離才能使詮釋學的真正批判性問題得以解決，也就是說，才能把我們得以進行理解的真前見與我們由之而產生誤解的假前見區分開來」[24]；隨著時光的流逝，各種前見的效用或弊端將會在人們持續不斷的理解活動中慢慢地曝露、呈現，那些具有積極意義、產生建設性作用的前見便可以被確立為真前見，反之，則為假前見。然而我們看到，在人類歷史上，某些異端邪說是曾經得到某些民族全體民眾認同的，當一系列的歷史事件發生過後，有的民族進行了認真的自我反省，有的民族卻始終不肯悔改，時間的推移並未改變一切。可見，遇到處理偏見的問題，伽達默爾表現得束手無策。再者，依照荀子的理論，伽達默爾所謂合理的前見仍是有蔽的。

荀子在〈非十二子篇〉中指出，十二子的學說均「持之有故」、「言之成理」、「足以欺惑愚眾」。「持之有故」、「言之成理」表示其具有理論深度、能夠自圓其說，「足以欺惑愚眾」表示其具備較強的說服力，接受這些學說的人往往並非出於盲從或輕率，而係經過了長時間的深思熟慮。顯然，十二子的學說符合伽達默爾合理的前見的標準，卻在荀子的解蔽之列。之所以存在這種差異，固然與兩系統下的偏見成因之不同有關，但最根本的原因還是在於荀子將道作為其理解活動的最高標準，捨此之外均屬「非道」，在當「禁」之列；而伽達默爾則否認確鑿不移的詮釋前見的存在，他的詮釋學中「沒有判斷正確解釋的確定性的標準」[25]。可見，對孟、荀而言，對道的體悟是至關

22　〔德〕伽達默爾：《真理與方法》，頁379。

23　同上書，頁383。

24　同上。

25　〔英〕C.Thiselton: *New Horizons in Hermeneutics*, Haper Collins Publishers, 1992, P.320.

重要的。

筆者以為，將儒家的核心價值觀——道作為自身的詮釋前見，基本上是一切儒家詮釋思想的共同之處，孟子和荀子在此問題上的相似性恰恰向我們昭示了這一點。

二　孟、荀詮釋思想的相異點

孟、荀詮釋思想的差別主要表現在三個方面。首先，孟子詮釋思想中的本體內容——道實現了歷史性與超越性的辯證統一，而荀子詮釋思想中的本體論內容——道則超越性突顯，歷史性不彰；其次，孟子對自身詮釋前見——道的認知是建立在主客合一的基礎之上的，而荀子對自身詮釋前見——道的認知卻是建立在主客二元分立的基礎之上的；最後，孟子的「知言」融創造性詮釋方法及還原性詮釋方法於一體，而荀子的「解蔽」則是一種較為純粹的創造性詮釋方法。以下試分別說明之。

孟子詮釋思想中的本體論內容——道其實也就是孟子所謂「以意逆志」之意，意為本體所發出的道德法則，因其為本體所發，故能超越於一般經驗法則之上，而為人提供某種終極的價值取向，這種終極價值取向明顯帶有恆常不變的屬性。另一方面，孟子「以意逆志」的基礎是所謂「知人論世」，詮釋者只有在面臨時勢、時位等經驗因素的前提下才能應跡當機地顯發意。所以，孟子的意或道之中自始便糅合進了經驗常識的內容，這便使其具備了隨時空情境的轉移而進行適度自我調整的可能。

總之，孟子的本體論內容將人類的終極價值取向與經驗常識等因素圓融地整合到一起，超越性及歷史性之間的緊張和衝突在這裏被天然地消解掉了。相比之下，荀子對超越性與歷史性之間的緊張性難題的處理則略顯粗糙。荀子主張「法後王」(《荀子‧儒效篇》)之道，並認為「道不過三代」(《荀子‧王制篇》)，顯然，荀子的所謂道是存在於人類歷史之中的，「是統貫社會歷史的人事之道」[26]。然而，對於這個既存於歷史中的道，荀子卻賦予了較多的超越性內涵。「從道不從君，從義不從父。」(《荀子‧子道篇》)的說法已經將道的超越性格表露無疑，相對於經驗世界中的事物，道具有某種優先性；「萬物為道一偏，一物為萬物一偏。」(《荀子‧天論篇》)的說法更是將道的地位淩駕於萬物之上，這裏的道既可以指謂禮義法度，同時又包含些許本體的意味，從而暗示了作為本體論內容的道與作為本體的道之間的關聯或合一。

不過，從荀子的論說中，我們只能看出古今同道的意涵，卻看不出道應當如何與時遷移、因時損益。從這個角度來講，荀子之道的超越性較明顯，而歷史性卻被泯除了。在詮釋問題上，過於強調理解或意義的開放性容易導向相對主義，伽達默爾正是如此；反過來，過分看重理解的確定性又必然會破壞意義的開放性，荀子就是這樣。不同於荀子和伽達默爾，孟子的詮釋思想既確保了理解的確定性，又體現了意義的開放性，這主要就是由於孟子恰當地處理了歷史性與超越性之間的關係的緣故。

孟子的道偏重指仁，仁是內在的道德情感，因此，認識這樣的道主要依靠反躬內省的方式，這便是孟子「心官之思」的認識方法。荀子的道偏重指禮，禮是外在的道德規範，因此，認識這樣的道主要依靠客觀認知的方式，這便是荀子「虛壹而靜」的認識方法。《孟子‧告子上》中至少有兩處提到心官之思的認識方法：

26　劉耘華：《詮釋學與先秦儒家之意義生成——《論語》、《孟子》、《荀子》對古代傳統的解釋》，頁153。

> 惻隱之心，人皆有之；羞惡之心，人皆有之；恭敬之心，人皆有之；是非之心，人皆有之。惻隱之心，仁也；羞惡之心，義也；恭敬之心，禮也；是非之心，智也。仁義禮智，非由外鑠我也，我固有之也，弗思耳矣。故曰：「求則得之，舍則失之。」或相倍蓰而無算者，不能盡其才者也。（《孟子．告子上》）
>
> 心之官則思，思則得之，不思則不得也。此天之所與我者。（同上）

楊伯峻先生將前文中的「思」解為「探索」[27]，將後文中的「思」解為「思考」[28]，意義大致相當。在注釋「思則得之」的「之」時，楊先生指出，「按之第六章『求則得之，舍則失之』兩句，與此立意相同，彼處是指『我固有之』的『仁義禮智』的『才』而言，則此亦當同」[29]。顯然，思的對象是道或仁義禮智。孟子說「心之官則思」，這就表示思的主體是心。不過，這裏的心並非一般意義上的心，而是「天之所與我者」，是孟子所謂「本心」（《孟子．告子上》）或「良心」（同上）。因此，人對道的思乃是本心之思，這樣的思自然是內省的、直覺的，是主客合一基礎上的體驗。荀子在〈解蔽篇〉中詳盡闡釋了虛壹而靜的認識方法：

> 人何以知道？曰：心。心何以知？曰：虛壹而靜。心未嘗不臧也，然而有所謂虛；心未嘗不滿也，然而有所謂一；心未嘗不動也，然而有所謂靜。人生而有知，知而有志。志也者，臧也。然而有所謂虛，不以所已臧害所將受謂之虛。心生而有

27 楊伯峻：《孟子譯注》（下），頁259。
28 同上書，頁270。
29 同上書，頁271。

知，知而有異。異也者，同時兼知之。同時兼知之，兩也，然而有所謂一，不以夫一害此一謂之壹。心，臥則夢，偷則自行，使之則謀。故心未嘗不動也，然而有所謂靜，不以夢劇亂知謂之靜。(《荀子．解蔽篇》)

荀子說：「人何以知道？曰：心」，顯然心是「知道」的主體，然而這裏的心不同於孟子的本心，而是特指認知心，用黃俊傑教授的話說：「孟子的『心』是價值意識的創發者，而荀子的『心』則是價值意識的受容者」[30]；「心何以知？曰：虛壹而靜」，這就表示虛壹而靜是認知心認識道的具體方式。所謂「虛」是指「不以所已臧害所將受」。「所已臧」的是「志」，楊柳橋先生將志解為「記憶」[31]，因此虛就表示不以心所已經包藏的記憶妨害了它將要接受的見解；梁啟雄先生在文中注釋道：「言不先入為主……虛，不是『無藏』的虛，而是『舊藏不拒新受』的『虛』」[32]，也正是此意。所謂「壹」，是指「不以夫一害此一」。人的認知能力足以同時思考兩件事情，即所謂「同時兼知」。然而，同時兼知的做法必然損害認識的正確性，因此，人就應當不以對其它事物的思考妨害了對當前事物的思考。

所謂「靜」是指「不以夢劇亂知」。人具有各種情感、意志、欲望，在不加控制的情況下，它們會影響人的心理，使人變得心浮氣躁。因此，人就應當努力保持內心的寧靜，不使夢想和騷煩擾亂了智慧。「將須（待也）道者，虛則入；將事道者，壹則盡；將思道者，靜則察」[33]，在思想開放、精神專一、內心寧靜的狀態下，人就能夠認

30　黃俊傑：《孟學思想史論》（卷一），頁61。

31　楊柳橋：《荀子詁譯》，頁593。

32　梁啟雄：《荀子簡釋》，頁294。

33　北京大學注釋組：《荀子新注》（北京市：中華書局，1979年），頁351。

識道並肯定道，這便是荀子所說的「知道」（《荀子・解蔽篇》）及「可道」（同上）。不過，嚴格起來講，在一個完整的認識過程中，作為認知主體的人僅僅達到「虛」、「壹」、「靜」的狀態還是遠遠不夠的，「虛壹而靜」之後主體應當怎麼辦，荀子並沒有明確指出來。所以，我們毋寧說，「虛壹而靜」還只是荀子開展認識活動的基點或前提。在文獻原文不曾直接給出標準答案的情況下，筆者傾向於認為，荀子認識道的方式是以「虛壹而靜」為前提、以主客二元分立為基礎的主體——人對客體——道的攝取。

儘管我們不能說荀子的這種認知方式不如孟子高明，但依筆者陋見，得自直覺的價值觀念也許更為真切與可信。不同於「心官之思」及「虛壹而靜」，伽達默爾「視域融合」的概念及其揭示出的「問和答的邏輯」[34]則提供了主體與客體間所可能具有的第三種關係，即主客交流互動的關係：詮釋者在閱讀文獻時，作為客體的陌生文獻會使作為主體的詮釋者產生某種疑惑，這就好像文獻對詮釋者提出了問題；於是，詮釋者便結合其已有的生活經驗重建該問題。換句話說，詮釋者會依據他個人的興趣，使上述問題更加清晰化、具體化；之後，詮釋者將帶著重建後的問題進入對文獻的閱讀，並在文獻中尋求答案。在閱讀的整個過程中，主客之間的「提問——回答」會循環往復地持續進行。主客體間關係的不同決定了哲學詮釋學與孟、荀詮釋思想在「理解的普遍性」問題上的歧異。按照伽達默爾的看法，理解現象「屬於人類的整個世界經驗」[35]，意謂理解現象具有普遍性；同時，他還認為：「絕不可能存在擺脫一切前見的理解」[36]，這就表示任何理解活動都受制於原有價值觀念，因此一切與思維有關的人類活

[34] 〔德〕伽達默爾：《真理與方法》，頁474。
[35] 同上書，導言。
[36] 同上書，頁626。

動均無法逃脫原有價值觀念的糾纏。然而孟子通過確認當下直覺的方法、荀子通過懸擱原有價值觀念的方法，均能夠消除其對認識過程的影響。

正如牟宗三等人所指出的，孟子所謂本心實為「價值之根源」[37]，心官之思乃是人對本心之「自覺」[38]，它「當下」[39]給出全新的價值取向，此價值取向自身「圓滿具足」[40]，與原有價值觀念不發生牽連。荀子提倡「虛」的認識方法，即不使原有記憶妨礙新觀念的接納。原有記憶中無疑包含著原有價值觀念，因此虛的認識方法實則是要求人將原有價值觀念擱置起來，從而控制其對認識過程的參與，不使其發揮作用。可見，孟、荀雖無法將原有價值觀念徹底抹煞，但透過各自方式均足以摒除其可能產生的影響，這便是所謂價值中立。在價值中立的狀態下，人類的成見雖有如無，該種狀態的真實存在保證了我們可以擁有不同於理解活動的其它認知方式，因此，當筆者強調孟子的人生歷程也是透過理解的方式而展開時，並沒有排除人類的生命中可以有靈光爆破式的頓悟，頓悟自然不同於理解。

筆者對「虛壹而靜」的有關內涵所作的分析也許會引發某種爭議，爭議的原因就在於長期以來人們對《荀子．解蔽篇》的認識普遍存在著偏差。正如劉耘華副教授所說：「幾乎所有人都把『解蔽』當成認識論思想來探討，而對它所涉及的問題究竟是何性質則少有區分」[41]。迄今為止，大陸出版的中國哲學史教材無一例外地將荀子的解

---

37 牟宗三、張君勱、徐復觀、唐君毅：〈為中國文化敬告世界人士宣言——我們對中國學術研究及中國文化與世界文化前途之共同認識〉，載《唐君毅全集》（卷四之二），（臺北市：臺灣學生書局，1991年）。

38 同上。

39 同上。

40 同上。

41 劉耘華：《詮釋學與先秦儒家之意義生成——《論語》、《孟子》、《荀子》對古代傳

蔽說作為認識論範疇加以考察；港臺新儒家的代表人物徐復觀先生也曾說過：「按《荀子・解蔽篇》，是中國古典的認識論」[42]。潘德榮教授切中要害地指出：「認識論與詮釋學的區別主要表現為知識與價值的區別」[43]。認識論探討人類對知識認知的活動，知識是指「客觀意義上的『真理』」[44]，對知識的尋求不能摻雜任何價值判斷；詮釋學研究人類對意義理解的活動，「而理解中則蘊含了人的價值觀念」[45]，對意義的追問離不開先在的價值取向。因此，認知活動總是在認知主體保持價值中立的前提下方能開展，而理解活動則須在詮釋者具有某種前見的基礎上才可進行。

人類知識並不僅僅侷限於科學領域，荀子是在價值中立的情況下獲取對於道的認識的。所以，道對於荀子而言同樣具有知識的意味。因此，荀子的虛壹而靜是認識論意義上的，是一種認識的方法；劉耘華副教授認為：「『解蔽』論中的『虛壹而靜』，就其『分』而言，其實就是一種詮釋的方法」[46]，此說值得商榷。荀子以道為詮釋前見或先在價值取向對百家之言及《詩》、《書》典籍加以衡斷，顯然，其解蔽說是詮釋學意義上的，是一種詮釋的方法，以往學者對解蔽說的看法有待修正。如果找不到認識論與詮釋學之間的分水嶺，那麼我們就無法準確把握荀子的「虛壹而靜」的概念。以徐復觀先生為例。徐先生認為：

統的解釋》，頁147。

42 徐復觀：《中國人性論史》（先秦篇），頁212。

43 潘德榮：《文字・詮釋・傳統——中國詮釋傳統的現代轉化》，頁168。

44 同上。

45 同上。

46 劉耘華：《詮釋學與先秦儒家之意義生成——《論語》、《孟子》、《荀子》古代傳統的解釋》，頁155。

> 荀子固然以心為虛壹而靜，故能知道；但他卻以心必先憑藉道而始能虛壹而靜。所以他說「未得道而求道者謂之虛壹而靜」。荀子所說的道是客觀的；「求道」時之心，即是順著道而轉動的心；順著道而轉動的心，乃能虛壹而靜。他在這段話的前面曾說「聖人知心術之患，蔽塞之禍，故無欲無惡……兼陳萬物而中縣（懸）衡焉……何謂衡，曰道」。道是認識的標準（衡），同時即是保證。[47]

徐先生的錯誤集中地體現於他的「心必先憑藉道而始能虛壹而靜」的觀點。假如筆者的理解不錯，徐先生的意思是說：求道之人須要先具備一些對於道的知識，在這種知識的指導、規範之下，他才可以達到「虛壹而靜」的狀態；之後，在「虛壹而靜」的狀態之下，求道之人得以更進一步地瞭解到道的全體；總之，道先入為主地支配著「虛壹而靜」的全過程。倘若荀子之意果真如此的話，那麼筆者對「虛壹而靜」概念裏展現出的價值中立內涵所作的解說便不能成立。因為依照徐先生的講法，道的知識所具有的指導、規範作用會在求道之人求道的整個過程中發揮作用——「『求道』時之心，即是順著道而轉動的心；順著道而轉動的心，乃能虛壹而靜」，這也就意味著道的知識作為前見會參與到求道之人對道的全體的把握之中，「瞭解者在瞭解的過程中提供了一些屬於他自己的元素」[48]。此時「虛壹而靜」便成為一個詮釋學的範疇，如前所述，在任何詮釋活動中，價值中立都是不可能的。不過，假如荀子要表達的確實是這種意思的話，那麼他使用「虛」這一概念便成為極不恰當的——既然前見始終在發揮作用，那又如何能說求道之人可以做到「虛」，荀子當不致如此。

47　徐復觀：《中國人性論史》（先秦篇），頁214。

48　陳榮華：《葛達瑪詮釋學與中國哲學的詮釋》，頁94。

事實上，徐先生的這種思路固然有其自身的合理性，但若將之歸於荀子的本義，則難免失之毫釐，謬以千里。為了證成這一觀點，徐先生引了《解蔽篇》中的兩句原文——「未得道而求道者謂之虛壹而靜」、「兼陳萬物而中縣（懸）衡焉……何謂衡，曰道」。以筆者愚見，「未得道而求道者謂之虛壹而靜」只表示求道之人將道設定為認識的對象並通過虛壹而靜的方式去認識它，徐先生由此引申出「心必先憑藉道而始能虛壹而靜」的說法恐怕有過度詮釋之嫌；至於「兼陳萬物而中縣（懸）衡焉……何謂衡，曰道」一句話，將其放在詮釋學的視野下我們會很容易懂得它的含義——道是詮釋（解蔽）的標準，然而，徐先生由於不清楚〈解蔽篇〉一文中同時蘊含著認識論的問題與詮釋學的問題，便只好在認識論的框架下予以強解，認為「道是認識的標準」，由此而得出的結論——「心必先憑藉道而始能虛壹而靜」與荀子本意間的差距實在是不言自明。因此，扣緊原文來看，荀子的「虛壹而靜」無疑是建立在價值中立的基礎之上的，它可以不受前見的影響。

在孟子的詮釋思想中，「以意逆志」的方法可以使詮釋者賦古典以新義，出新解於陳編，顯然，這是一種「六經注我」式的創造性詮釋方法；反之，「不以文害辭，不以辭害志」及「知人論世」的方法則以追究經典的原意為旨歸，故而是一種「我注六經」式的還原性詮釋方法。還原性詮釋方法與創造性詮釋方法有機地統一於孟子的「知言」說之中，二者相須為用、兩不偏廢。與孟子「知言」的方法不同，「解蔽」之說過多地將理論重心放在對道這一至高的價值標準的確立上，荀子缺乏瞭解詮釋對象本義的興趣，從而未能給出追索文獻原意的有效方法。所以，荀子的「解蔽」主要是一種創造性的詮釋方法。將創造性詮釋與還原性詮釋對立起來，否定還原性詮釋方法存在的意義，這是伽達默爾哲學詮釋學的基本傾向之一。

荀子在理解問題上忽視了還原性詮釋方法，這裏體現了他與伽達默爾的相類似之處。比起「解蔽」的方法來，是否「知言」的方法就更加完善或優越呢？對此，筆者不敢遽下斷言，但我們可以試從以下這種角度略作分析。用現代的眼光來看，孟子對兩種詮釋方法的調融實際上是從文獻詮釋的角度對後世漢宋兩家所遵循的不同治學方法兼收並取、融會貫通，從而避免片面堅持某一種治學方法所可能產生的弊端。馮友蘭先生曾經從文獻詮釋的角度對漢宋治學方法之對立作出過說明，他指出，漢宋之爭「實際上是對古代文獻進行哲學的解釋與進行文字的解釋的論爭。文字的解釋，著重在它相信的文獻原有的意思；哲學的解釋，著重在它相信的文獻應有的意思」[49]。因此，在詮釋古代文獻這一問題上，漢學家採取的方式是還原性詮釋方法，而宋學家採取的方式則是創造性詮釋方法。需要補充說明的是，分辨漢學家或宋學家採取的是何種類型的詮釋方法，並不取決於他們詮釋的動機或結果，而是由其方法本身來決定的。儘管漢學家用心於探求「文獻原有的意思」，但其所探究出來的義理很難說就一定是經典的本義；儘管宋學家著力於闡發「文獻應有的意思」，但他們往往相信自己對經典的闡釋能令「聖人復起，不易吾言」。創造性詮釋方法與還原性詮釋方法的分水嶺在於它們對待文獻的不同態度，緊扣文獻中字句的詮釋方法就是還原性詮釋方法，訴諸個人的人生經驗或某種內在直覺的詮釋方法就是創造性詮釋方法。將兩種詮釋方法結合起來的益處在孟子這裏鮮明地體現出來。當孟子對「普天之下」等四句詩加以詮釋時，由於該詩句中蘊含著作者的拳拳孝子之心，而「養父母」的真摯情感恰恰合乎儒家「理義」，因而此時的詮釋者之意剛好與作者之志相暗合。在這種情況下，「不以文害辭，不以辭害志」的詮釋理路

49　馮友蘭：《中國哲學簡史》（北京市：北京大學出版社，1996年），頁275。

躍然紙上，而「以意逆志」的應用過程則暗而不彰；但實則「以意逆志」的方法仍在發揮隱性的作用，在「意」的觀照、審視之下，詮釋者不會選擇無意義的文獻資料進行原意的追索。

當孟子對「周道如砥」之文加以詮釋時，其所發明的新義明顯與詩人原意不符，換言之，此時的詮釋者之意與作者之志相偏離。在這種情況下，詮釋者運用「以意逆志」方法的跡象往往是清晰可辨的，而「不以文害辭，不以辭害志」的方法則似乎可用可不用；但實則「不以文害辭，不以辭害志」的方法依然具有輔助作用，在「志」的規範、制約之下，詮釋者不會對文獻資料進行離題萬里的發揮。

總之，兩種方法的調融使孟子在採用還原性詮釋方法時不會忘卻對意義的探詢，在採用創造性詮釋方法時不致失掉儒家本色，兩種詮釋方法均能夠揚長避短、盡其所能。與之相反，漢宋兩家在治學方法上各執一端，其所產生的流弊也至為明顯。片面堅持漢學治學方法的弊端表現為漢學末流之弊，即所謂「為考據而考據」的支離學風。方東樹將這種學風譏為「以文害辭，以辭害意，棄心而任目。」(《儀衛軒文集》卷一，〈辨道論〉) 曾國藩也痛切地指斥說「考一字、辨一物，累數千萬言不能休，名曰漢學。」(〈重刻茗柯文編序〉) 這就是說，漢學末流執著於訓詁考證而失卻了經學家應有的意義訴求。片面堅持宋學治學方法的弊端表現為王學末流之弊，借用蘇軾的說法，即所謂「束書不觀，游談無根。」(〈李氏山房藏書記〉) 的空疏學風。這種學風可以分為「虛玄而蕩」[50]及「情識而肆」[51]兩種類型。前者指學者毫無道德實踐的工夫，卻又喜歡玩弄光景、模仿聖賢氣象；後者指學者缺乏明辨是非的能力，結果沉溺於感官知覺之中、行為放蕩無

50 牟宗三：《從陸象山到劉蕺山》(上海市：上海古籍出版社，2001年)，頁211。
51 同上。

檢。王學末流之弊發展至極端，其學術已喪失儒學本色，李贄等輩不僅墮於「狂禪」，甚至落髮為僧。漢學末流積弊日顯，嘉道年間，學術界終於掀起了一股「漢宋調和」的思潮。不過，立足於調和漢宋治學方法的立場，筆者認為這次調和是名不副實的。漢宋調和論者或者視漢學為訓詁之學、視宋學為義理之學，主張訓詁、義理不可偏廢，或者聲稱漢學家也講義理、宋學家也講訓詁，漢宋對立本不存在；前者如方濬頤，認為「訓詁之學也，漢學也……義理之學也，宋學也……二者相需為用，而弗容以偏勝也。」（《二知軒文存》卷一，〈學論〉），後者如胡培翬，認為「漢之儒者未嘗不講求義理，宋之儒者未嘗不講求訓詁名物。義理即從訓詁名物而出者也。」（《研六室文鈔》卷五，〈答趙生炳文論漢學宋學書〉）兩者的共同點在於，他們都主張兼採考據與義理方法。然而，由考據以求義理原本就是漢學的治學方法，為考據而考據只是漢學末流陷入的盲點，漢宋調和論者的倡議不過是呼籲學者重新回到漢學的治學軌道上來。誠然，無論漢學抑或宋學，其治學方法自身均是完善的、有效的，並不必然導致末流之弊，用牟宗三先生的話講，末流之弊「是『人病』，並非『法病』」[52]。但是，片面堅持某種治學方法終究潛藏著使學術走向弊端的可能性，從此種意義上說，歷史的教訓尚需要反省，孟子詮釋思想的經驗仍值得借鑒。

經過上述比較，我們可以發現孟子的詮釋思想具有如下特質：第一，孟子的道是終極意義與經驗常識的統一體，超越性要素及歷史性要素在其中和諧並存，依據於這樣的道，人的理解既可以是無限的，又可以是具體的；第二，孟子的道並非由歷史文化薰習而成的產物，而是產生於空所依傍的良知明覺，詮釋學循環的普遍適用性在孟子這

52　同上。

裏失去了效用；第三，創造性詮釋方法與還原性詮釋方法的結合不僅沒有在孟子的詮釋思想中造成矛盾，反倒使其具備了更多的理論優勢。

第六章
孟子詮釋思想對後世的影響

針對中國歷代儒者的解經之法，黃俊傑教授曾提綱挈領地指出：

> 解讀者如何透過解經以求「道」呢？從儒家解經史來看，至少有兩種方法：（一）第一是孟子所謂「以意逆志」的解經方法，訴諸解經者個人生命的體認。（二）第二種方法是透過文字訓詁以疏證經典。[1]

黃教授所說的第二種方法應當就是傳統的訓詁考據之學。訓詁考據之學與孟子「不以文害辭，不以辭害志」的語言解釋法有一相通之處，即二者都是通過分析經典中的語言文字以求掌握經典作者本意的方法。當然，「不以文害辭，不以辭害志」的方法遠不如訓詁考據之學內容豐富、系統完整，但畢竟在這裏已經預先展示出那樣一種解經思路。因此，後世儒者解經的兩種不同方法已經分別在孟子的「以意逆志」說與「不以文害辭，不以辭害志」之說中顯露出端倪。

依筆者陋見，黃教授所概括的兩種解經之法也就是漢學、宋學兩種治學路數或還原性詮釋方法、創造性詮釋方法兩種詮釋方法。縱觀兩千餘年的經學史，戴震的《孟子字義疏證》堪稱漢學家運用還原性詮釋方法所結出的一大碩果，而王陽明的《大學問》則可謂宋學家採取創造性詮釋方法所創作出的代表性作品。《孟子字義疏證》以疏證

1　黃俊傑：〈儒家論述中的歷史敘述與普遍理則〉，載《中國經典詮釋傳統（一）通論篇》，頁419。

《孟子》字義的形式，對《孟子》書中的理、性、道等十一個重要範疇作出新的詮釋。其中每個範疇的標題下均標有條數，這充分說明戴震認真貫徹了其「由字而通其詞，由詞而通其道。」(《東原文集》卷九，〈與是仲明論學書〉)的治經原則。該書問世後，朱筠、錢大昕等人曾謂此書「空說義理，可以無作。」(《文史通義》卷二，〈書朱陸篇後〉)洪榜則起而為之辯護說：

> 夫戴氏論性道莫備於其論《孟子》之書，而所以名其書者，曰：《孟子字義疏證》焉耳。然則非言性命之旨也，訓故而已矣！度數而已矣！(《漢學師承記》卷六，〈洪榜傳〉)

洪榜的話表明，《孟子字義疏證》一書仍舊依循訓詁學的路數，而不同於宋儒的義理之學。《大學問》採用對話體，一問一答共六條。在對話中，王陽明以「致良知」為中心觀念，對《大學》中的「三綱領」、「八條目」予以新的解釋，用馮友蘭先生的話說：「全部的《大學》就歸結為一句話：致良知」[2]。關於致良知，王陽明說：

> 某於此良知之說，從百死千難中得來，不得已與人一口說盡。只恐學者得之容易，把作一種光景玩弄，不實落用功，負此知耳。(《順生錄之九．年譜二》)

王陽明的這一番剖白說明，他的致良知之說並非源於書本，而是得自險象環生的逆境之中，反映了經歷過生死、得失、榮辱等各種憂患體驗之後的生命覺醒。王陽明將其人生感悟凝結為理論，並以此重釋《大學》，這樣的詮釋進路顯然極具宋學特徵。戴震由字、詞而通聖賢之道，孟子藉文、辭以求作者之志，二者均屬經過分析語言以求

---

2 馮友蘭：《中國哲學簡史》，頁269。

取某種意義的理解模式；王陽明的良知呈現於百死千難的逆境，孟子「以意逆志」之意也發自生命的深處，二者均以自身對生命的體認來解讀聖賢留下的經典。顯然，漢學家如戴震者往往獨取還原性詮釋方法，宋學家如王陽明者則反是；然而，在孟子的詮釋思想中，以上兩種方法卻是同時並存、相輔相成的。從這種意義上說，孟子詮釋思想對後世的影響自然是廣泛而深刻的。不過，這樣一種論證的方式似乎稍嫌籠統，下面筆者就藉五個具體而顯明的事例來說明孟子詮釋思想對後世的影響。

一　趙岐對章句學的突破與其對「以意逆志」說的誤讀

在趙岐所生活的年代，漢代的章句之學已經弊端日顯，越來越陷入「分文析辭」(《漢書・楚元王傳》附劉歆傳)、「破碎大道」(《漢書・眭兩夏侯京翼李傳》) 的境地。正像班固在《漢書・藝文志》中所描述的那樣，「後世經傳既已乖離，博學者又不思多聞闕疑之義，而務碎義逃難，便辭巧說，破壞形體。說五字之文，至於二三萬言。後進彌以馳逐，故幼童而守一藝，白首而後能言。安其所習，毀所不見，終以自蔽」。顯然，偏於字詞訓詁而疏於哲學闡發的學風已經嚴重地違背了經學宗旨，因此許多東漢的學者便紛紛以實際行動扭轉衰敗的學風、挽救章句之學。在這些求新求變的嘗試當中，趙岐的《孟子章句》是一個非常典型的例子。

兩漢時期，研究孟子的著作還有程曾的《孟子章句》、高誘的《孟子章句》、鄭玄的《孟子注》、揚雄的《孟子注》以及劉熙的《孟子注》，可惜這些注本現在均已亡佚，僅在清代人的輯佚書中才可以見到些隻言片語，唯有趙注碩果僅存。趙岐的《孟子章句》一方面沿襲了以往的章句之法注重名物訓詁的特點，另一方面則在名物訓詁的基礎上進行適當的義理發揮。無論是對名物、制度的解釋，還是對義理的概括，趙岐都盡可能地做到了通俗易懂、簡明扼要。同時，《孟子章句》的最大特點在於，趙岐在每章之末都加有「章指」，「括其大旨，間作韻語。」（《十駕齋養新錄》卷三）以趙岐在〈梁惠王上〉中的解釋為例。

孟子見梁惠王，「王曰：『叟，不遠千里而來，亦將有以利吾國乎？』」趙岐注云：「曰，辭也。叟，長老之稱，猶父也。孟子去齊，老而之魏，王尊禮之曰：父。不遠千里之路而來，此亦將有以為寡人興利除害者乎？」在這段注釋中，趙岐對「曰」與「叟」的扼要說明是其在名物、制度方面所做的訓釋，最後兩句話則屬於他對《孟子》原文大意的簡明概括。在章指中，趙岐進一步闡發道，「治國之道，明當以仁義為名，然後上下和親，君臣集穆，天經地義不易之道。故以建篇立始也」；這是趙岐在貫通文意之後對治國之道的提綱挈領的發揮。趙岐在義理疏解方面進行的創造性工作，使其《孟子章句》遠遠地超越了漢代諸家章句，並對後世產生了重大影響。

趙岐所以能夠闡明《孟子》的「閎遠微妙、緼奥難見。」（《孟子章句·題辭》）之旨，從而在章句學上突破兩漢諸儒的舊範，原因固然是多方面的，但其中最重要的一點也許就在於他對孟子的「以意逆志」法的推崇與繼承。《孟子章句》載：

> 孟子長於譬喻，辭不迫切而意以獨至，其言曰「說《詩》者不以文害辭，不以辭害志，以意逆志，為得之矣。」斯言殆欲使後人深求其意以解其文，不但施於說《詩》也。今諸解者往往摭取而說之，其說又多乖異不同。（同上）

趙岐認為，對於《孟子》一書，我們不能像前人那樣斷章取義，而應當深求其意；孟子的「以意逆志」之法不僅可以用於解《詩》，而且也可以用於對《孟子》本身的解讀。在《孟子章句》裏，趙岐對《孟子》中諸多人物的思想意圖的描寫隨處可見。據《孟子章句．梁惠王上》記載「孟子欲以風王何不行此」、「孟子欲以政喻王」、「孟子……欲以致王所欲也」；據《孟子章句．梁惠王下》記載「孟子……欲以感喻宣王」；據《孟子章句．公孫丑下》記載「賈欲以此說孟子也」；又據《孟子章句．萬章上》記載「周武王……欲以為天下法則」。很明顯，「欲以」一詞顯示了趙岐對不同當事人意圖的揣測。又如，據《孟子章句．梁惠王上》記載「孟子以為如王之性，可以安民也」；據《孟子章句．梁惠王下》記載「孟子之意，以為魯侯欲行……」，趙岐直言「孟子以為」、「孟子之意」，顯然也是貫徹了他的「深求其意以解其文」的注釋原則。

如果認真分析的話，我們就可以發現，趙岐對當事人思想意圖的判斷常常並非來自於文獻所提供的信息。比如在孟子與齊宣王的對話中，孟子問齊宣王「曰：『王之所大欲，可得聞與？』」（《孟子．梁惠王上》），趙岐在這句話的後面注釋說：「孟子雖心知王意，而故問者，欲令王自道，遂因而陳之。」（《孟子章句．梁惠王上》）。孟子在這裏是不是明知故問、磚引玉，僅僅依憑《孟子》原文是無法得出結論的。因此只有一種可能，就是趙岐是根據己意來推斷孟子之意的。據己意而推斷他人之意，這正是「以意逆志」的基本內涵。在對《孟子》一書的注釋中，趙岐常常使用到這種「以意逆志」的方法。《孟子》載：

> 孟子去齊，居休。公孫丑問曰：「仕而不受祿，古之道乎？」曰：「非也。於崇，吾得見王。退而有去志，不欲變，故不受也。繼而有師命，不可以請，久於齊，非我志也。」（《孟子．公孫丑下》）

在上述對話裏，孟子向公孫丑說明了他「仕而不受祿」的緣由。關於文中的「不欲變」，一般性的解釋是「不想改變離去的志向」；而趙岐卻理解為「志欲去矣，不欲即去，若為詭變，見非泰甚。」（《孟子章句．公孫丑下》），以「詭變」釋「變」，「不欲變」即「不想作詭異之行」，以免被別人責難得太厲害。這種解說是否切合孟子本意，我們實在不得而知；依照楊伯峻先生的判斷，「以『詭變』釋『變』……此說恐非。《朱熹集注》云：『變，謂變其去志。』是也。」[3]，看起來還是一般性的解釋更容易被人接受。據此，筆者以為，趙岐極有可能在這當中加入了他個人的人生感悟：「以意逆志，為得之矣」。

如前所述，趙岐對孟子「以意逆志」說的解讀並非完全準確，癥結就在於趙岐錯將「人情」視作「以意逆志」的基礎。關於人情，孫奭說過，「養生竭力，人情所勉。」（《孟子章句．離婁下》）以兒女對父母的贍養說人情，可見，通常所謂人情是指人的發乎自然的情感、意識或行為。

福建師範大學的郜積意副教授認為：「按照趙岐的論述，人情是長期以來培養而成的關於古代經書的認識以及由此而形成的善之觀念」[4]。認為人情是長期以來培養而成的，這種說法有效地揭示了人情概念所帶有的經驗特質，筆者亦深以為意；然而，認為人情主要指一種善的觀念，從而具有某種道德的內涵，這種觀點也許就值得商榷。人情往往是無善無惡抑或善惡夾雜的。

僅以孟子與齊宣王的對話為例：孟子向齊宣王追問他的大欲望，趙岐指出孟子這是明知故問。趙岐的這一判斷應當就是基於人情，不

---

3 楊伯峻：《孟子譯注》（上），頁111。

4 郜積意：〈趙岐〈孟子注〉章句學的運用與突破〉，載《孔子研究》（2001年第1期），頁105。

過，這裏的人情只是一種言說的技巧、遊說的策略，與人心之善、惡能有什麼關係？無善無惡抑或善惡夾雜的人情之所以能夠作為「以意逆志」的基礎，是由於趙岐相信它具有某種普遍性或共通性，即所謂「人情不遠」。在他的《三輔決錄・序》中，趙岐用這樣的語言對其家鄉的士紳予以描繪：「其為士好高尚義，貴於名行。其俗失則趣勢進權，唯利是視」；敢於用簡單的幾句話概括一個地區全體士人的精神風貌，那當然需要承認「人情不遠」的基本預設。綜上所述，儘管趙岐對孟子「以意逆志」說的解讀是誤讀，但經過誤讀之後的理論卻是自洽的，並且能夠被有效地運用於對文獻的詮釋。

在經學史上，趙岐對以往章句之學的突破是一個意義重大的事件，而這一突破顯然離不開他對孟子的「以意逆志」說的理解與運用。因此，從一定程度上我們可以說，恰恰是趙岐在解讀孟子詮釋方法時的失誤促成了他在章句學方面的突破。進而言之，孟子的詮釋思想直接或間接地影響了經學的發展歷史。

二　張載對「知言」法的理解及運用

孟子的「知言」方法與其「盡信《書》則不如無《書》」的懷疑批判精神之間存在著某種本質的聯繫，這一點早已為張載所揭示。他曾敏銳地指出，孟子對〈武成〉篇內容的懷疑決定於他擅長「知言」。張載說：

> 「《武成》取二三策」，言有取則是有不取也。孟子只謂是知武王，故不信漂杵之說，知德斯知言，故言使不動。（《張子語錄・語錄下》）

在張載看來，孟子之所以「不信漂杵之說」，首先是由於他「知德」，既瞭解武王「至仁」、紂王「至不仁」，而「知德」其實意味著孟子對於這場戰爭的性質——「義戰」有了準確的把握；張載說「言使不動」，依筆者愚見，這裏的「不動」也就是孟子所謂「不動心」，即不動搖內心的價值信念。價值信念不為外在言論所動搖便可以反過來主動地審視外在言論，因此，「知德斯知言」，「《武成》取二三策」的根本原因還是在於孟子善於「知言」。

張載不僅睿智地洞察到孟子的「知言」方法可以用於對經典文獻中的記載予以衡斷，而且他自身也原封不動地繼承了這一做法。孟子由於「知武王，故不信漂杵之說」，張載則由於知武王，故不信「兩畔」之說。《經學理窟》載：

> 先儒稱武王觀兵於孟津，後二年伐商，如此則是武王兩畔也。以其有此，故於《中庸》言「一戎衣而有天下」解作一戎殷，蓋自說作兩度也。孟子稱「取之而燕民不悅弗取，文王是也」，只為商命未改；「取之而燕民悅則取之，武王是也」。此事間不容髮，當日而命未絕則是君臣，當日而命絕則為獨夫；故「予不奉天，厥罪惟均」。然問命絕否，何以卜之？只是人情而已。諸侯不期而會者八百，當時豈由武王哉？（《經學理窟．詩書》）

據史書記載，「九年，武王上祭於畢。東觀兵，至於盟津……是時，諸侯不期而會盟津者八百諸侯。諸侯皆曰：『紂可伐矣。』武王曰：『女未知天命，未可也。』乃還師歸……居二年，聞紂昏亂暴虐滋甚……於是武王遍告諸侯曰：『殷有重罪，不可以不畢伐。』」（《史記．周本紀》），照此說法，周武王在正式伐紂之前確曾有一次觀兵於孟津的重大軍事行動，但由於種種原因，武王最終未能渡河進擊。所以，認為武王在伐紂的過程中曾經有過猶豫、決心難下，這種揣測也並不為過，「兩畔」之說當可以成立。

至於「一戎衣」，傳統的解釋為「穿上戎衣，一舉伐紂」，但《尚書・康誥》卻作「殪戎殷」，即「滅亡大商朝」。今學術界多認為，「一戎衣」即「殪戎殷」，「衣」通「殷」。張載堅信武王是順天應命、一舉滅商的，因而對於兩度伐紂的記載予以否認，對於「殪戎殷」的考證也不予認同。張載的判斷不是基於有力的新史料，卻是基於一套價值評判體系，這正是「知言」。孟子說：「取之而燕民悅，則取之。古之人有行之者，武王是也。」（《孟子・梁惠王下》）意謂對於順應民心之舉，聖王必定會不遺餘力地去做。

張載對孟子的看法十分信服，並以「諸侯不期而會者八百」為據，說明武王當時已經是天下歸心，而人心昭示了天命：「人所悅則天必悅之，所惡則天必惡之。」（《經學理窟・詩書》），因此伐紂之舉如箭在弦上、間不容髮，怎麼可以「兩畔」呢？對於武王的父親文王，張載同樣也是「知德斯知言」。《經學理窟》載：

> 〈靈臺〉，民始附也，先儒指以為文王受命之年，此極害義理。又如司馬遷稱文王自羑里歸，與太公行陰德以傾紂天下，如此則文王是亂臣賊子也。惟董仲舒以為文王閔悼紂之不道，故至於日昃不暇食；至於韓退之亦能識聖人，作〈羑里操〉有「臣罪當誅兮，天王聖明」之語。文王之於紂，事之極盡道矣，先儒解經如此，君臣之道且不明，何有義理哉？如《考槃》之詩永矢弗過、弗告，解以永不復告君過君，豈是賢者之言？（同上）

《毛詩序》說，「〈靈臺〉，民始附也。文王受命，而民樂其有靈德，以及鳥獸昆蟲焉。」（《毛詩正義・大雅・靈臺》）；《史記》載：「西伯陰行善，諸侯皆來決平……諸侯聞之，曰『西伯蓋受命之君』。」

（《史記・周本紀》）依照毛亨的序言與司馬遷的記載，早在文王的時期，周氏族便已接受了天命，周文王和他的臣子們在暗中經營，壯大周族的勢力。這種講法是張載萬萬不能接受的。因為在他看來，文王之時，紂王並未失盡人心，因而仍然是天下共主，在這種情況下無論任何人敢於覬覦天子之位，都極大地違背了人臣之道，只能被歸入亂臣賊子之列，以文王之德之純，他必然不至於此。相反地，張載極力稱許董仲舒及韓愈能夠「識聖人」，是由於他們頌揚了文王對紂王的忠心不貳。

據《漢書》所載，董仲舒在回答漢武帝的策問時曾說過：「……當此之時，紂尚在上，尊卑昏亂，百姓散亡，故文王悼痛而欲安之，是以日昃而不暇食民。」（《漢書・董仲舒傳》）董仲舒將周文王的廢寢忘食、勤政愛民解釋為他對紂王暴政的補救、對殷商社稷的忠誠；韓愈擬文王之詩曰：「臣罪當誅兮，天王聖明。」（〈羑里操〉），描繪了被囚羑里的周文王痛心疾首地懺悔自身的罪過、絲毫不怨恨囚禁他的商紂王。在這裏，張載評斷歷史敘述可靠性的標準已經再明顯不過了，那就是他心目中的君臣大義、人臣之道。就連鄭玄對〈考槃〉之詩「弗過」、「弗告」的解讀——「不復入君之朝」（《毛詩正義・衛風・考槃》）、「不復告君以善道」（同上），也因為不合張載對君臣之義的理解，而被他斥為非「賢者之言」，張載真是做到了孟子所說的「邪辭知其所離」（《孟子・公孫丑上》）。

張載實踐「知言」法的典型案例還包括如下一則：

> 《周禮》是的當之書，然其間必有末世添入者，如盟詛之屬，必非周公之意。蓋盟詛起於王法不行，人無所取直，故要之於神，所謂「國將亡，聽於神」，蓋人屈抑無所伸故也……則盟詛絕非周公之意，亦不可以此病周公之法，又不可以此病《周

禮》。（《經學理窟．周禮》）

盟詛即盟誓，鄭玄注曰：「盟詛，主於要誓，大事曰盟，小事曰詛。」（《周禮注疏》卷二十六，〈詛祝〉）據《周禮》所述，周天子與其下屬的諸侯國君之間、以及各諸侯國君彼此之間常常通過盟詛的方式訂立契約「後若背違，令神加其禍。」（《毛詩正義．小雅．何人斯》）張載認為，盟詛是王道不行的表現，而周初禮法粲然大備，以周公之德之能他絕不會做出如此非禮之事；然而，張載採古文經學家之說，又相信《周禮》為周公所作，所以，對於《周禮》中有關「盟詛之屬」的記載，張載只好說成是「末世添入」的。張載對文獻內容的否定並非出於嚴謹的歷史考證，而是發自堅定的價值信仰，毫無疑問，張載在這裏使用了「知言」的方法。孟子「知言」法對文獻記載的內容所具有的評判功能並非單只為張載所發現和運用，漢儒已有「盟詛不及三王」（《春秋穀梁傳》卷二，〈隱公〉）的說法，宋儒基於君臣關係的絕對性，大都對周公曾「踐阼稱王」的傳說矢口否認，這些事例均可看作後儒對孟子「知言」理路的沿襲。

僅僅依憑個人的價值觀念就斷言經典文獻中的記載是否屬實，這種做法會不會過於武斷呢？筆者以為，此舉誠然有武斷之嫌，但同時也存在著其合理的一面。在科學手段極不發達的古代，想要弄清歷史記載的真偽是一件十分困難的事情，用徐復觀先生的話說：「可信與不可信之間，是非常不易斷定」[5]的。倘若事情僅止於此，那麼對於既無法證明又無法證偽的歷史記載，姑且存疑可也。不過，一般人往往心志不堅，其內在信仰經常受到外在言辭的影響而發生動搖，這便是張載所說的「聞一句語則起一重心……常為語言可以移動。」（《經學

5　徐復觀：〈陰陽五行及其有關文獻的研究〉，載《中國思想史論集續篇》（上海市：上海書店出版社，2004年），頁21。

理窟・義理》）尤其是那些有關精神偶像式的歷史人物言行的文字，它們無疑更易觸動普通人的價值信念，朱熹注解孟子疑〈武成〉之言時說，「孟子之設是言，懼後世之惑，且長不仁之心耳。」（《孟子集注》卷十四，〈盡心章句下〉）也正是有見於此。

所以，在歷史真相不明的大前提下，優先捍衛某位精神偶像的人格形象，倒也不失為維護某種價值信仰的權宜之計。當然，一種價值信仰的成立與否與較能踐行此種信仰的精神偶像的行為之間原本並不存在本質的、必然的聯繫；孟子、張載等往聖先賢也並未將自身信仰的基礎建立在對古聖人的頂禮膜拜之上，張載聲稱：「己守既定，雖孔孟之言有紛錯，亦須不思而改之。」（《經學理窟・義理》），孟子雖對文、武、周公及孔子等人極盡讚譽之辭，但其立說的根據卻是「人皆有之」（《孟子・告子上》）的「本心」、「達之天下」（《孟子・盡心上》）的「良知」。

由此可知，與其說「知言」方法的這種運用是要維護權威——聖賢的至上地位，倒不如說它是在突顯大道的優先性。因此，借助「知言」方法裁量經典記載，對於「己所守未明」（《經學理窟・義理》）的普通人來說，總是有意義的。張載等人的話可謂對使用「知言」法的合理性作了最好的注腳。

三　朱熹的讀書法與孟子的「以意逆志」說

朱熹十分推崇「以意逆志」的詮釋方法，《朱子語類》中有多處談及此說，但其對「以意逆志」的解讀卻頗為獨特。《朱子語類》載：

> （余大雅）再問：「所說『尋求義理，仍須虛心觀之』，不知如何是虛心？」（朱熹）曰：「須退一步思量。」次日，又問退一

步思量之旨。（朱熹）曰：「從來不曾如此做工夫，後亦是難說。今人觀書，先自立了意後方觀，盡率古人語言入做自家意思中來。如此，只是推廣得自家意思，如何見得古人意思！須得退步者，不要自作意思，只虛此心將古人語言放前面，看他意思倒殺向何處去。如此玩心，方可得古人意，有長進處。且如孟子說詩，要『以意逆志，是為得之』。逆者，等待之謂也。如前途等待一人，未來時且須耐心等待，將來自有來時候。他未來，其心急切，又要進前尋求，卻不是『以意逆志』，是以意捉志也。如此，只是牽率古人言語，入做自家意中來，終無進益。」（《朱子語類》卷十一）

朱熹藉「以意逆志」闡釋所謂「虛心」，並把「逆」解讀為「等待」，對此黃俊傑教授說道：「將『逆』字解為『等待』的說法可能與孟子有所差距」[6]，因為這樣一來：「以意逆志」的含義就演變為，將己意擱置起來，以盡可能客觀、公允的態度從古人原著中挖掘其本義：「朱子這種講法是很有問題的」[7]。朱熹反對以己意解經的方法，貶稱其為「以意捉志」，之所以如此，是因為朱熹認為「看文字先有意見，恐只是私意。」（《朱子語類》卷十一）而孟子由於承認本心的同構性，所以主張己意與作者之志之間的溝通是可能的。因此，在孟子那裏，「志」往往成為一種虛設，而在朱熹這裏，「意」則始終是一種虛設，二者恰恰相反。

顯然，朱熹誤讀了孟子的「以意逆志」說。筆者認為，朱熹的這種誤讀極有可能是無意識的，因為《孟子》原文中原本就潛藏著誤讀此說的可能性。

6　黃俊傑：〈孟子運用經典的脈絡及其解經方法〉，載《儒家經典詮釋方法》，頁173。
7　同上。

首先，在與咸丘蒙的對話中，孟子同時給出了兩種不同的詮釋方法，除了「以意逆志」之外，還有「不以文害辭，不以辭害志」；兩種詮釋方法並存，就為讀者混淆二者埋下了伏筆。「不以文害辭，不以辭害志」的方法內在地要求詮釋者對己意採取「虛」的態度，這裏的「虛」與朱熹所謂「虛心」在概念上相同；「不以文害辭，不以辭害志」方法的實質是主張詮釋者應以典籍為依據，著力探究作者原意，這與朱熹誤讀後的「以意逆志」說在含義上類似。可見，朱熹在對「以意逆志」加以解讀時，誤將「不以文害辭，不以辭害志」的邏輯理路作為前者的理論內涵。

其次，孟子將「不以文害辭，不以辭害志」與「以意逆志」並提，這種語序上的安排容易使讀者產生錯覺，將二者混為一談。孟子之所以將二者並提，原因在於採用這兩種不同的詮釋方法，詮釋者常常可以殊途同歸地瞭解到作者的原意。這是因為，《詩經》中的許多篇章記述了古人對真、善、美的頌揚，對假、惡、醜的抨擊，其價值取向——作者之志剛好契合了儒家的道德理念——「以意逆志」之意。

最後，在詮釋《詩經》的某些個案中，孟子雖並用了「不以文害辭，不以辭害志」及「以意逆志」兩種方法，但運用前者的思路更易從中辨析出來，這就有可能誤導讀者錯認前者為後者。

以孟子與咸丘蒙的對話中所論及的〈雲漢〉之詩為例：「周餘黎民，靡有孑遺」的字面意思頗富有迷惑性，是說周朝剩餘的百姓，沒有一個存留的，如果僅僅停留在這兩句詩的表面文辭上，便只能得出「周無遺民」的結論；只有認真地研讀原詩，才會發現其實作者「志在憂旱」(《孟子章句．萬章上》)。在這裏，〈雲漢〉之詩所傳遞出的深層意涵——作者之志正為儒家的核心價值觀——「以意逆志」之意所認同，並且此詩的言語表達方式——「文」、「辭」又明顯地對理解作者原意造成了某種障礙，面對這類情況，讀者只注意到「不以文害辭，不以辭害志」的使用過程實在是無可厚非。基於上述種種原因，朱熹在不自覺的狀態下誤讀「以意逆志」說便是一件毫不奇怪的事情了。

朱熹對「以意逆志」說的解讀雖然不切合孟子本義，但卻絕非毫無意義。

朱熹極為重視讀書方法，《朱子語類》中有兩卷內容集中記錄了朱熹對它的論述。朱熹死後，其弟子、門人將他的「讀書法」歸納為六條，其中一條名為「虛心涵泳」（《程氏家塾讀書分年日程綱領》卷三）。關於「虛心」，朱熹說：「看書，須虛心看，不要先立說。」（《朱子語類》卷十一）「先立說」即「先立己意」（同上）；所謂「涵泳」，朱熹指讀書需要「著意玩味」（《朱子語類》卷十）、「徘徊顧戀」（同上），這是因為「聖人言語，一重又一重，須入深去看。若只要皮膚，便有差錯，須深沉方有得。」（同上）朱熹還曾說，「凡人讀書，須虛心入裏玩味道理，不可只說得皮膚上。」（《朱子語類》卷一百二十）「虛心」、「涵泳」兩層意思一樣，可見，對朱熹而言，「虛心」、「涵泳」並非可以截然分開的兩種讀書方法，而是相互關聯、有機統一。

顯然，從義理的角度分析，「虛心涵泳」與朱熹誤讀後的「以意逆志」都強調對己意的懸隔、對古人原著的悉心體會，二者同出一轍；如前所述，朱熹還曾藉「以意逆志」表述「虛心」之意。這充分表明，「虛心涵泳」的讀書法與被誤讀的「以意逆志」說之間存在某種內在關聯，或者「虛心涵泳」的讀書法潛移默化地影響了朱熹對「以意逆志」說的解讀，或者在被誤讀的「以意逆志」說啟發下，朱熹才提出了「虛心涵泳」的讀書法。二者的關係究竟如何，根本上取決於哪種見解首先成型；然而，一種思想見解成型的時間與思想家首次對其公開表述的時間往往並不同步。因此，我們無法從發生學的角度對此問題加以考察。

不過，朱熹明確表示，「以意逆志」「是教人讀書之法」(《朱子語類》卷五十八)，這一表述說明，「虛心涵泳」的讀書法極有可能是在誤讀後的「以意逆志」說啟發下而提出的。即使在解讀「以意逆志」說之前，朱熹早已形成關於讀書之法的見解，誤讀後的「以意逆志」說仍然為此見解提供了有力的佐證，其意義不容忽視。

在對《詩經》的解讀中，朱熹的「虛心涵泳」讀書法發揮了相當重要的作用。舉例來說，在《詩集傳》中，〈芄蘭〉、〈羔裘〉兩詩的後面朱熹都標有相同的注釋——「此詩不知所謂，不敢強解」。這兩句話充分表露出朱熹讀書時的「虛心」態度；倘若朱熹真要「以意逆志」，則解之可也，怎會不敢？同樣的，朱熹在〈鼓鐘〉一詩的結尾處寫道：「此詩之義有不可知者，今姑釋其訓詁名物，而略以王氏蘇氏之說解之，未敢信其必然也。」(《詩集傳．小雅．鼓鐘》)僅僅解釋詩文中的訓詁名物，而對詩人所要表達的思想感情則存而不論，這足見朱熹的「虛心」，當然，這種「虛心」並不能逆得詩人之志。

再如，《詩經．大雅．下武》中有這樣兩句詩「永言配命，成王之孚」、「成王之孚，下土之式」，文中有成王的名號，有些人便據此認為，〈下武〉應當是康王以後才創作的詩歌，朱熹則指出：「或疑此詩有成王字，當為康王以後之詩。然考尋文意，恐當另如舊說。」(《詩集傳．大雅．下武》)不為詩歌中的言語表達所迷惑，而能夠「涵泳」其文意，這正是孟子所謂的「不以辭害志」。

朱熹對於《詩經》中的「文」——修辭方式也有很深入的研究，「歷代對賦、比、興的解釋極為分歧，比較言之，以朱熹的意見最可取」[8]。

關於「賦」，《詩集傳》云：「賦者，敷陳其事而直言之者也。」（《詩集傳．周南．葛覃》）關於「比」，《詩集傳》云：「以彼物比此物也」（《詩集傳．周南．螽斯》），又《朱子語類》卷八十云：「引物為況，比也」；關於「興」，《詩集傳》云：「興者，先言他物，以引起所詠之詞也。」（《詩集傳．周南．關雎》）翻開《詩集傳》一書，我們處處可以看到朱熹在不同詩句的後面注有「興也」、「賦也」或「比也」。

以朱熹對〈木瓜〉一詩第一章的注釋為例。〈木瓜〉第一章為「投我以木瓜，報之以瓊琚。匪報也，永以為好也」，朱熹注曰：「比也……言人有贈我以微物，我當報之以重寶，而猶未足以為報也，但欲其長以為好而不忘耳。疑亦男女相贈答之詞。」（《詩集傳．衛風．木瓜》）〈木瓜〉之詩描摹了雙方互贈禮品的場景，但對雙方的關係及互贈禮品的用意卻諱莫如深。朱熹一眼便看出這是詩人在使用比喻的修辭手法，並一語道出〈木瓜〉之詩乃是「男女相贈答之詞」，即敘寫男女相互交換信物的情詩。可見，朱熹透過對作品文辭的分析，比較準確地把握到了詩作者的真義。假使解詩之時不能「虛心涵泳」，恐怕朱熹便無法得〈木瓜〉之旨。

「虛心涵泳」的讀書法在朱熹的哲學體系中並非可有可無，而是其哲學運思的必然結論。從朱熹思想的整體思路來看，「理一分殊」的宇宙觀及「即物窮理」的修養論是「虛心涵泳」讀書法的理論前提。朱熹將天地萬物之理的總合稱為「太極」，認為「人人有一太極，物物有一太極。」（《朱子語類》卷九十四）但由於「氣稟不同」（《朱子語類》卷四），太極之理在人物中的呈現是不同的，這便是所

8　聶石樵、雒三桂、李山：《詩經新注》（前言），頁7。

謂「理一分殊」。聖人由於稟氣較清，故能呈現理之全體，而凡人由於稟氣較濁，故太極之理難免有所遮蔽，因此對於凡人而言，後天的修養是必要的。

在《大學章句》中，朱熹訓「格物致知」為「即物窮理」，主張學者應當窮究事事物物之理，如此積而久之，便能達到「私欲淨盡，天理流行。」（《朱子語類》卷六）的目的。朱熹還認為，「讀書是格物一事」（《朱子語類》卷十），又說：「窮理之要，必在於讀書。」（《朱文公文集》卷十四）這說明「讀書窮理」是其「即物窮理」學說的重要組成部分。對於「讀書窮理」，朱熹指出：「本心陷溺之久，義理浸灌未透，且宜讀書窮理。常不間斷，則物欲之心自不能勝，而本心之義理自安且固矣。」（《朱子語類》卷十一）因此，所謂「讀書窮理」是指，不斷地讀聖賢書，「體驗聖人之心」（《朱子語類》卷一百二十），從而最終「革盡人欲」（《朱子語類》卷四）、「喚醒」（《朱子語類》卷一百一十三）「本心之義理」，在這裏「即物窮理」之物特指聖賢書，外物之理特指聖人之心。「讀書窮理」的這種內涵意味著，學者應當虛心揣摩聖賢本義，絕不能以己意解經，否則便會使書中義理受到學者「物欲之心」的歪曲，顯然，這正是「虛心涵泳」讀書法的要求。

綜上可知，朱熹「虛心涵泳」的讀書法是其「即物窮理」學說的必然邏輯推論，而被誤讀的「以意逆志」說則恰好成為這種讀書法的理論來源。因此，對於其自身哲學體系的建構而言，朱熹的誤讀反而產生了建設性的作用。

四　錢大昕的史學批評方法與孟子的「知人論世」理論

乾嘉學派的重要代表錢大昕也深受孟子詮釋思想的影響，這尤其表現在他將孟子的「知人論世」理論轉化為自身的史學批評方法。

錢大昕非常排斥「以意逆志」一類的主觀詮釋方法，認為「以意逆之……所失常多」（《潛研堂文集》卷三十八，〈惠先生士奇傳〉）；但對於「知人論世」在史學研究中的重要性，錢大昕卻有著十分清醒的認識。他強調說：「讀古人之書，必知其人而論其世。」（《潛研堂文集》卷二十六，〈鄭康成年譜序〉）；他還嚴厲地批評過反面的做法——「強作聰明，妄生疻痏，不稽年代，不揆時勢，強人之所難行，責人之所難受，陳義甚高，居心過刻。」（《廿二史考異》卷六十四，《五代史．馮道傳》）。陳壽的《三國志》，對於何夔、裴潛、鄭渾、賈逵多歌功頌德之詞，對於曹爽、何宴、鄧痟多文過飾非之詞，對於李豐、張緝則不予立傳。錢大昕一針見血地指出，陳壽所以不能做到秉筆直書，只是由於何夔等人的子孫顯達於當朝，而李豐等人則忠於前朝的曹氏政權。

錢大昕引用萬斯同之言斥責陳壽這類的史家「好惡因心，而毀譽隨之。言語可曲附而成，事蹟可鑿空而構。」（《潛研堂文集》卷三十八，〈萬先生斯同傳〉），揭露後世的傳播者「其傳而播之者，未必皆直道之行也；其聞而書之者，未必有裁別之識也。」（同上）並語重心長地告誡史籍的閱讀者、史學的研究者「非論其世知其人而具見其表裏，則吾以為信而人受其枉者多矣。」（同上）透過上述事例，我們可以強烈地感受到「知人論世」的方法在史學批評中所具有的不可替代的作用。

在進行史學批評的過程中，錢大昕能夠較好地將「知人論世」的方法應用於對古人所處的外在境遇的瞭解。五代時的馮道，常被後人視作不知忠君愛國、只知苟且偷生的貳臣的典型。錢大昕則依據〈賜冥福禪院地土牒〉這一則重要的史料，指出世人對馮道的評價有失公允。他說：

> 蓋五代之際，政由樞密，其居相位者無過頑鈍伴食之徒，朝政不由己出，雖尋常文書亦不復關白，名為宰輔，實同庶僚。李愚所謂「吾君延訪，鮮及吾輩」者是也。上既不以匡弼相期，而下不以廉恥自立。世徒譏馮道視喪君亡國未嘗以屑意，詎知（馮）道在相位固未嘗一日得行其志也哉……然千載而下，非見此牒烏能知當時行事。石刻之有裨於知人論世如此。（《金石文跋尾》卷十，〈賜冥福禪院地土牒〉）

錢大昕認為，馮道雖然身居相位，但卻並無實權，既然朝廷不以匡弼相期，那麼馮道也就不以廉恥自立，馮道的個人表現有其外在的原因。錢大昕經由對馮道所面臨的時與位的分析，比較客觀地還原了馮道其人的真實面目。有關三國這段歷史，南宋的朱熹主張奉蜀漢為正統，對此，善用「知人論世」法的錢大昕洞見到：

> 考亭生於南宋，事勢與蜀漢相同，以蜀為正統，固其宜矣。（《潛研堂文集》卷二十四，〈三國志辨疑序〉）

朱熹的史識實則根源於南宋王朝所面臨的歷史時勢，這種解釋真令讀者有恍然大悟之感。

錢大昕說過：「人之善惡，固未已知，論人亦復不易。」（《潛研堂文集》卷二，〈春秋論〉）這句話表明，錢大昕對「知人論世」法的運用不僅限於外在境遇方面，而且也包括了歷史事件當事人自身的情況，即古人的品性、才智等方面。關於聰明睿智的梁武帝何以最終竟喪家亡國，前人議論甚多，錢大昕也提出了自己獨到的看法。他認為：

> 梁之亡，亡於拒諫而自滿也……以四海之大，百司之眾，無一人能為朝廷直言，而國不亡者，未之有也……（梁武帝）特以

> 自信太過，視諫諍之言皆浮而不切於務，徒足以損己之名，故拒之甚力也。(《潛研堂文集》卷二，〈梁武帝論〉)

透過對當政者——梁武帝的「為人之實」——拒諫自滿的剖析，指明一個王朝迅速敗亡的原因，錢大昕真可謂做到了知人。宋人徐休復曾作有一篇〈禱先聖文〉，文中殷勤囑咐子孫長遵儒教，因此，從表面看起來，徐休復當是一位道德君子。不過，錢大昕則據《宋史》的記載來考察此人一生的言行，指出徐休復曾經有以權謀私、公報私仇等劣跡，所以，「其所望於子孫習儒者乃出於利祿之私，非真有志於道德也。」(《金石文跋尾》卷二十，〈徐休復禱先聖文〉)為了能夠正確認識徐休復的為人，錢大昕借助史書論其「當世行事之跡」，真可謂做到了論世。

可惜的是，正如錢大昕所言，「人不易知，知人亦未易。」(《十駕齋養新錄》卷十八)錢大昕也未能將「知人論世」的原則貫徹始終。譬如說，在對《詩經・召南・野有死麕》一詩的理解上，錢大昕就出現了某種偏差。該詩本是描寫周代貴族青年戀愛生活的詩，詩中有一句「吉士誘之」，意為青年男子用打來的獵物作為禮物，來挑逗、追求女孩子。對於這句詩，錢大昕表示「若歐陽永叔解『吉士誘之』為『挑誘』……其貽害於聖經甚矣。」(《潛研堂文集》卷二十四，〈經籍纂詁序〉)其實，歐陽修的解釋正切合了詩文原意，但錢大昕卻認為歐陽修的講法有悖聖經之旨，顯然，他另有新解。《潛研堂文集》載：

> 問：「『吉士誘之』，歐陽解為『挑誘』，而東萊呂氏非之，謂詩人惡無禮，豈有為此汙行而名吉士者！其義正矣。然毛傳訓『誘』為『道』，亦不見於《爾雅》，何也？」
>
> 曰：「《釋詁》：『誘，進也。』《說文》『誘』與『羑』同，有

進善之義，故亦訓為道。《論語》『夫子循循然善誘人』，《儀禮》鄉射、大射皆有司射誘射，《詩序》『衡門，誘僖公』，皆此義也。『誘』又與『牖』通，《詩》『天之牖民』，毛亦訓為道。言貞女有潔清之操，士當以六禮道行之。」（《潛研堂文集》卷六，〈答問三〉）

錢大昕詳細地考證了「誘」字的字義，然而最後得出的結論卻無非是說，「吉士誘之」指德行高潔之士應當透過禮來引導女子，若將此說放到今天的學界審視，錢大昕必將是曲高和寡了。假如錢大昕在這裏可以「知人論世」的話，即可以瞭解到周代的風土民情、青年男女的交往規則，也許他就不會產生以上的誤解了。

儘管錢大昕在個別情況下沒有堅持「知人論世」的原則，但我們必須承認，從總體上看，對「知人論世」方法的運用使錢大昕的史學研究充分體現出一種「實事求是」（《潛研堂文集》卷十八，〈續通志列傳總敘〉）的客觀精神，這種精神直到今天也還在指引著我們、激勵著我們。

五　徐復觀對孟子詮釋方法的繼承與創新

迄至當代，港臺新儒家的中堅徐復觀先生仍然繼承了孟子的詮釋方法，這使其在學術研究中時出新解、創見頗多。

徐先生有一條重要的文學批評理論，謂之「追體驗」。在其平生所寫的文章中，至少有兩處詳盡解析了此說。原文如下：

若說到文學欣賞的過程，乃是一種「追體驗」的過程。「體驗」是指作者創作時的心靈活動狀態。讀者對作品要一步一步地追到作者這種心靈活動狀態，才算真正說得上是欣賞。[9]

讀者與作者之間，不論在感情與理解方面，都有其可以相通的平面，因此，我們對每一作品，一經讀過、看過後，立刻可以成立一種解釋。但讀者與一個偉大作者所生活的世界，並不是平面的，而實是立體的世界……因此，我們對一個偉大詩人的成功作品，最初成立的解釋，若不懷成見，而肯再反覆讀下去，便會感到有所不足，即是越讀越感到作品對自己所呈現出的氣氛、情調，不斷地溢出於自己原來所作的解釋之外、之上，在不斷地體會、欣賞中，作品會把我們導入向更廣更深的意境裏面去，這便是讀者與作者，在立體世界中的距離不斷地在縮小，最後可能站在與作者相同的水平、相同的情境，以創作此詩時的心來讀它，此之謂「追體驗」。[10]

上述兩段文字中，前者給出了「追體驗」的字面含義，即何謂「體驗」、何謂「追」，後者說明了「追體驗」方法之所以可行的前提條件及「追」的具體途徑。「體驗」是作者的「體驗」，即「作者創作時的心靈活動狀態」；「追」則是讀者的行為，其目的是要實現讀者與作者間心靈的契合。「追體驗」的方法所以能夠實行，原因在於讀者與作者之間，「有其可以相通的平面」，這一「相通的平面」當即徐先生所說的「心」。人心原本相通，從而讀者便天然地具備理解作者的可能性。不過，作者所生活的世界是「立體」的，所處於的

9　徐復觀：〈中國文學欣賞的一個基點〉，載《中國文學精神》（上海市：上海書店出版社，2004年），頁75。

10　徐復觀：〈環繞李義山（商隱）〈錦瑟〉詩的諸問題〉，載《中國文學精神》，頁324～325。

「情境」是特殊的，這就需要讀者對作品「反覆讀下去」、「不斷地體會、欣賞」，如此方能最終達到與作者的「心」彌合無間的境地。在這裏，「反覆讀下去」、「不斷地體會、欣賞」清晰地描繪出「追」的實際過程。

關於「追體驗」的思想史淵源，徐先生曾兩次明確講到此說與劉勰的「披文以入情」之說的密切聯繫。他說：

> 劉彥和《文心雕龍．知音》篇中說：「觀文者，披文以入情。」這即是今日所說的「追體驗」。[11]
>
> 「觀文者披文以入情」，這在今日稱為「追體驗」，在彥和則是「沿波（文字）討源（心），雖幽必顯。世遠莫見其面，覘文輒見其心」，能見作者之心，才算真正讀懂了那篇作品。[12]

顯而易見，劉勰的「披文以入情」之說應當就是「追體驗」的直接理論來源。但是，問題並不止於此。如果我們深入分析，便會發現「追體驗」說的遠源可以追溯至孟子的「以意逆志」說。首先，「披文以入情」之說極有可能是得自於「以意逆志」說的影響，因此，「追體驗」方法的提出至少間接地受到了孟子的啟發。所謂「披文以入情」，是指在欣賞作品的過程中，讀者應當通過文辭去瞭解作者的情意，該方法內在地要求「讀者之心，迎上……作者的心，而成為以心見心」[13]。這種詮釋理路幾乎是孟子「以意逆志」說的翻版。清人包世臣正是依據〈知音〉篇中的「披文以入情」等幾句綱領性文字，而斷言《文心雕龍》「大而全篇，小而一字，莫不以意逆志，得作者用心

---

11 徐復觀：〈中國文學欣賞的一個基點〉，載《中國文學精神》，頁 75。

12 徐復觀：〈《文心雕龍》淺論之五——〈知音〉篇釋略〉，載《中國文學精神》，頁 194。

13 同上。

所在。」（《藝舟雙楫・序》）

其次，徐先生的「追體驗」與孟子的「以意逆志」在內涵上十分接近，這種內容的相似性暗示出前者對後者或許有著某種繼承關係。「追體驗」的目標在於達成讀者與作者間的心靈默契，要落實這一點便須讀者採取以心印心的辦法，而以心印心也正是「以意逆志」的基本思路。最後，對於運用「以意逆志」法所能產生的效果，徐先生曾在其文章中作過直接表述，此表述與徐先生對「追體驗」作用的敘說如出一轍，這一點充分證明了「以意逆志」與「追體驗」間存在著淵源關係。徐先生指出：

> 我們不僅是在讀古人的書，而是在與古人對話。孟子所謂「以意逆志」……乃真是九原可作……[14]
> ……要以「追體驗」來進入形象的世界，進入感情的世界，以與作者的精神相往來……[15]

採取「以意逆志」的方法，可以實現「與古人對話」的效果，運用「追體驗」的方法，則能發揮「與作者的精神相往來」的作用。「與古人對話」不正表示「與作者的精神相往來」嗎？兩種說法何其相似！

徐先生的「追體驗」說不僅秉承了「以意逆志」的傳統解詩法，而且也將「知人論世」的思路涵括其中，是對孟子詮釋方法的完整繼承。徐先生對「知人論世」的含義及必要性有著準確的認識，其原文如下：

14　徐復觀：〈有關思想史的若干問題〉，載《中國思想史論集》（上海市：上海書店出版社，2004年），頁94。

15　徐復觀：《中國文學精神》，自序三。

> 一是知人論世的層面，思想史的工作，是把古人的思想，向今人、後人作一種解釋的工作……古人的思想，必然與古人的品格、個性、家世、遭遇等有密切關係……古人思想的形式，必然與古人所遭遇的時代，有密切關係。上面兩種關係總是糾纏在一起。把這種關係考據清楚，是解釋工作的第一步。我每篇文章中，都走了這樣的第一步，卻走得並不夠。[16]

「古人的思想，必然與古人的品格、個性、家世、遭遇等有密切關係」，這裏強調了「知人」的必要性；「古人思想的形式，必然與古人所遭遇的時代，有密切關係」，這裏又強調了「論世」的必要性。既然「知人論世」的工作如此不可或缺，徐先生便在他的「每篇文章中，都走了這樣的第一步」。在徐先生的方法論體系中，「知人論世」的思想意蘊絕非獨立於「追體驗」的路數之外，而是被後者所涵攝、為其題中應有之義。之所以如此說，原因有二。

其一，從理論層面來看，「追體驗」的概念內在地蘊涵著對「知人論世」法的訴求。徐先生認為，作者生活的世界是「立體」的、「情境」是獨特的，倘若不能對這種獨特的「情境」有所把握，讀者「便會感到有所不足」，這便邏輯地導出了「知人論世」這一唯一的解決方案。因為只有做到「知人論世」，才能實現「讀者與作者，在立體世界中的距離不斷地在縮小，最後可能站在與作者相同的水平、相同的情境，以創作此詩時的心來讀它」的目的。

其二，從應用層面來看，徐先生在實踐「追體驗」的方法時，總是不忘首先對作者的生平及時代背景等問題下一番考辨的功夫。在〈環繞李義山（商隱）〈錦瑟〉詩的諸問題〉一文的最後，徐先生清楚地表示說：「以上對〈錦瑟〉詩的解釋、分析，並不是先拿一個

16 徐復觀：〈中國思想史工作中的考據問題〉，載《中國思想史論集續篇》，頁8～9。

什麼格套，硬把這種格套用上去」[17]，而是實行了「追體驗」的解釋方法。此種說法意味著，該文堪稱運用「追體驗」法以分析、解釋問題的典範，在本書中，「追體驗」的理路貫穿著全文。有關這篇文章的緣起，徐先生在序言中說到，他「偶然對義山的生平有點新發現，而此一新發現，對〈錦瑟〉詩的解釋有密切關係」[18]，「可以說把傳統對李義山的看法完全推翻了」[19]，這一自白顯然已經暗示出「知人論世」對於本書寫作的重要意義。

在正文當中，徐先生對〈錦瑟〉詩的創作背景進行了紮實的考證和細緻的辨析，單是針對李商隱的生平，他就列了五個標題加以闡述，從而佔去了大量的篇幅。這樣的敘寫手法有力地說明，徐先生在文學欣賞中特別注重對「知人論世」法的使用，「知人論世」原本就是「追體驗」方法的有機組成部分。廣東惠州學院的劉毅青副教授認為：「徐復觀通過自己的中國思想史解釋實踐提出了以知人論世為基礎的『追體驗』的解釋學方法」[20]，其說不為無據。

徐先生的「追體驗」說立足於其自身的思想系統之中，所以，「追體驗」對於孟子的詮釋方法而言，不僅僅是繼承，更多地表現為創新。徐先生的創新主要可分為兩個方面，即一方面較之孟子的「以意逆志」說，「追體驗」方法的適用範圍擴大了，換言之，「追體驗」所詮釋的對象不再侷限於文學、藝術領域了；另一方面，儘管「以意逆志」法與「追體驗」法得以成立的前提條件均為「心」的同構性，但徐先生與孟子對「心」的界定卻是截然不同的。

17　徐復觀：〈環繞李義山（商隱）〈錦瑟〉詩的諸問題〉，載《中國文學精神》，頁324。

18　同上書，頁275。

19　同上。

20　劉毅青：〈解釋學的限度與重建中國解釋學——以徐復觀為例〉，載《文藝理論研究》2005年第6期，頁2。

徐先生以治思想史而名家,「追體驗」則是其研究思想史的一大法寶。徐先生對「追體驗」法所適用對象的認識是經歷了一個過程的。上個世紀五十年代,徐先生在東海大學講授《文心雕龍》的課程時,有過如下的感悟:

> 我把文學、藝術,都當做中國思想史的一部分來處理,也採用治思想史的窮搜力討的方法。搜討到根源之地時,卻發現了文學、藝術,有不同於一般思想史的各自的特性,更須在運用一般治思想史的方法以後,還要以「追體驗」來進入形象的世界,進入感情的世界,以與作者的精神相往來,因而把握到文學藝術的本質。[21]

此時,徐先生初步發現了「追體驗」法對於把握文學、藝術本質的關鍵性意義,卻又把它視為獨立於思想史研究之外的方法。及至一九六三年,徐先生在寫給日本加藤常賢博士的一封書信中提到:

> 關於進一步的治思想史的方法,還有待於闡述,我在這裏只簡單提破一句,即是把治文藝批評中「追體驗」的觀念、工夫,轉用到治中國思想史的最後程序之上,是相當的恰切、必要的。[22]

在這裏,徐先生已經清醒地意識到,「追體驗」的觀念、工夫同樣應當成為思想史方法論中的重要一環。思想史內容的涵蓋面較廣,除去文學、藝術外,哲學、經學、史學等諸多領域均在思想史家的研討之列。孟子的「以意逆志」說僅是作為一種解詩的方法而被提出的,與其相比,「追體驗」說的適用面自然是拓寬了。

---

21 徐復觀:《中國文學精神》,自序三。

22 徐復觀:〈評訓詁學上的演繹法——答日本加藤常賢博士書〉,載《中國思想史論集》,頁175。

徐先生稱中國文化為「心的文化」[23]，然而，他對傳統文化中「心」的理解卻不同於近現代中國大多數哲人的一般看法，且與孟子對「心」的闡述也不相一致。徐先生認為：

> 中國文化所說的「心」，指的是人的生理構造的一部分而言，即指的是五官百骸中的一部分在心的這一部分所發生的作用，認定為人生價值的根源所在。也像認定耳與目是能聽聲辨色的根源一樣。[24]
>
> 如果在人自身中體認出有這種作用，則中國的「心」的文化乃是具體的存在，這與信仰或由思辯所建立的某種形而上的東西，完全屬於不同的性格。[25]

徐先生認定，中國文化的「心」是生理意義上的心，這種心只能屬於形而下的層面，帶有經驗性格。徐先生此說意在消除中國文化研究中的繁瑣思辯，進而使中國文化返璞歸真，接續上真切的生命體驗。這一動機固然有其自身的合理性，但徐先生的論說卻不可避免地曲解了聖賢的本意。孟子明言，心為「天之所與我者」（《孟子·告子上》），其形而上的超驗維度是難於輕易否定的；然而，徐先生卻聲稱：「孟子以耳目為『小體』，因其作用小，說心是『大體』，因其作用大，但不論作用的大或小，其都為人身生理構造的一部分則一」[26]，這樣說未免有以己意強解《孟子》之嫌。強調心所具有的普遍性，是徐先生與孟子的共同之點。

孟子相信「四端之心」「人皆有之」（同上），徐先生也以為「就

---

23 徐復觀：〈心的文化〉，載《中國思想史論集》，頁211。

24 同上。

25 同上書，頁212。

26 同上書，頁211。

不約而同的總傾向來說，不管生活條件如何，總是『人同此心，心同此理』的」[27]。不過，超驗之心的普遍性可以被保證，經驗之心卻不然。遺傳學上有所謂「變異」之說，假如某人由於生理的原因而導致心性大變，我們究竟是要否認此人為人呢，還是要質疑心的普遍性？總之，對於徐先生有關「心」的性格的創造性誤讀，我們是應當打一個問號的。孟子思想裏的「心」與徐先生所說的「心」還有一點明顯不同之處，即前者具有典型的儒家特質，而後者則係經過了儒道會通。徐先生這樣表述心所包含的具體內容：

> 道家「虛靜之心」與儒家「仁義之心」，可以說是心體的兩面，皆為人生而所固有，每一個人在現實具體生活中，經常作自由轉換而不自覺……儒、道兩家精神，在生活實踐中乃至於在文學創作中的自由轉換，可以說是自漢以來的大統。[28]
>
> 一位偉大的作家或藝術家，儘管不曾以儒、道兩家思想作休養之資，甚至他是外國人，根本不知道有儒、道兩家思想，可是在他們創造的心靈活動中，常會不知不覺的，有與儒、道兩家所把握到的仁義虛靜之心，符應相通之處……應當承認「人同此心，心同此理」的判斷，任何人可以不通過儒、道兩家表現出來的格局，以自力發現、到達與儒、道兩家所發現、達到的生命之內的根源之地。[29]

以上的話表明，徐先生所謂的「心」既包括德性心，又包括虛靜心，同時，一心兩面之間可以相互轉化。此外，徐先生還特別強調，德性心及虛靜心並非僅為儒家或道家所獨佔，而是人人均可兼而有之。對

---

27 同上書，頁216。

28 徐復觀：〈儒道兩家思想在文學中的人格修養問題〉，載《中國文學精神》，頁10。

29 同上書，頁14～15。

徐先生來說，人與人之間的心靈相通決定了仁義且虛靜之心可以作為文學欣賞或思想史研究中讀者與作者間彼此溝通的橋樑，它自然也確保了上述意義的心能夠成為踐行「追體驗」方法的實際主體。比之於僅以道德本心為詮釋活動主體的「以意逆志」法，採用「追體驗」的方法，無疑可以為讀者打開更為廣闊的意義空間。

孟子開創的詮釋方法整合了對經驗事物的考察及對內在心靈的體驗，兩千餘年來，它有形或無形地影響著中國傳統知識分子理解問題的方式。在崇尚西化的當今時代，徐復觀先生的「追體驗」說與其遙相呼應，在一定程度上保存了傳統文化的精髓。當然，他的保存工作並非簡單的因襲，而是在繼承基礎上的創新。從今天的眼光來看，徐先生的創新可謂有得有失。為了避免傳統文化遭到被西方哲學範式肢解的命運，徐先生堅決反對用形而上學的觀念來闡釋中國文化中的「心」，結果卻因此而不慎削弱了心的普遍性意義；然而瑕不掩瑜，徐先生充實了作為詮釋主體的心的豐富內涵，並且相應地開拓了傳統解釋構架的應用領域，這則可以視為他對中國文化的一大貢獻。

在前述的五個具體事例中，孟子詮釋思想對趙岐等人的影響顯然是有據可考的；但在中國兩千餘年的儒學發展史上，還存在許多與孟子的詮釋方法有著較大相似性的經典詮釋方法，這些經典詮釋方法的提出者們在提出自己的新解時並不需要直接引用孟子的言論以為佐證。不過，我們仍然可以想見，他們極有可能在潛移默化中受到了孟子的影響。比如，陸九淵的「學苟知本，六經皆我注腳。」（《陸九淵集・語錄上》）李光地的「天下之道盡於六經，六經之道，盡於四書，四書之道全在我心。」（《榕村語錄・榕村續語錄》）等說法便相當地接近於孟子「以意逆志」的思路。總而言之，孟子的詮釋思想或有形或無形地影響了中國兩千餘年的經典詮釋傳統，在文學、美學、哲學、史學等各個領域中繼續傳承著。

第七章
孟子詮釋思想與西方詮釋學的對話

潘德榮教授認為：「中國和德國的詮釋理論分別代表了中、西方兩種不同風格的解釋傳統，對兩者的比較研究……無疑是一項很有意義的工作。」[1]對此看法，筆者深感認同。在當代全球化的語境之下，我們「詮釋中國哲學幾乎沒有辦法避免把西學作為參照」[2]，中國詮釋學的「創建或重建只能在中西兩種文化和兩種詮釋傳統的平等對話中進行」[3]。在這裏，筆者擬對孟子詮釋思想與阿斯特等人的詮釋學加以比較，進而探析中西詮釋思想間是否存在對話的可能。

一　孟子詮釋思想與阿斯特、施萊爾馬赫詮釋學的比較

阿斯特生活於十八世紀的後半葉及十九世紀的前半葉，他是德國普遍詮釋學的早期代表人物，施萊爾馬赫的前驅者之一。孟子的「以意逆志」說及「知人論世」說體現了以道德直覺為依託的詮釋方法，無獨有偶，阿斯特的詮釋學也屬於借助直覺詮釋對象的理論，其運思方式與孟子的詮釋方法幾無二致。阿斯特在描述他的詮釋理路時，常

1　潘德榮：〈閱讀與理解：朱子與施萊爾馬赫詮釋思想之比較〉，載《中日《四書》詮釋傳統初探》，頁435。

2　余敦康、黃俊傑、洪漢鼎、李明輝：〈中國詮釋學是一座橋〉，載《中國詮釋學（第一輯）》（濟南市：山東人民出版社，2003年），頁252。

3　彭啟福：〈文本的詮釋與意義的創生——「詮釋學國際研討會」述評〉，載《本體與詮釋：中西比較》（第三輯）（上海市：上海社會科學院出版社，2003年），頁405。

常用到諸如「喚醒」、「領悟」之類的詞彙，這充分表明直覺思維在其詮釋學體系中的重要地位。對此，格朗丹看得非常清楚，他說，阿斯特詮釋學的「目的是，通過『直覺』，重新發現不僅在古代、而且在整個歷史中自我表達的不可分的精神統一體」[4]。那麼，阿斯特詮釋學的具體思路是怎樣的呢？他主張：

> 我們完全理解作者是僅當我們領悟所有古代的精神，這種精神表現自身於作者中並與作者自己的個別精神相結合。[5]

表面上看，詮釋者理解作者還需經由領悟古代精神的中間環節，從而使這一過程略顯曲折，其實，阿斯特的詮釋方法頗為簡易直接。這是因為，在他看來：

> 如果我們的精神在其自身和在根本上並不與古代的精神相統一，以致只能暫時地和相對地理解這個對它是陌生的精神，那麼我們將既不理解一般的古代，也不理解一部藝術作品或文本。因為只是短暫的和外在的東西（培養，教化，環境）才設立了精神的差別。如果我們不計短暫的和外在的東西相對於純粹精神的偶然差別，那麼所有的精神都是一樣的。[6]

可見，古代精神不僅融化在作者的意義空間裏，且與詮釋者的精神具有天然的同構性，因此，詮釋者對作者的理解可以一步到位。在絕大多數地方，阿斯特稱這種統一的精神為「大一精神」。阿斯特有關人類精神同構性的思想曾被近代德國的「解釋學之父」狄爾泰所繼承，

---

4 〔加拿大〕J.Grondin: *Introduction to Philosophical Hermeneutics*, P.65.

5 〔德〕阿斯特：〈語法學、詮釋學和批評學的基本原理〉，載《理解與解釋——詮釋學經典文選》，頁8。

6 同上書，頁2～3。

在他那裏，「大一精神」演化為所謂「普遍的人性」。狄爾泰說：「闡釋者的個性和他的作者的個性不是作為兩個不可比較的事實相對而存在的；兩者都是在普遍的人性基礎上形成的，並且這種普遍的人性使得人們彼此間講話和理解的共同性有可能。」[7]從這裏，我們不難看出阿斯特的上述理論在西方的深遠影響。

孟子所說的「本心」是「天之所與我者」（《告子上》）帶有鮮明的超驗性格，阿斯特所說的「大一精神」則是「無限的統一」[8]、「原始的統一」[9]、「最高的絕對的」[10]，其超驗性格也不容否認；對於孟子來說「本心」「人皆有之」（《告子上》），對於阿斯特來說，「大一精神被表現在萬有之中」[11]；在孟子的詮釋思想中，以「本心」作為保證，作者之「志」及詮釋者之「意」得以相通，在阿斯特的詮釋學中，以「大一精神」作為保證，作者的思想及詮釋者的生命亦得以相通。兩種詮釋思想何其類似！不止如此，孟子之所以提倡「知人論世」，是由於他體會到同一「本心」在當事人處於不同的情境時會有不同的展現；相應地，阿斯特也特別強調，「大一精神」在不同主體中表現各異。他說：

> 每一個作者都是按照他自己的方式，根據他的時代，他的個性，他的教育和他的外在生活環境去表現這大一精神……對古代精神的認識包含對作者生活的時代的特殊精神的洞見，對作

7　狄爾泰：《詮釋學的起源》，轉引自《理解與解釋》（北京市：東方出版社，2001年），頁90。

8　〔德〕阿斯特：〈語法學、詮釋學和批評學的基本原理〉，載《理解與解釋——詮釋學經典文選》，頁2。

9　同上書，頁4。

10　同上書，頁20。

11　同上書，頁6。

者自身的個別精神的洞見，以及對那些影響作者發展的教育和外在環境的認識。[12]

注重對作者的時代及其外在生活環境的認識，這是阿斯特與孟子的共同睿見，二者的差別在於，對阿斯特而言，使「大一精神」表現出特殊性的因素不僅包括作者的外在環境，還包括作者自身的個性及其所受的教育等內在方面。當然，阿斯特詮釋學與孟子詮釋思想間的差別還不限於此，例如，孟子的「本心」具有典型的道德特質，而阿斯特對其「大一精神」的基本內涵則語焉不詳。既有本質的聯繫，又有重要的區別，這就使兩種詮釋思想產生了廣闊的對話空間。

施萊爾馬赫是德國浪漫主義詮釋學的大師，在他那裏，詮釋學第一次被發展為一種系統的方法論。孟子的「不以文害辭，不以辭害志」及「知人論世」的詮釋方法預設了作者與詮釋者之間存在思想的差別，在西方，施萊爾馬赫的詮釋學建立在同樣的基礎之上。施萊爾馬赫相信：

在任何情況裏，總是有某種思想差別存在於講話者和聽話者之間，但這種差別並不是不可消除的差別……在一個人想理解另一個人的任何情況中都存在這樣一個前提，即這種差別是可消除的。[13]

顯而易見，這一說法與孟子所作的預設別無二致。那麼，在人與人之間的思想存在差別的大前提之下，詮釋者是如何理解作者的呢？在此，施萊爾馬赫與孟子的解決方案展示出驚人的相似性。施萊爾馬赫

---

12 同上書，頁8。

13 〔德〕施萊爾馬赫：〈1832年講座：心理學解釋〉，載《理解與解釋——詮釋學經典文選》（北京市：東方出版社，2001年），頁71。

明確主張：

> 正如每一話語都具有一種雙重的關係，即與語言整體和它的創造者的整個思想相關，同樣，一切〔話語的〕理解是由兩個環節所組成，即把話語理解為得自語言，以及把話語理解為思想者頭腦中的事實。[14]

依照施萊爾馬赫的想法，既然可以「把話語理解為得自語言」，那麼我們就需要在詮釋過程中採取語法的解釋，既然可以「把話語理解為思想者頭腦中的事實」，那麼我們就需要在詮釋過程中採取心理學解釋。

關於兩類詮釋方法各自的特點，洪漢鼎先生作出了高度精煉的概括，他說：「語法的解釋所關心的是某種文化共同具有的語言特性，而心理學的解釋所關心的則是作者的個性和特殊性」[15]。換句話說，語法的解釋通過分析作者所使用的語言，來呈現作品中所潛藏的作者意圖；心理學解釋通過還原作者生活的整體，來重構作者的創作意圖。如果不計較這兩者的次要方面，我們將不得不承認，語法的解釋與「不以文害辭，不以辭害志」的詮釋方法在根本上屬於同一類型，而心理學解釋則與「知人論世」的詮釋方法存有更多的相似點。在語法解釋上，施萊爾馬赫提出了四十四個規則，這些規則有的要求詮釋者掌握作者所具備的語言常識，有的強調詮釋者對語詞意義的規定不能脫離其所屬的上下文語境，如此等等。較之「不以文害辭，不以辭害志」的內涵，施萊爾馬赫的語法解釋規則遠為豐富和細緻；不過，透

---

14 〔德〕施萊爾馬赫：〈1819年講演綱要〉，載《理解與解釋——詮釋學經典文選》（北京市：東方出版社，2001年），頁50。

15 洪漢鼎：《詮釋學——它的歷史和當代發展》（北京市：人民出版社，2001年），頁77。

過作品中的語言文字而復現作者原意則是二者的共同致思模式。施萊爾馬赫的《一八〇五年箴言》中記載了這樣一條語錄：

> 對比喻語詞（trope）的錯誤理解可能是由於太咬文嚼字地去讀它而造成：facies rosea, planta sorpens scandens（玫瑰色般的臉面，樹幹爬行著，攀登著）。[16]

對於修辭性的文字，不可太過膠著於其表層的意思，以致不能深入內層，施萊爾馬赫的這一洞見竟與孟子「不以文害辭，不以辭害志」之說不謀而合！在心理學解釋上，施萊爾馬赫聲稱：「由於主觀的重構，我們具有作者內心生活和外在生活的知識」[17]。所謂內心生活的知識，他指的是作者的性格，所謂外在生活的知識，他指的是作者的環境：「施萊爾馬赫的心理學解釋的範圍，就擴大到了作者的整個人生，以及他所生活的那個時代的風貌」[18]。毫無疑問，孟子的「知人論世」說也正是從這兩方面入手，以考察作者的思想感情的。「不以文害辭，不以辭害志」與「知人論世」的方法雖然在孟子的思想體系中同時並存，但孟子卻未曾點明要將二者結合使用，施萊爾馬赫則針對其心理學解釋及語法解釋而明確提出，「這兩種解釋同樣重要」、「理解只是這兩個環節的相互作用（語法的和心理學的）」[19]。

就施萊爾馬赫詮釋學而言：「一個完整的詮釋是文法解釋與心理解釋（即主觀解釋）的互相和諧一致。當詮釋者達到這種一致性時，

16 〔德〕施萊爾馬赫：〈1805年箴言〉，載《理解與解釋——詮釋學經典文選》（北京市：東方出版社，2001年），頁27。

17 〔德〕施萊爾馬赫：〈1819年講演綱要〉，載《理解與解釋——詮釋學經典文選》，頁61。

18 潘德榮：〈閱讀與理解：朱子與施萊爾馬赫詮釋思想之比較〉，載《中日〈四書〉詮釋傳統初探》，頁448。

19 同上書，頁51。

他就是得到文獻的客觀意義」[20]。總之，心理學解釋跟語法解釋間的這種詮釋學循環對孟子的詮釋思想具有某種借鑒意義。從傅偉勳教授所講的「蘊謂」層次來考察，筆者發現，將「不以文害辭，不以辭害志」與「知人論世」的方法相互結合，雖不為孟子所明言，但卻極有可能是孟子詮釋思想的題中應有之義。我們可以追問，孟子具體地是通過何種方式而達到「知人論世」的呢？在《孟子》一書中，我們尚不能找到明確的答案；不過，後儒們卻有意識地針對此問題提出了他們自己的看法。明清之際的黃宗羲說：

> 古人所留者，唯有《詩》、《書》可見。（《孟子師說》卷五）

明代的郝敬說：

> 尚論古人，不越載籍，而《詩》、《書》為要。其言語性情，征於《詩》；其行事功業，著於《書》……《書》、《詩》非古人，而因《詩》、《書》可見古人……論世知人，即《詩》、《書》所言，神游古人之地，較量體驗，如親承謦咳，冥識其丰采，而洞悉其底裏者。（《孟子說解》卷十）

黃宗羲與郝敬的話或隱或顯地表達了這樣一種見解，即頌讀《詩》《書》是後人達到對古人客觀瞭解的唯一手段。換句話說，「頌《詩》讀《書》」就是實現「知人論世」的具體方式。不過，從《孟子》原文的內在邏輯來看「頌其詩，讀其書，不知其人可乎？是以論其世也」，這其實意味著「知人論世」是「頌《詩》讀《書》」前的必要準備。

綜合孟子本人與其詮釋者的觀點，筆者聯想到，「知人論世」與

20　陳榮華：《葛達瑪詮釋學與中國哲學的詮釋》，頁119。

「頌《詩》讀《書》」之間也許存在著一種詮釋學循環，二者是一種水乳交融的關係。這種詮釋學循環既不同於作品的整體與部分間的詮釋學循環，也不同於詮釋者的前見與作品間的詮釋學循環。依據孟子的詮釋思想，詮釋者通過「知人論世」方法的運用在很大程度上進入作者的視域；在「頌《詩》讀《書》」的過程中，詮釋者通過運用「不以文害辭，不以辭害志」方法在很大程度上進入作品的視域。因此，這種詮釋學循環就是作者與作品間兩種視域的互動、融合過程。通過這種互動、融合的過程，詮釋者的理解與作者原意間的距離應當會不斷地縮小。我們不難發現，這種詮釋學循環與施萊爾馬赫的詮釋學循環在道理上是完全相通的。

孟子詮釋思想與阿斯特詮釋學及施萊爾馬赫詮釋學間的相通之處也正顯露出它們與哲學詮釋學間的歧見所在。在哲學詮釋學的視野下，客觀的理解是無法達成的。所謂客觀的理解，並非指無任何前見的理解，而是指詮釋者對作者或作品本義的準確把握。正如哲學詮釋學所指出的那樣，施萊爾馬赫等人「相信只有排除了理解中的主觀性的操作，客觀性才能達到」[21]。這裏所謂的「主觀性」指的是詮釋者個人的帶有特殊性的因素，簡言之，就是詮釋者的既有成見。為了能夠觸接古代作者的心靈，無論阿斯特還是施萊爾馬赫都有一套對治主觀性的方案，不過他們並不是要使詮釋者的心靈成為一塊不帶任何痕跡的白板，如前所述，阿斯特或施萊爾馬赫的詮釋學體系中各有佔據前見地位、發揮前見作用的部分，只是他們的前見不同於伽達默爾所謂的前見——詮釋者的固有成見。按照阿斯特或施萊爾馬赫的詮釋方法，我們都有瞭解到作者本意的可能；孟子詮釋思想中的創造性詮釋方法、還原性詮釋方法分別與阿斯特的詮釋方法、施萊爾馬赫的詮釋

---

[21] 〔加拿大〕J.Grondin: *Introduction to Philosophical Hermeneutics*, P.111.

方法相類似，所以，對於孟子來講，客觀的理解也是可能的。可是，這一點卻無法為哲學詮釋學所認可。之所以出現這種分歧，根源就在於伽達默爾詮釋學建立在這樣一個基本預設之上，即人不可能跳出自身的歷史性以外，或者說：「人不能離開自己的歷史（處境）去研究歷史」[22]。假如這種說法成立的話，那麼詮釋者也就不可能擁有不同於自身既有成見的其它前見。所以，在伽達默爾看來，阿斯特及施萊爾馬赫的客觀詮釋理想都只能流於空想，「理解方法論化最終是不可能的……自我意識最終不控制理解」[23]；不僅如此，用哲學詮釋學的眼光來審視孟子的「以意逆志」、荀子的「虛壹而靜」等超越歷史性的思維方式，它們也都如癡人說夢。究竟人能否跳出歷史性之外，這恐怕不是一個通過理論探討所能解決的問題，也許我們最終還是要訴諸每個人自身的切身體驗。

二　孟子詮釋思想與哲學詮釋學的異質性

近年來，許多學者在挖掘中國古代經典中的詮釋思想時，常常會有意無意地將伽達默爾哲學詮釋學的種種思路或理念誤植入其中，其中最為典型的做法便是套用「視域融合」的模式以闡釋中國哲學中的詮釋思想；這種情況又導致了他們在解讀經典的過程中，總要借助哲學詮釋學的理路以立論、言說，「時代轉移之下的義理發揮和義理可行性的嘗試更新，卻始終為高達美（指「伽達默爾」，筆者加）哲學詮釋學在解讀經典上的指導原則和自我期許」[24]。

22　陳榮華：《葛達瑪詮釋學與中國哲學的詮釋》，頁165。

23　洪漢鼎：《理解的真理》，頁193。

24　張鼎國：〈經典詮釋與修辭學傳統：一個西方詮釋學爭論的意義探討〉，載《儒家經典詮釋方法》（臺北市：臺灣大學出版中心，2003年），頁110。

伽達默爾的「視域融合」理論被介紹進我國後，視其為進行理解活動的不二法門者何止一二；僅僅數年之間，中國的往聖先賢們詮釋經典的方法幾乎都變成了中國版的「視域融合」理論。當然，「視域融合」這種思路並非與經典詮釋的傳統全然格格不入，黃俊傑教授透過對孟學詮釋史的考察所揭示出的古人詮釋《孟子》的方法就與「視域融合」的思路有著一定程度的相似性，筆者對黃教授的分析、考證十分信服，毫不懷疑歷代儒者的釋《孟》之法誠然如是。不過，是否中國古人的詮釋思想就只能被歸結為這樣一種類型呢？顯然不是。由於盲目引進「視域融合」模式的現象極為普遍，相關例證不勝枚舉；在這裏，筆者僅擇取與孟子的詮釋思想存在緊密聯繫的一種觀點進行分析。筆者注意到，鄧新華教授、文江濤碩士分別在〈「以意逆志」論——中國傳統文學釋義方式的現代審視〉與〈「以意逆志」與解釋學美學——中國傳統文學釋義方法與西方解釋學的對話〉中表達過彼此類似的看法，即他們都認為孟子的「以意逆志」說十分切合伽達默爾的「視域融合」的概念。

鄧新華教授提出：「孟子當然不可能使用『視域融合』的概念，但他以『逆』的方式來溝通解釋者與解釋對象，認為只有通過『逆』，才能消除解釋者與解釋對象之間在時間和歷史情境方面的距離，才能最終獲得對作品意義的理解和把握，這與伽達默爾『視域融合』的理論觀點在精神實質上無疑是相通的。」[25] 文江濤碩士也提出：「『逆』的方式正是要求處於當下歷史語境之下的主體以現在的視域——『意』追溯、迎受、反求初始視域下產生的『志』，在解釋者的主體意識的能動介入下，通過兩者的對話、融合，產生一個更接

---

25 鄧新華：〈「以意逆志」論——中國傳統文學釋義方式的現代審視〉，載《北京大學學報（哲學社會科學版）》（2002年第4期），頁109～110。

近文本本義的新視域。」[26]

實際上，董洪利教授很早就在《古籍的闡釋》及《孟子研究》等專著中明確提出過同一觀點，受此觀點影響的學者亦不在少數。筆者以為，鄧教授與文碩士等人誤讀「以意逆志」說的根源在於他們錯解了孟子的「意」。在其各自的論文中，鄧教授及文碩士均將「意」解讀為詮釋者的心意、將「志」解讀為作品的意義或者作者的思想感情，對此，筆者亦無異議。可是，由於他們都忽略了孟子哲學的超越性的一面，更不能進而體察到孟子的「聖賢易地則皆然」的智慧，因此，他們所理解的「意」僅僅是屬於詮釋者個人的，這樣的「意」當然不具有「心同理同」的普遍性。此時，「意」的超越性消亡了，它成了純粹的特定歷史時期的產物。在不自覺地對「意」進行了斷章取義的曲解之後，鄧教授或文碩士仍須對「以意逆志」的涵義作出圓融的闡釋。於是，他們便都主張，詮釋者一方面還要瞭解作者之「志」，另一方面卻又只能透過自身的「意」去瞭解，在這種情況下，「以意逆志」被誤解為「視域融合」便成為順理成章之事了。不過，這樣一種詮釋顯然已經過多地脫離了《孟子》原文。

將中國古人的詮釋方法與「視域融合」的理論作簡單比附還只是人們在哲學詮釋學的誤導下急於重構中國哲學的表現之一，另外一種表現是，直接仿照哲學詮釋學消解現代性的具體方案來解讀中國哲學，從而使其具備後現代哲學的某些特徵。譬如，臺灣大學的陳榮華教授就認為：「目前的學術已經進入另一個新時代……在新時代中的觀念——葛達瑪詮釋學的啟發下，卻可對中國哲學有更完整一致的詮釋」[27]。陳教授選擇了孟子哲學作為他重釋中國哲學的起點。他說：

26　文江濤：〈「以意逆志」與解釋學美學——中國傳統文學釋義方法與西方解釋學的對話〉，載《萍鄉高等專科學校學報》（2005年第3期），頁108。

27　陳榮華：《葛達瑪詮釋學與中國哲學的詮釋》〈導論〉，頁14。

「人的主體性之消失，正好就是現代時期的壽終正寢。後現代時期之所以是後現代，就是人不再作為大地上的終極主宰者。人讓出主宰性，因此避免了他與別物的對立和疏遠。他回到與萬物合一或與存有（道）同遊的原始統一中」[28]，而哲學詮釋學之所以屬於後現代哲學，就在於伽達默爾明確指出：「人不是主體，思考的課題才是主體」[29]。

在筆者看來，陳教授的上述論斷並無不妥之處。但是，陳教授卻緊接著提出，在孟子的思想體系中：「由於人的地位低於道德，故人不是主體——自主自足的道德主體；反而，人被道德所限定才得以成為人，因此，道德才是主體」[30]。否認人在道德活動中的主體性必然導致如下的結論：「四端之心不能由我掌控。當惻隱之心出現時，我們不能根除它；當它不來時，我們無法推動它。道德似乎不在人的自我主宰的範圍內，它是自然而然的『從天而降』」[31]。顯然，這樣一種說法將孟子「求放心」的一整套工夫論全部抹煞掉了。筆者認為，在孟子的思想裏，作為道德主體的始終是人，與主體相對應的客體並非外在的自然界，而是本體——絜靜精微的精神狀態。作為客體的本體就內在於作為主體的人之中，人需要通過不斷的努力——「寡欲」、「存夜氣」、「養吾浩然之氣」等等來開顯本體。對於孟子而言，正是由於人在道德實踐的過程中是向內用功的，所以將人視為主體絕不會導致對自然的宰割、對別物的對立和疏遠。相反地，這種「切己自反」的努力最終可以使人達到「親親而仁民，仁民而愛物。」（《孟子．盡心上》）或「萬物皆備於我」（同上）的天人一體無隔狀態。換言之，孟子的這一將人看作主體的道德哲學體系恰恰體現著後現代

---

28 同上書，頁10。

29 同上。

30 同上書，頁11。

31 同上。

哲學的根本或實質，我們確乎不必「拋卻自家無盡藏，沿門托缽效貧兒」。

照搬哲學詮釋學的範式以重構中國哲學，這類做法固然不可；不假思索地帶著哲學詮釋學的問題意識進入對中國哲學的討論，這樣的討論也難免有失妥當。

近年來，開始有學者追問語言在中國哲學的視野中究竟被作為本體還是工具，比如北京大學的陳波教授[32]。本體與工具對言，這種提問方式的實質是直接套用西方語言觀的標準來衡量中國式的語言觀，其結果只能是得出似是而非甚至相互矛盾的結論。

自從二十世紀初以來，語言與意義生成之間的關係便成為西方哲學所關心的重要課題。在這方面，海德格爾與伽達默爾師徒的觀點較具有代表性，他們的觀點一般被稱之為「語言本體論」。「語言本體論」系統中的本體論正是海德格爾所謂的存在論，「本體論從根本上被重新界定為對此在之存在的昭示和揭秘」[33]。因此，語言本體論有時也被稱為「語言存在論」。語言本體論論述了語言與存在及其意義之間密不可分的關係，正是基於語言與存在及其意義之間的這樣一種親密聯繫，語言被視為本體。

關於語言與存在及其意義之間的關係，伽達默爾有過這樣的表述，即「能被理解的存在就是語言」[34]。對此，洪漢鼎先生解釋說：「這一命題並不是說存在就是語言，而是說我們只能通過語言來理解存在，或者說，世界只有進入語言，才能表現為我們的世界」[35]。不

32 陳波：〈分析哲學的價值〉，載《中國社會科學》（1997年第4期），頁67。

33 〔美〕帕爾默，彭啟福譯：〈海德格爾的本體論和加達默爾的哲學詮釋學〉，載《安徽師範大學學報》（2002年第3期），頁267。

34 〔德〕伽達默爾：《真理與方法》，頁606。

35 同上書，頁11。

過，伽達默爾語言本體論的內涵還不限於此。伽達默爾認為：「在語詞的感性現象和意義之間根本不存在感性的關係，根本不存在距離」[36]。這就是說，語言並不是在對意義的理解完成之後才產生，而是與理解過程本身同步進行，因此語言與意義之間具有內在統一性。為了闡明此觀點，他提出了另外兩個命題，即語言的「自我遺忘性」[37]及「世界經驗的語言束縛性」[38]。所謂語言的「自我遺忘性」，是指語言本身並沒有獨立的存在，「語言的實際存在就在它所說的東西裏面」[39]，語言只有忘記其自身的結構、語法和句法，才能顯示出它所說的東西的存在。所謂「世界經驗的語言束縛性」，是指理解過程具有對於語言的依賴性，離卻語言則理解無法進行，因為「語言就是理解本身得以進行的普遍媒介」[40]。

綜上所述，語言本體論一是指出了語言與存在及其意義之間的親緣關係，二是闡明了語言與意義之間的內在統一性。而西方以往的工具論語言觀，一是主張語言的摹寫對象是邏輯或外界事物，缺少人的價值追問；二是認為語言與事物之間有一種感性距離，即先有對事物的認識，然後人們再借助語言對認識的結果加以表述。由此可知，語言本體論的提出植根於西方哲學的問題域，有其特殊的針對性，絕非無的放矢。意義生成的問題是詮釋學所要解決的，語言本體論在語言與意義生成之間建立起本質的聯繫也就等於在語言觀與詮釋學之間架起了一座相互溝通的橋樑。可是，一個眾所周知的事實是，詮釋者並不需要將其理解的過程形諸文字或口語，換言之，詮釋活動常常是在

---

36 同上書，頁524。

37 〔德〕伽達默爾，夏鎮平、宋建平譯：〈人和語言〉，載《哲學解釋學》（上海市：上海譯文出版社，2004年），頁65。

38 〔德〕伽達默爾：《真理與方法》，頁573。

39 〔德〕伽達默爾：〈人和語言〉，載《哲學解釋學》，頁66。

40 〔德〕伽達默爾：《真理與方法》，頁496。

靜默中進行的。既然如此，那又怎麼能說「語言就是理解本身得以進行的普遍媒介」呢？為了說明這個問題，我們需要瞭解伽達默爾的「理解的語言性」[41]概念。

所謂「理解的語言性」，接近於托馬斯·阿奎那的「內在話語」[42]的概念，它並不一定意味著理解「已經」被付諸文字或口語，而是僅指任何對意義的理解都「可以」通過語言文字表達出來。因此，儘管有許多理解活動都是悄然發生的，但依照伽達默爾的看法，就其必然能夠被語言說出的這一點而言，語言與理解活動之間仍然存在不可割裂的關係。被語言說出的理解活動展現為詮釋者與文獻之間的一場「對話」。

正如潘德榮教授所說：「在加達默爾的語言本體論語境中，一切理解對象都被主體化了」[43]，文獻就像一個人那樣對詮釋者道出自身的意義，詮釋者則與之往返交流。總之，按照伽達默爾的邏輯，「詮釋學始於語言，進行於語言和終止於語言」[44]。現在，我們可以試著將孟子的詮釋思想置於語言本體論的兩條標準之下加以評判，看看孟子在語言觀問題上究屬本體論還是工具論。孟子的「不以文害辭，不以辭害志」的詮釋方法建立在這樣一個前提之上，即承認作者所使用的文辭與其思想感情之間的關聯，否則詮釋者不可能借由對作品文辭的分析進而契接作者之志。實際上，承認作品文辭與作者之志之間的關聯也就表示承認語言與意義之間的關聯，僅就這一方面來說，孟子的看法符合語言本體論的第一條標準，即認為語言與意義之間具有親緣關

41　同上書，頁497。

42〔加拿大〕J.Grondin: *Introduction to Philosophical Hermeneutics*, Preface.

43　潘德榮：〈詮釋學：從主客體間性到主體間性〉，載《安徽師範大學學報》（2002年第3期），頁277。

44　洪漢鼎：《理解的真理》，頁290。

係。不過，孟子的「知言」說卻又啟示我們，對於承載著作者之志的這種言，詮釋者可以憑藉自身的良知或者「以意逆志」之意來評判之。我們知道，良知或者詮釋者之意不拘於語言，由此，「知言」的方法就意味著詮釋者可以依據淩駕於語言之外的意義而評價語言，這種說法明顯不符合語言本體論的主張——「人無法超越語言以批判語言」[45]。

當然，「以意逆志」之意也可以借助語言清晰表述出來，但這種表述卻是發生在詮釋者獲取意義之後，意義與語言之間已經產生了感性距離；由於「以意逆志」之意是直覺的產物，而非思索的產物，因此，詮釋者獲取意義的過程也並非如伽達默爾所描述的那樣，是一個內在對話的過程。這樣看起來，孟子的看法又類乎西方傳統的工具論語言觀。

在涉及性與天道之類的問題時，儒家所表露出來的看法更加難以輕率地用西方語言觀進行類比。孔子曾「欲無言」（《論語・陽貨》），孟子在被問及「何謂浩然之氣」（《孟子・公孫丑上》）時，也說「難言也」。不過，「難言」不等於「言語道斷」，孟子終究還是有所言，他用「至大至剛」、「配義與道」等語言來描繪那種絜靜精微的精神狀態，可是，這裏的語言卻又有別於其它地方的語言。其它地方的語言總是直接傳達某種意義，而這裏的語言與言說者頭腦中的思想卻非完全相應，我們毋寧說這種語言不能傳達意義，它的作用只是勸導聽者反觀自心、自己去進行切身的體驗。對於這種語言，我們不妨稱其為指點、啟發性的語言。指點、啟發性的語言突顯了語言的侷限性，強調語言與意義之間內在統一性的語言本體論顯然不能有效地說明它，承認語言具有摹寫認識對象功能的西方工具論語言觀也並

45 陳榮華：《葛達瑪詮釋學與中國哲學的詮釋》，頁186。

不適合於它，在西方已有的語言觀中，我們實在找不到這種特殊的語言所屬的位置。

綜上所述，簡單地追問中國哲學論域中的語言是本體抑或工具，是一個毫無意義的假問題，我們不必削足適履，而應當堅守自身的話語權。

其實，對於哲學詮釋學，筆者既不敢有全盤否定它的意思，也不會有盲目排斥它的想法。哲學詮釋學絕非一種枯燥的理論，它所呈現出的美善境界甚至具有像中國哲學一樣的妙用，可以使我們的身心得到一定程度的昇華；筆者也毫不懷疑，伽達默爾的對話理論對於處理當今世界的人際隔閡以及國際糾紛等問題，提供了一種可供參考的解決方案。不過，我們也實在不必因此就把這樣一種理論推到獨尊的位置上，使之壟斷一切；相反地，中國哲學中的「和而不同」的智慧倒是值得我們繼承和發揚的。

誠如余敦康先生所說：「由於西方文化語境逼出詮釋學來，詮釋學就向哲學的路徑發展，這樣一來，西方的詮釋學——伽達默爾的詮釋學——就跟中國古代的經典詮釋學不是一回事」[46]。

對於孟子等大哲而言，「《詩》、《書》載『道』之文」（《近思錄》卷三），只有悟「道」之人才能真正讀懂《詩》、《書》，真正讀懂《詩》、《書》便是與《詩》、《書》作者達成了默契，即所謂「尚友」（《孟子．萬章下》）古之人。因此，頌《詩》讀《書》的結果絕非「視域融合」，「視域融合」勢必會使詮釋者原有的理解有所損益，而體現在特定經典中的那個「道」卻無所謂加減損益，它總是如其所是地存在著。

46　余敦康：〈詮釋學是哲學和哲學史的唯一的進路〉，載《北京青年政治學院學報》（2005年第2期），頁30。

孟子詮釋思想與哲學詮釋學的異質性根由於孟子與伽達默爾的思維模式在本質上是不同的。我們可以透過他們對道德實踐智慧的不同理解來說明這一點。「聖賢易地則皆然」的講法體現了一種道德實踐的智慧，孟子把這種智慧轉用於理解活動中，由此便形成了其經典詮釋的方法。

如果認真比較「聖賢易地則皆然」的思路與「以意逆志」、「知人論世」的內在邏輯，我們將不難發現它們之中的相似之處。「聖賢易地則皆然」的智慧告訴我們，一項正當的道德行為的完成既須依賴於本體所顯發的道德理則，又須將此理則落實於道德實踐的主體身在其中的具體處境；「以意逆志」和「知人論世」的詮釋方法則糅合了詮釋者對良知、本心的探求及其對作者境遇的考察。顯然，這二者均屬於一方面訴諸個人的道德直覺、另一方面又兼顧對方處境的換位思考方式，它們之間的共同性正好說明了孟子在思想方法上的一貫性。如前所述，伽達默爾曾批評西方以往的方法論詮釋學，認為它們使「應用與詮釋學不發生任何關係」[47]，意即方法論詮釋學不能應用於詮釋者當下的情境，無法對詮釋者的觀念以及行為產生影響。

在孟子這裏，「以意逆志」與實踐智慧間的緊密關聯有力地說明，方法論詮釋學同樣可以具有應用性。如果我們不以狹隘的眼光看待孟子的詮釋方法，亦即不僅僅把這種整合了經驗認知與反觀內省的智慧用於對他人或文獻的瞭解，而是將其落實在個人的日常生活當中，我們便能夠時時處處都找到最為恰當的行為模式。有趣的是，伽達默爾的「視域融合」理論也受到了亞里斯多德倫理學的某些啟示，「伽達默爾認為亞里斯多德倫理學特別適合於詮釋學」[48]。伽達默爾說

---

47 〔德〕伽達默爾：《真理與方法》，頁395。

48 洪漢鼎：《理解的真理》，頁230。

道，「其實，亞里斯多德並沒有涉及詮釋學問題……而是涉及了正確評價理性在道德行為中所必須起的作用」[49]，但是，「如果我們把亞里斯多德關於道德現象的描述，特別是他關於道德知識德行的描述與我們自己的探究聯繫起來，那麼亞里斯多德的分析事實上表現為一種屬於詮釋學任務的問題模式」[50]。

那麼，亞里斯多德對於道德行為之產生的看法是怎樣的呢？以勇敢行為的產生為例：亞里斯多德認為，人要在他的習慣中不斷積累對勇敢這種美德的瞭解，當遭遇某種具體處境時，人應當根據他以往的瞭解，並針對當時的具體處境，抉擇出一個勇敢的行為。因此，「亞里斯多德是把善建立在習行（übung）和『Ethos』（習俗）基礎之上的」[51]，這就是說，對於亞里斯多德來講，某一具體道德行為的完成首先依賴於一個人已有的道德知識，這裏所謂的道德知識是由「教育和習慣」[52]所形成的。一個人通過接受道德的啟蒙以及自身道德實踐的積累而凝結成他對道德的認識，顯而易見，這樣一種道德知識不具有超驗的普遍性。反之，「道德知識本身就包含某種經驗，並且事實上我們確實看到，這種知識或許就是經驗的基本形式」[53]。在未遭遇道德實踐的具體處境的情況下，道德知識只能夠為人們提供某種「事物的本性」[54]，筆者認為，這種「事物的本性」也就是一個向善的大方向；在遭遇到道德實踐的具體處境的情況下，道德知識則能夠為人們提供亞里斯多德或者伽達默爾所謂的「Nous（思考）」[55]，以筆者愚見，

---

49 〔德〕伽達默爾：《真理與方法》，頁400。
50 同上書，頁416。
51 同上書，頁401。
52 同上書，頁407。
53 同上書，頁414。
54 同上書，頁411。
55 同上書，頁414。

Nous在這裏指道德的判斷力，它告訴人們在特殊的情境中怎樣的行為才是道德的。單單擁有道德的知識並不能夠一勞永逸地保證人們的一切行為都是道德的，因為正如亞里斯多德所指出的：「具體行為談不上有什麼技藝與法則，只能因時因地制宜」[56]，伽達默爾也主張：「只有當我們在判斷中置身於某人藉以行動的整個具體情況中時，我們才讚揚某人的理解」[57]。

所以，立足於亞里斯多德的倫理學，道德行為的完成同樣離不開對具體環境的考量。不過，對伽達默爾而言，人們似乎不能在主客二元對立的條件下去客觀地把握這種具體的境況，因為「具體情況知識……是一種不被感官所看見的知識」[58]。他說：「處境這一概念的特徵正在於：我們並不處於這處境的對面，因而也就無從對處境有任何客觀性的認識。我們總是處於這種處境中，我們總是發現自己已經處於某個處境裏，因而要闡明這種處境，乃是一項絕不可能徹底完成的任務。」[59]伽達默爾根本不認為一個人所處的具體境況能夠作為客觀的知識被瞭解，在他看來，具體境況也就是「具體的詮釋學境況」[60]。這也就是說，一個人身處其中的具體情境蘊含有各種意義，用哲學詮釋學的術語來講，境況是一種「視域」，不同的情境為我們呈現出不同的視域。按照伽達默爾的觀點，對於視域，我們無法客觀地認知它，而只能以某種「前見」為基礎去理解它。詮釋者的前見也就是詮釋者的視域。在道德實踐的過程中，充當前見角色的只能是一個人已有的道德知識。

56 〔古希臘〕亞里斯多德，廖申白譯：《尼各馬可倫理學》（北京市：商務印書館，2003年），頁38。

57 〔德〕伽達默爾：《真理與方法》，頁415。

58 同上書，頁414。

59 同上書，頁387。

60 同上書，頁417。

對於道德知識與具體情境間的這種關係，陳榮華教授作出了詳盡的闡發，他說：「道德知識本身就是處境知識。沒有處境，它的意義無法被明確限定；在另一方面，沒有道德知識，則處境中的一切，其意義亦無法限定，亦即，我們無法明白處境中事物的道德意義。它們是互相影響的。然而，人不僅要明白處境中事物的道德意義，他尚要在處境中，在符合道德知識的要求下，抉擇出一個道德行為。這個抉擇讓他的道德知識能和諧地應用於他的處境中。這樣，道德知識與他的處境互相協調一致，而他更明白道德知識和他的處境的意義了」[61]。我們的分析進行到這裏，「視域融合」的理論已經呼之欲出了。

無論孟子還是伽達默爾，他們對於詮釋活動之進程的看法都與其對道德行為之發生的體認存在密切的聯繫，因此，仔細地比較二者在道德實踐上的不同見解就可以有效地說明「以意逆志」與「視域融合」的差異。

第一，依據中國哲學的傳統，道德行為的主體所面臨的時勢或時位等具體情境即使承載著些許意義或價值的內涵，那也並不妨礙我們可以去客觀地掌握它。以荀子為例，當我們將「道」這樣一個價值的集合體設定為認識的對象時，我們仍然可以以「虛壹而靜」的心境去瞭解它。同樣的，對於孟子來說，客觀地認知某種飽含價值意味的對象也並無多大困難，譬如孟子對「娶妻必告父母」(《孟子．萬章上》)等傳統價值觀念的掌握便是準確的、恰當的，筆者從中未見偏頗、主觀之處。當然，這對伽達默爾來講，卻是不可能的，他堅信「知覺始終是一種把某物視為某物的理解」[62]。

第二，在孟子那裏，本體——絜靜精微的精神狀態自身就可以為

61　陳榮華：《葛達瑪詮釋學與中國哲學的詮釋》，頁139～140。

62　洪漢鼎：《理解的真理》，頁72。

人類的行為給出向善的大方向；根源於本體的道德直覺——良知也並非一個寡頭的直覺，而是一種「知是知非」的能力，「知」強調了直覺的一面，而「是非」則無疑是其內容，二者是一齊呈現的，有俱有，無俱無，所以，當遭遇某種具體情境時，道德的判斷力也自本體而出；這就是孟子所謂「仁義禮智根於心」（《孟子・盡心上》）、「仁義禮智非由外鑠我也，我固有之也。」（《孟子・告子上》）十分明顯，這種狀況與亞里斯多德或伽達默爾將道德的判斷力歸於道德知識的想法截然不同，他們的想法近於告子的「義外」之說。

第三，基於上述的分歧，道德律令在孟子看來是本體「應跡當機」地顯發的，它是具體而普遍的；而在伽達默爾看來，道德律令則是一個人舊有的道德知識與其所處的境遇相互作用的結果，它只有具體性，沒有普遍性。孟子和伽達默爾在道德法則的產生機制問題上的分歧，間接地反映出「以意逆志」與「視域融合」間的巨大差異。概而言之，這種差異是超驗主義和經驗主義之間的差異，也可以說，是非相對主義和相對主義之間的差異。

平心而論，僅就「以意逆志」與「視域融合」而言，它們之間的差異也的確與文化背景的不同有關。

第一，「視域融合」的理論脫胎於「邏各斯主義」，而孟子的「以意逆志」說則發端於中國哲學中的直覺體驗傳統。德里達將西方哲學的傳統歸結為「邏各斯中心主義」，而海德格爾可謂將「邏各斯主義」發揮到了極致。「邏各斯」是希臘語概念，具有「理性」、「談話」、「判斷」、「概念」和「詞」等多種含義。海德格爾指出，「邏各斯的基本含義是話語」[63]；伽達默爾也相信「邏各斯這個詞的主要意

---

[63]〔德〕海德格爾：《存在與時間》，頁37。

思是語言」[64]。此外，海德格爾還聲稱他發現了邏各斯與存在的原始意義相通，邏各斯「同時作為表示存在的名稱和表示道說的名稱來說話」[65]。既然如此，透過對話揭示存在及其意義便成為他們哲學致思的必然理路。與之相反，在中國哲學的傳統下，契合最高本體有賴於求道者全身心地體悟。無論老子的靜觀、玄覽，莊子的心齋、坐忘，還是孔子對「心安」的指點，均可透顯出這種中國哲學中所特有的直覺體驗的認知方式。在這裏，個人的體認是首要的，師長的指點反倒是次要的，語言的作用自然也成為第二位的。

第二，海德格爾拒絕思考最高的存在者，伽達默爾主張意義具有無限的可能性，而中國哲學則認可終極意義的存在。伽達默爾曾言：「提問就是曝露和開放……提問使事情及其一切可能性處於不確定狀態」[66]，「提出問題，就是打開了意義的各種可能性，因而就讓有意義的東西進入自己的意見中」[67]，這就意味著，在對話式的理解過程中，新的意義不斷生成，但永遠沒有確鑿不移的意義可以作為價值之源、意義之本。而董仲舒則稱：「道之大原出於天，天不變，道亦不變。」（《漢書・董仲舒傳》），作為最高本體的道是不變的，因此聖賢「心同」。心同則「理同」，在同一本體的規範、制約之下，聖賢對類似事件的意義自然會有類似的理解。對意義的理解是用以指導行為的，既然聖賢心同理同，那麼他們在類似的境遇下自然就能作出類似的抉擇，這便是所謂聖賢「易地則皆然」。在這種情況下，對意義的無休止的探詢顯然是不必要的。東西方的這一分歧導致西方諸大哲

64 〔德〕伽達默爾：〈人和語言〉，載《哲學解釋學》，頁60。

65 〔德〕海德格爾：《在通向語言的途中》，孫周興譯（北京市：商務印書館，1997年），頁176。

66 〔德〕伽達默爾：《真理與方法》，頁472。

67 同上書，頁482。

「辯不已」，而東方聖賢則「欲無言」。因此，語言在西方成為意義生成的必不可少的媒介，而在中國卻從未獲得本體的地位。從這個意義上說，余敦康先生的論斷——「中國有中國的詮釋學，西方有西方的詮釋學……西方的詮釋學在西方的文化語境中產生，它有它的文化理路」[68]顯然是可以成立的。不過，同樣作為西方文化語境下的產物，伽達默爾的詮釋學與中國古代的詮釋思想相去甚遠，阿斯特的詮釋學及施萊爾馬赫的詮釋學卻與孟子的詮釋思想有著種種共同的特徵。

阿斯特、施萊爾馬赫及伽達默爾分別提出了西方詮釋學的三種有代表性的詮釋模式：第一種認為人與人之間是心靈相通的，因此詮釋者可以直接地理解作者，阿斯特的詮釋學是其代表；第二種認為儘管人與人之間存在著隔閡，但詮釋者可以採取某種技術手段而復現作者的原意，施萊爾馬赫的詮釋學是其代表；第三種認為詮釋者永遠不可能客觀地理解作者，詮釋者的理解中總是既包含了作者或作品所昭示給我們的意義，又包含了詮釋者個人獨到的見解，伽達默爾的詮釋學是其代表。「以意逆志」近於第一種詮釋模式，「知人論世」及「不以文害辭，不以辭害志」則近於第二種詮釋模式，但在孟子的詮釋思想中，我們還不能夠找出第三種詮釋模式的相匹配者。

可見，文化背景的不同並不必然導致東西方詮釋思想間的不可溝通，中西詮釋思想能否對話、有無可比性，主要是由其各自的理論特質所決定的。

---

68 余敦康：〈詮釋學是哲學和哲學史的唯一的進路〉，載《北京青年政治學院學報》（2005年第2期），頁30。

釋讀篇

前言

孟子的上述詮釋思想或多或少、或隱或顯地體現於孟子引《詩》、《書》、評諸子的每一條言論之中，孟子引《詩》、《書》，評諸子的每一條言論也都不同程度地印證著孟子的詮釋思想。透過對這些言論的逐一釋讀，我們不僅可以更加深刻地感受孟子詮釋思想的本體論意蘊，更加明晰地認識孟子詮釋思想的方法論內涵，而且還可以找到一條解讀《孟子》的新途徑。

一　梁惠王上

（一）

孟子見梁惠王。王立於沼上，顧鴻雁麋鹿，曰：「賢者亦樂此乎？」孟子對曰：「賢者而後樂此。不賢者雖有此，不樂也。《詩》云：『經始靈臺，經之營之，庶民攻之，不日成之。經始勿亟，庶民子來。王在靈囿，麀鹿攸伏，麀鹿濯濯，白鳥鶴鶴。王在靈沼，於牣魚躍。』文王以民力為臺為沼，而民歡樂之，謂其臺曰靈臺，謂其沼曰靈沼，樂其有麋鹿魚鱉。古之人與民偕樂，故能樂也。〈湯誓〉曰：『時日害喪，予及女偕亡！』民欲與之偕亡，雖有臺池鳥獸，豈能獨樂哉？」

照常理說，對於自然美景，人人都樂於欣賞，所以梁惠王問孟子「賢者亦樂此乎」，這一問絕無深意可言。令梁惠王意想不到的是，他的隨口之問竟引出了孟子的一番高論。孟子引用《詩經》、《尚書》，藉文王及夏桀兩位歷史人物的所作所為及其不同結局向梁惠王說明，為人君者只有勤政愛民才能永享安樂，縱情聲色、沉溺享樂則必致亡國敗家。

孟子所引的《詩經》經文出自《詩經・大雅・靈臺》。關於《靈臺》一詩，毛亨及魯、齊、韓三家均認為是歌頌周文王的。靈臺是文王觀察天象和遊樂登臨的高臺，這一建築顯然不屬於民用設施，而是帝王或貴族獨享的。可是，百姓們卻對修築靈臺表現出高度的積極性，所謂「經始勿亟，庶民子來」，就是說周文王本來並不急於把靈臺修成，可老百姓卻紛紛主動前來加入建築的行列。我們不難想見，出現這種狀況只能歸因於文王行仁政、得民心，即「文王德及昆蟲，民歸附之。」(《毛詩正義・大雅・靈臺》)，百姓們十分樂於為仁君效力。詩中「王在靈囿」一段，描述了靈臺建成之後，周文王在那裏觀賞鳥獸蟲魚，享受自然之樂。由於得到了民眾的支持，文王的樂必然是長久的和穩固的。〈湯誓〉是《尚書・商書》的第一篇，它記載了商湯伐夏桀時的誓詞。如〈湯誓〉所載：「夏王率遏眾力，率割夏邑」，夏桀濫用民力而且橫徵暴斂，百姓們恨不得與其同歸於盡，即「時日害喪，予及女偕亡」。在這裏，「日」即夏桀，老百姓用頭頂的烈日比喻暴君夏桀。夏桀強使民力而民怨沸騰，這與文王愛惜民力而百姓親附形成了鮮明的對比。暴虐至此還要沉湎於聲色犬馬，夏桀的悲慘下場我們可想而知。

孟子引用《詩》、《書》裏的典故是為了證明自己的觀點，簡單地說，文王的例子用於說明「賢者而後樂此」，夏桀的例子用於說明「不賢者雖有此，不樂也」。換一個角度來看，孟子的觀點也正是對《詩》、《書》之文的詮釋，依筆者之見，孟子在此處的詮釋是十分準確恰當的。文王施仁政、行王道，以「賢者」名之，文王可謂當之無愧；文王愛民如子，自然以利民之事為先、自家享樂之事居後，這可謂「後樂此」；只有像文王這樣，統治者才能長保其樂，這也就是孟子說的「古之人與民偕樂，故能樂也」。反之，夏桀施行暴政、不體恤民情，可謂「不賢者」；他雖然徵用民力，建起了很多娛樂設施，但他的統治卻終將被民眾推翻，而無法長期保有他的歡樂，可謂「雖有此，不樂也」；像夏桀這樣的統治者，「雖有臺池鳥獸，豈能獨樂」。孟子能夠準確地理解《詩》、《書》原意，與他有一套自己的詮釋方法當不無關係。〈靈臺〉之詩所記載的固然是王要修築靈臺、百姓趕來相助的歷史事件，但王是誰、此事發生於何時等資訊僅僅憑藉詩文本身是不能獲得的。這就需要孟子瞭解文王的為人以及那個歷史時期的有關情況。既然孟子斷言「文王以民力為台為沼」，這就說明他使用了「知人論世」的詮釋方法。對於〈湯誓〉一文所記載的具體內容，孟子顯然是清楚的。「時日害喪」一句運用了比喻的修辭手法，即把夏桀比作烈日，以孟子之智，他應當可以很輕易地看出這一點。不過，這也畢竟說明了孟子沒有拘泥於歷史文獻的表面文辭，「不以文害辭，不以辭害志」的詮釋方法在這裏有所體現。

（二）

（孟子）曰：「庖有肥肉，廄有肥馬，民有饑色，野有餓殍，此率獸而食人也。獸相食，且人惡之；為民父母，行政不免於率獸而食人，惡在其為民父母也？仲尼曰：『始作俑者，其無後乎！』為其像人而用之也。如之何其使斯民饑而死也！」

上面這段話仍然是孟子規勸梁惠王行仁政的進言，只是較之前文，孟子此時的態度更加直率、措辭更加激烈。孟子直言指斥梁惠王的行政是「殺人以政」、「率獸食人」，並以孔子的帶有詛咒性的話語來警告這位為政不仁者。

孔子所說的「俑」，是指上古之時貴族陪葬用的木偶或陶偶，其面貌形象與真人大為相似。孔子嚴厲地批評第一個製造俑的人，認為他應當會斷子絕孫，這便是所謂「始作俑者，其無後乎」。孔子為何會如此痛恨「始作俑者」呢？孟子解釋說：「為其像人而用之也」，即因為俑的形貌酷似真人卻用來殉葬，此舉必然會助長世人的不仁之心，「孔子惡其不仁，而言其必無後也。」（《孟子集注・梁惠王章句上》）按照朱熹的看法，孟子之所以要引用孔子的話，在於「孟子言此作俑者，但用像人以葬，孔子猶惡之，況實使民饑而死乎。」（同上）這就是說，「始作俑者」與「殺人以政者」均為不仁，而後者明顯比前者更加殘忍，前者尚且令人切齒痛恨，何況後者呢？

孔子的話表達了他對「始作俑者」的厭惡之情，但對於厭惡的原因，孔子卻並沒有直接給出，我們若是僅著眼於這兩句話本身也顯然無法解讀出孔子如此憤慨的緣由。以筆者愚見，我們只有設身處地地站在孔子的立場上，進而認真地體會他想到「始作俑者」時的心境，這樣我們才能夠真切地感受到一位仁者的偉大情懷。孟子是真知孔子者，他能夠正確地理解孔子的兩句話，表明他在這裏運用了「以意逆志」的詮釋方法。

（三）

齊宣王問曰：「齊桓、晉文之事，可得聞乎？」孟子對曰：「仲尼之徒，無道桓、文之事者，是以後世無傳焉，臣未之聞也。無以，則王乎？」

孟子初見齊宣王之時，正值齊國國力強盛，這時的齊宣王有稱雄天下的野心，故而對於談論齊桓公、晉文公等春秋五霸的霸業特別感興趣，不過孟子卻故意對這一話題避而不談，並轉而將話題引向如何實行王道。孟子的這種做法與他嚴王霸之辨有關，但他表面上給出的理由卻是「仲尼之徒，無道桓、文之事」。孔子的門徒當真不討論齊桓公、晉文公的事情嗎？

翻一翻《論語》一書，我們就可以知道孔子及其門徒絕非不討論桓、文之事。孔子本人就曾扼要地評價齊桓、晉文說：「晉文公譎而不正，齊桓公正而不譎。」（《論語・憲問》）可見，孔子對齊桓公九合諸侯、尊王攘夷的事功還是給予充分肯定的。在與子路、子貢等門徒議論管仲是否為仁人時，孔子間接地道出了他欣賞齊桓公的理由。他說：「管仲相桓公，霸諸侯，一匡天下，民到於今受其賜；微管仲，吾其被髮左衽矣！」（同上）並讚歎管仲「如其仁！如其仁！」（同上）。孔子的話表明，齊桓公一生的作為保全了中原文明，使其免遭異族的破壞，同時也保障了華族人民的生命財產安全；他的事業雖然是霸業，但卻在客觀上達成了王業所要達成的某些目標。因此，概而言之，孔子樂於討論齊桓公是出於仁。不過，孟子聲稱「仲尼之徒，無道桓、文之事者」，卻也是出於仁；孟子私淑孔子，以他對孔門弟子的瞭解，當然不會不知曉他們確曾議論過齊桓公或晉文公。朱熹引董仲舒之言對孟子的這種說法解釋道：「仲尼之門，五尺童子羞稱五霸，為其先詐力而後仁義也。」（《孟子集注・梁惠王章句上》）孟子歷來高揚仁義，自然也羞於談論齊桓、晉文的霸業。高揚仁義是孟子與孔子的相同之處，也是他說出這段有違歷史真實的話的原因。然而，儘管孟子在根本精神上保持著與孔子的一致，但他畢竟還是基於自己尊王黜霸的立場，否定了「仲尼之徒曾道桓、文之事」的史實，我們可以將其視為「知言」方法的一種變形應用。

（四）

（齊宣王）曰：「不為者與不能者之形何以異？」（孟子）曰：「挾太山以超北海，語人曰：『我不能。』是誠不能也。為長者折枝，語人曰：『我不能。』是不為也，非不能也。故王之不王，非挾太山以超北海之類也；王之不王，是折枝之類也。老吾老，以及人之老；幼吾幼，以及人之幼。天下可運於掌。詩云：『刑於寡妻，至於兄弟，以禦於家邦。』言舉斯心加諸彼而已……」

齊宣王問孟子不肯實行王道與不能實行王道在外在表現上有何區別，孟子以「挾太山以超北海」及「為長者折枝」為例，說明了這種差異。繼而孟子又指出了王者的為政綱領，這就是「老吾老，以及人之老；幼吾幼，以及人之幼」，孟子還以《詩經》裏的三句話為其作注腳。

「刑於寡妻，至於兄弟，以禦於家邦」語出《詩經．大雅．思齊》。《毛序》說：「〈思齊〉，文王所以聖也。」（《毛詩正義．大雅．思齊》），即〈思齊〉一詩講述的是周文王被稱為聖王的理由。周文王能夠成為一代聖王，原因固然是多方面的，但其中較為重要的一條應該是他有一套高明且可行的治國大法，孟子所引的三句話便是《詩經》對這套大法的集中概括。「刑，法也」（同上），「刑於寡妻」即成為妻子的榜樣、言行為妻子所效法，「至於兄弟，以禦於家邦」則是說效法者的範圍越來越廣，從妻子到兄弟，又到封邑和邦國中的所有人。總之，王者的治國理政目標是要以自己為表率，使天下人人都有德行。

從本質上講，孟子所提出的為政綱領與〈思齊〉一詩所表述的周家的治國大法都體現了德治的理念，確屬同一類型。不過，認真推敲起來，我們仍能發現這二者間的細微差別。「老吾老，以及人之老；幼吾幼，以及人之幼」是要求統治者把對自己親人的愛推廣到一切人，「舉斯心加諸彼」也是說為政者應將仁愛之心推擴出去，這與《詩經》表達的內容顯然有所不同。通俗地講，孟子的說法是要統治者愛一切人，而《詩經》的說法則是要一切人都有愛、都學會愛別人。孟子把〈思齊〉裏的三句詩作為自己觀點的論據，自然就將新的意涵加諸其上了，這種創造性詮釋的方法也就是「知言」的詮釋方法。

二　梁惠王下

（一）

齊宣王問曰：「交鄰國有道乎？」孟子對曰：「有。惟仁者為能以大事小，是故湯事葛，文王事昆夷。惟智者為能以小事大，故太王事獯鬻，勾踐事吳。以大事小者，樂天者也。以小事大者，畏天者也。樂天者保天下，畏天者保其國。《詩》云：『畏天之威，於時保之。』」王曰：「大哉言矣！寡人有疾，寡人好勇。」對曰：「王請無好小勇。夫撫劍疾視，曰：『彼惡敢當我哉！』此匹夫之勇，敵一人者也。王請大之。《詩》云：『王赫斯怒，爰整其旅。以遏徂莒，以篤周祜，以對於天下。』此文王之勇也。文王一怒而安天下之民。《書》曰：『天降下民，作之君，作之師，惟曰其助上帝寵之。四方，有罪無罪，惟我在。天下曷敢有越厥志？』一人衡行於天下，武王恥之。此武王之勇也。而武王亦一怒而安天下之民。今王亦一怒而安天下之民，民惟恐王之不好勇也。」

在以上這段較長的對話裏，齊宣王首先向孟子請教處理國際關係的方法。孟子的外交策略是，當政者在處理同弱國的關係時，應當樂天知命、體恤弱國的國情，以仁愛之心來應對兩國間的事務；在處理同強國的關係時，當政者應當敬天畏命、認清國際局勢，用高超的政治智慧與大國巧妙周旋，「畏天之威，於時保之」的詩句主要就是用於印證後者的。齊宣王非常認同孟子的見解，但又表示說，自己在性格上有爭強好勝的弱點，因而擔心不能將上述策略貫徹到底。孟子於是啟發宣王將他的血氣之勇轉化為仁者之勇或正義之勇，這種勇是為天下人救亂除暴的大勇，《詩經》及《尚書》裏的兩段話說明了周文王和周武王正是憑藉這種勇才安定天下的。

「畏天之威，於時保之」兩句詩見於《詩經・周頌・我將》。據《毛詩序》所說「〈我將〉，祀文王於明堂也。」（《毛詩正義・周頌・我將》），〈我將〉一詩是周王在祭祀先祖文王時宣讀的禱祝之辭。「畏天之威，於時保之」意為敬畏著上天的威嚴，以此來保有文王的天下。《詩經》原文的這種含義與孟子提出的「以小事大」的外交智慧間存在著兩點重要的不同：

其一，無論是「以大事小」，還是「以小事大」，都是適用於兩個對等的政治實體之間的政治原則，例如齊國在處理與秦國或燕國的外交關係時就可以採用，而〈我將〉之詩作於周王室入主中原、統一天下之後，當時的周天子已為天下共主，周室沒有與之相匹敵的對手，這與「湯事葛」、「文王事昆夷」或「太王事獯鬻」、「勾踐事吳」時的政治局面完全不同。

其二，即使我們對〈我將〉中的兩句詩作寬泛的理解，比如我們可以聯想到周王室在處理其與下屬的各諸侯國之間的關係時，仍須保持應有的謹慎和高度的警惕，但這種狀況充其量可以被稱之為「以大事小」，而不可能被視作「以小事大」，孟子明確地講到「以小事大者，畏天者也」，又說「畏天者保其國」，可見在《孟子》原文的語境裏，畏懼天命總是與「以小事大」的外交模式相聯繫，從這個角度來看，孟子之意與《詩經》之意亦屬風馬牛不相及。當然，「以小事大」與「畏天之威，於時保之」也具有共同之處，這就是它們二者都透顯出對天命的敬畏之感或者說一種憂患意識。

但總體言之，孟子在引用〈我將〉之詩來印證他的主張時，還是將自己的政治智慧賦予了詩文，這可以看作對「知言」方法的應用。

「王赫斯怒」一段出自《詩經・大雅・皇矣》。《毛序》曰：「〈皇矣〉，美周也。天監代殷，莫若周，周世世修德，莫若文王。」（《毛詩正義・大雅・皇矣》）說明這是一首讚美周王室的歷代祖先特別是周文王的詩。孟子所引的詩句與《詩經》原文略有差異，《詩經》原文為「王赫斯怒，爰整其旅，以按徂旅，以篤於周祜，以對於天下」。不過，這種文字上的細微差別並不會影響到這段詩文的大意，所以，筆者在這裏對此兩種版本也不作區分。

〈皇矣〉裏的這段話敘述了這樣一個事件，密須國侵略阮國及共國，文王得知這件事後非常義憤，於是便出兵成功地制止了密須國的侵略行為，從而使天下得到了安定。孟子以「文王一怒而安天下之民」來解說〈皇矣〉之詩，可謂得其要義。由此也可見孟子對商末周初的那段歷史是頗為熟悉的，一言以蔽之，孟子做到了「知人論世」。不過，筆者以為，普通人僅僅做到「知人論世」還不足以體會到文王當時的義憤心情，孟子稱文王之勇是大勇，這便說明，孟子在設身處地地替文王著想——「以意逆志」。

「天降下民」等一段文字出於《尚書・周書・秦誓》。〈秦誓〉是《尚書・周書》的第一篇，它是周武王在孟津召開討伐殷紂王的誓師大會時所發佈的誓詞。《尚書》原文與孟子引文在表述上和涵義上都有所不同。若按照孟子引文的表述——「有罪無罪惟我在」，則此時的周武王已儼然以君、師的身分自居。

依據〈秦誓〉，武王原本的措辭是這樣的：「天佑下民，作之君，作之師。惟其克相上帝，寵綏四方。有罪無罪，予曷敢有越厥志？」在這種表述裏，君、師是指紂王，只是這位君、師不僅沒能盡到君、師的責任，反而已成有罪之人，於是周武王便自命為代天執法之人。儘管如此，我們也不能遽下斷言，說孟子歪曲了武王的本意。因為孟子在《尚書》引文的後面，緊接著說道，「一人衡行於天下，武王恥之」，武王痛恨紂王的暴虐行徑是兩種版本共同具有的意涵，孟子以此解〈秦誓〉，不為不準確，進一步說，他自然也可以由此而得出「武王亦一怒而安天下之民」的結論。當然，這也需要「知人論世」和「以意逆志」。

（二）

齊宣王見孟子於雪宮。王曰：「賢者亦有此樂乎？」孟子對曰：「有。人不得，則非其上矣。不得而非其上者，非也。為民上而不與民同樂者，亦非也。樂民之樂者，民亦樂其樂；憂民之憂者，民亦憂其憂。樂以天下，憂以天下，然而不王者，未之有也。昔者齊景公問於晏子曰：『吾欲觀於轉附、朝儛，遵海而南，放於琅邪，吾何修而可以比於先王觀也？』晏子對曰：『善哉問也！天子適諸侯曰巡狩，巡狩者，巡所守也。諸侯朝於天子曰述職，述職者，述所職也。無非事者。春省耕而補不足，秋省斂而助不給。夏諺曰：吾王不遊，吾何以休？吾王不豫，吾何以助？一遊一豫，為諸侯度。今也不然。師行而糧食，饑者弗食，勞者弗息。涓涓胥讒，民乃作慝。方命虐民，飲食若流，流連荒亡，為諸侯憂。從流下而忘反，謂之流；從流上而忘反，謂之連；從獸無厭，謂之荒；樂酒無厭，謂之亡。先王無流連之樂、荒亡之行。惟君所行也。』景公說。大戒於國，出舍於郊，於是始興發補不足。召大師，曰：『為我作君臣相說之樂。』蓋〈徵招〉、〈角招〉是也。其詩曰：『畜君何尤？』畜君者，好君也。」

孟子向齊宣王進言，希望他減少欲望、關心民生，即把自己的快樂同民眾分享、把民眾的憂愁作為自己的憂愁。為了使說服更有力，孟子舉了齊景公和晏嬰的例子。齊景公曾打算外出巡遊，晏嬰勸諫景公要將巡遊與政事相結合，即要在巡遊的過程中瞭解民間疾苦、解決實際問題，而不能只是遊山玩水、作「流連荒亡」之行。

晏嬰是姜齊時代有名的賢相，他也是先秦諸子之一，後人尊稱他為晏子。晏子的生平事蹟及其思想大都收錄於《晏子春秋》一書中。

雖然孔子說過「齊一變，至於魯」（《論語・雍也》）這樣的話，但齊學與魯學間還是存在著很大的差別，這種差別也就是功利主義與儒家所倡導的道德理想主義之間的差別。晏子身為處理日常繁雜事務的齊國執政者，他的思想學說自然也屬於典型的功利之學或經世致用之學。經世致用之學往往都帶有實用主義的特徵，這就是說，凡是有利於實現富國強兵目的的其它各家學說都可以為其所用，例如，儒家重禮治、講仁政的主張便為晏子所吸收。孔子說：「晏平仲善與人交，久而敬之。」（《論語・公冶長》）也許正是由於晏子對儒家的有限度的認同，才使得孔子對他頗有好感；孟子在這裏不計學派差異而引用有關晏子的典故，除了因為晏子是齊相，藉他的例子來說理較為親切而外，恐怕更多地也是出於同一原因。

統治者應減少欲望、關心民生，這是一個普遍的道理，齊景公在出遊期間仍舊勤於政事，這是一個特殊的事例；不過，這一特殊的事例剛好能夠體現上述普遍的道理，這便說明了孟子對關於齊景公和晏子的具體案例的選用是恰當的、詮釋是準確的。孟子如此熟知景公和晏子的歷史掌故，能夠在說理時將其信手拈來，可見，他至少已經做到了「知人論世」。

（三）

齊宣王問曰：「人皆謂我毀明堂。毀諸？已乎？」孟子對曰：「夫明堂者，王者之堂也。王欲行王政，則勿毀之矣。」王曰：「王政可得聞與？」對曰：「昔者文王之治岐也，耕者九一，仕者世祿，關市譏而不徵，澤梁無禁，罪人不孥。老而無妻曰鰥，老而無夫曰寡，老而無子曰獨，幼而無父曰孤。此四者，天下之窮民而無告者。文王發政施仁，必先斯四者。《詩》云：『哿矣富人，哀此煢獨！』」王曰：「善哉言乎！」曰：「王如善之，則何為不行？」王曰：「寡人有疾，寡人好貨。」對曰：「昔者公劉好貨。《詩》云：『乃積乃倉，乃裹餱糧，於橐於囊，思戢用光。弓矢斯張，干戈戚揚，爰方啟行。』故居者有積倉，行者有裹糧也，然後可以爰方啟行。王如好貨，與百姓同之，於王何有？」王曰：「寡人有疾，寡人好色。」對曰：「昔者大王好色，愛厥妃。《詩》云：『古公亶父，來朝走馬。率西水滸，至於岐下。爰及姜女，聿來胥宇。』當是時也，內無怨女，外無曠夫。王如好色，與百姓同之，於王何有？」

在上面的對話裏，孟子由規勸齊宣王不要拆毀明堂而轉入對王道政治的闡述。在闡述王道政治的過程中，孟子三度引《詩》。行王政的一項重要內容是優先照顧社會上的弱勢群體，使「鰥寡孤獨廢疾者皆有所養」(《禮記・禮運》)，孟子首度引《詩》就是為了說明這一觀點。可是，齊宣王自稱有好貨跟好色的毛病，對行王政信心不足。孟子便又兩度引用《詩經》說明，如果齊宣王在滿足自己欲望的同時也讓老百姓滿足自己的欲望，做到「居者有積倉，行者有裹糧」和「內無怨女，外無曠夫」，那就是王道政治的表現。

「哿矣富人，哀此煢獨」是《詩經・小雅・正月》一詩的最末兩句。《毛序》說：「〈正月〉，大夫刺幽王也。」(《毛詩正義・小雅・正月》)，魯、齊、韓三家對此說無異議，這表示〈正月〉是幽王朝的一位有正義感的朝臣所作，內容是對周幽王的昏暗朝政的抨擊。關於「哿矣富人，哀此煢獨」，「哿，可。獨，單也。」(同上)其意為富人們生活算可以了，可憐可憐那些無依無靠的人吧。這是有著真誠惻怛之心的仁者的呼號，它表達著詩人對社會不公現象的憤懣和對生活窘迫的人們的憐憫。仁者之心常相契合，〈正月〉作者藉由這兩句詩所流露出來的悲情也正昭示出孟子王道政治的重要意涵——濟危扶弱，因而孟子只要訴諸其個人的生活經驗或人生閱歷從而「以意逆志」，即可正確把握本詩作者的思想感情。

「乃積乃倉」等一段詩文載於《詩經．大雅．公劉》。〈公劉〉全篇記錄著夏朝末年周人的祖先公劉率領他的族人自邰遷豳的史事。然而《毛序》卻說：「〈公劉〉，召康公戒成王也。成王將蒞政，戒以民事，美公劉之厚於民，而獻是詩也。」（《毛詩正義．大雅．公劉》）。對此，王先謙在《詩三家義集疏》中說道：「據《魯》說，詩專美公劉，不關戒成王，亦不言召公作。《齊》、《韓》當同。」（《詩三家義集疏》卷二十二，〈公劉〉），顯然《毛序》之說缺乏證據，所以，在這裏，筆者也暫以魯、齊、韓三家之說為準。「乃積乃倉」一段話細緻地刻劃了公劉及其族人從籌備遷居到正式啟程的全過程，孟子卻以此為憑指出公劉有藏富於民的德政，這恐怕與實情不符。孟子認為，公劉的德政使「居者有積倉，行者有裹糧」，即留在家裏的人倉裏有儲糧，行軍的人袋裏有乾糧，這一結論應當得自於孟子對「乃積乃倉，乃裹餱糧，於橐於囊」的解讀。「乃積乃倉，乃裹餱糧，於橐於囊」的確表示糧食裝滿囤、裝滿倉，乾糧裝滿袋、裝滿囊，但問題在於，這種富足的表現既可以是藏富於民的富足，也可以是藏富於國的富足。孔穎達正義曰：「乃積乃倉，言民事時和，國有積倉也。」（《毛詩正義．大雅．公劉》）假若孔說不誤，則「乃積乃倉」等三句詩僅表示公劉國庫充實、遷居準備充分而已。簡言之，公劉當然是愛民的，但通過〈公劉〉一詩，我們還看不出公劉「好貨，與百姓同之」這一點。孟子如此解詩確實有隨意之嫌，但換一個角度來看，孟子是在把更加富於德性和智慧的內涵賦予詩文，這也可以看作他對「知言」法的運用。

「古公亶父，來朝走馬。率西水滸，至於岐下。爰及姜女，聿來胥宇」出自《詩經．大雅．緜》。毛亨的序文稱：「〈緜〉，文王之興，本由大王也。」（《毛詩正義．大雅．緜》）孔穎達疏曰：「作

〈緜〉詩者，言文王之興，本之於太王也……上七章言太王得人心，生王業，乃避狄居岐，作寢廟門社。」（同上）可見，〈緜〉記載了古公亶父為躲避犬戎入侵而遷居岐下的事。對於《詩經》引文，孔穎達疏曰：「文王之先，久古之公曰亶父者，避狄之難，其來以早朝之時，疾走其馬，循西方水厓漆、沮之側，東行而至於岐山之下。於是與其妃姜姓之女曰大姜者，自來相土地之可居者。」（同上）可見《詩經》引文講述的是亶父遷居岐下並協同妻子大姜視察住地的具體過程。「古公亶父……聿來胥宇」只是一段歷史史實的記述，從中很難引申出孟子所謂王道的內涵。孟子藉它來說明「王如好色，與百姓同之」的仁政之舉，它所獲得的新思想內涵就與其原意大相逕庭。行仁政、王道是儒家的重要政治理念，包含於儒家道的思想內涵之中，孟子以道解詩，這便是「以意逆志」進而「知言」。

（四）

齊人伐燕，取之。諸侯將謀救燕。宣王曰：「諸侯多謀伐寡人者，何以待之？」孟子對曰：「臣聞七十里為政於天下者，湯是也。未聞以千里畏人者也。《書》曰：『湯一征，自葛始。』天下信之。『東面而征，西夷怨；南面而征，北狄怨。曰：奚為後我？』民望之，若大旱之望雲霓也。歸市者不止，耕者不變。誅其君而吊其民，若時雨降，民大悅。《書》曰：『徯我後，後來其蘇！』今燕虐其民，王往而征之。民以為將拯己於水火之中也，簞食壺漿，以迎王師。若殺其父兄，繫累其子弟，毀其宗廟，遷其重器，如之何其可也？天下固畏齊之強也，今又倍地而不行仁政，是動天下之兵也。王速出令，反其旄倪，止其重器，謀於燕眾，置君而後去之，則猶可及止也。」

戰國時期，燕王姬噲曾把王位禪讓給宰相子之，國人不服子之，於是燕國發生內亂。西元前三一六年，齊宣王派兵伐燕，結果齊軍大勝。被勝利沖昏頭腦的齊宣王意欲完全吞併燕國，這引起了燕國民眾的抗拒和各諸侯國的恐慌。在諸侯共謀救燕伐齊的危急時刻，齊宣王向孟子求教退兵良策。孟子引經據典，要齊宣王效法聖王商湯，興義兵、除暴亂，在燕國扶立新君後便撤兵，而不要貪圖人民土地、過於急功近利，如此不僅能退諸侯之兵，還能最終得民心、安天下。

據朱熹之言，孟子「兩引《書》，皆《尚書・仲虺之誥》文也，與今《書》文亦小異。」（《孟子集注・梁惠王章句下》）〈書序〉曰：「湯歸自夏，至於大坰，仲虺作誥。」（《尚書正義・商書・仲虺之誥》）仲虺是商湯的大臣，他作了這篇誥文，內容是論證商湯代夏這一鼎故革新事件的合理性。在這裏，孟子兩處引《書》，其中第一處引文在《尚書》中對應的原文為「初征自葛……東征西夷怨，南征北夷怨，曰：『奚獨後予？』」，第二處引文則與《尚書》原文相一致。由於文字上的差別並沒有造成理解上的歧異，故而筆者對此差別也不作過多討論。《尚書》裏的這兩段引文合起來說了一件事，即「湯之所以七十裏而為政於天下也」（《孟子集注・梁惠王章句下》），由〈仲虺之誥〉觀之，其原因當然就在於商湯「志在救民，不為暴也。」（同上）因而「他國之民，皆以湯為我君而待其來，使己得蘇息也。」（同上）出正義之師、拯救萬民於水火就能獲得民心、贏得最終勝利，商湯便是如此，反之則不然，孟子所引的材料恰好可以作為其觀點的輔助，這就說明他對〈仲虺之誥〉的理解是準確的。由此看來，孟子旨在獲取作品原意的詮釋方法即「知人論世」、「不以文害辭，不以辭害志」應當在此處有所運用。

（五）

鄒與魯哄。穆公問曰：「吾有司死者三十三人，而民莫之死也。誅之則不可勝誅；不誅，則疾視其長上之死而不救。如之何則可也？」孟子對曰：「凶年饑歲，君之民老弱轉乎溝壑，壯者散而之四方者幾千人矣；而君之倉廩實、府庫充，有司莫以告，是上慢而殘下也。曾子曰：『戒之，戒之！出乎爾者，反乎爾者也。』夫民今而後得反之也，君無尤焉！君行仁政，斯民親其上、死其長矣。」

上面這則對話發生在如下背景之中：鄒國與魯國發生了武裝衝突，鄒國的三十餘名官員在衝突中喪生，而鄒國的百姓卻無一人死難。鄒穆公為如何處置那些漠視官長之死的老百姓而為難，於是便向孟子請教。孟子認為，官吏怎樣對待百姓，百姓也怎樣對待官吏；鄒國的官吏平日裏對百姓的生死毫不關心，所謂「上慢而殘下」，遇事時百姓自然也不會愛護他們的長上；如果鄒穆公自今而後能夠行仁政，那麼鄒國的官吏與百姓之間就必然可以建立起良好的關係。曾子的話用在這裏就是為了說明官民間的關愛和支持其實是相互的。

曾子所說的「戒之，戒之！出乎爾者，反乎爾者也」，其白話文的意思為，警惕呀，警惕呀，你怎樣對待人家，人家也怎樣對待你。由於我們無從查考曾子是在何種語境下講出這樣的話，因此我們也很難斷言曾子所謂的「爾」是指什麼樣的人。曾子之言既可能是泛泛地就一般的人際關係而說，也可能是針對官民關係而發，甚至有可能是專論君民關係的。但無論這裏的「爾」是指誰，曾子的話都是教人如何做人或做事的，它屬於一種道德的訓誡則無疑。把「出乎爾者，反乎爾者」放在孟子與穆公對話的語境裏來看，它只能是用於闡發官民關係的，孟子對曾子的這種詮釋也許符合其原意，也許不符合。可是，能夠肯定的一點是，孟子是在以他自己的人生感悟來詮解曾子的道德訓誡，只要滿足這一條件，我們就可以說，孟子是「以意逆志」並「知言」的。

三 公孫丑上

(一)

公孫丑問曰:「夫子當路於齊,管仲、晏子之功,可復許乎?」孟子曰:「子誠齊人也,知管仲、晏子而已矣。或問乎曾西曰:『吾子與子路孰賢?』曾西蹵然曰:『吾先子之所畏也。』曰:『然則吾子與管仲孰賢?』曾西艴然不悅,曰:『爾何曾比予於管仲?管仲得君如彼其專也,行乎國政如彼其久也,功烈如彼其卑也,爾何曾比予於是!』」曰:「管仲,曾西之所不為也,而子為我願之乎?」曰:「管仲以其君霸,晏子以其君顯。管仲、晏子猶不足為與?」曰:「以齊王,由反手也。」

孟子的弟子公孫丑問老師,假使老師在齊國執政的話,管仲或晏嬰的功業能否再度興起。孟子對公孫丑的問法頗不以為然,他舉曾西的例子就是為了表明,自己同曾西一樣,不屑於談論管仲、晏嬰這一類人物。

孟子討厭管仲的表層理由就反映在曾西對管仲的評價——「功烈如彼其卑」上,即認為管仲的政績低下。管仲助桓公九合諸侯、一匡天下,這樣的功績在多數人看來已經足夠顯赫了,說管仲「功烈如彼其卑」,這在一般人眼裏有違常識;於是公孫丑便據史實質疑道:「管仲以其君霸,晏子以其君顯」。公孫丑的這一回應表明他還不能夠契合聖賢的心靈;其實,對於曾西的這一評斷,朱熹作出了最合理的解釋——「管仲不知王道而行霸術,故言功烈之卑也。」(《孟子集注.公孫丑章句上》)朱熹的注釋的確切中了問題的要害,曾西也好,孟子也罷,他們在貶低管仲的功業時所針對的,並非其事業的大小，而是其事業的性質。簡言之，管仲在開創事業之時並沒有「由仁義行」（《孟子・離婁下》），反而為了稱霸常行詭道、詐術，這是儒者們所不齒的。儒家所推崇的政治制度是任德不任力的王道政治，當孟子說「以齊王，由反手也」的話時，便透露了他的這種心跡。所以，孟子在此處還是基於他的王霸之辨的立場對管仲和晏嬰的歷史功績進行了某種程度的否定。值得注意的是，孟子對待管仲的態度是一貫的，對待晏嬰卻不然。如前所述，孟子在遊說齊宣王時就曾引用過晏嬰勸諫齊景公的事例，在那裏，晏嬰是作為正面形象出現的，孟子對他的行為是肯定和讚賞的。依筆者愚見，孟子在品評晏嬰時所表現出的巨大反差之根由就在於，晏嬰勸諫齊景公勿作流連之行是在「行仁義」（同上），而他輔佐景公成就功業卻非「由仁義行」。總之，儒家的仁義標準始終是孟子評價晏嬰及其他歷史人物的唯一標準，這種雖然有些主觀但卻突顯著價值優先性的詮釋模式就是「知言」。

（二）

（孟子）曰：「……夏後、殷、周之盛，地未有過千里者也，而齊有其地矣；雞鳴狗吠相聞，而達乎四境，而齊有其民矣。地不改辟矣，民不改聚矣，行仁政而王，莫之能禦也。且王者之不作，未有疏於此時者也；民之憔悴於虐政，未有甚於此時者也。饑者易為食，渴者易為飲。孔子曰：『德之流行，速於置郵而傳命。』當今之時，萬乘之國行仁政，民之悅之，猶解倒懸也。故事半古之人，功必倍之，惟此時為然。」

孟子的上述言論表明了，戰國的時勢特別宜於齊國實行仁政。憑著齊國強盛的國力和當時各諸侯國百姓對仁政的渴望，齊王一旦行仁政，就必將事半功倍地取得民心、贏得天下，孟子引用孔子的話就意在說明行仁政的巨大政治效用。

「德之流行，速於置郵而傳命」是拿古代驛站傳遞政令的速度來比附德之流傳的速度，置郵指驛站，命指政令，整句話是指德的廣泛傳播，比驛站傳達命令還要迅速。在孟子這段話的語境裏，德並非指一般意義上的德行，而是指德政或仁政。那麼，孔子的本意是如此嗎？孔子這兩句話在《孟子》書中僅一見，於是我們便需要借助其它材料來加以考證。在《郭店楚簡．尊德義》中有這樣一段被普遍認為是孔子所說的話：「為古率民向方者，唯德可。德之流，速乎置郵而傳命。」這段話描述了上古之時的政治生活，所謂「率民向方」指的是帶領一般民眾趨向於大道，顯然，「率民向方」是當政者的事情，於是乎文中作為「率民向方」之手段的德也就必然是德政；無需多言，孟子引文裏的德亦為此意。將「德之流行，速於置郵而傳命」放在孟子的論述中，置於戰國七雄爭霸的歷史大背景之下，孔子的話更加顯示出它的真理價值。總之，孟子在這裏引證孔子之言是再恰當不過的了，孟子之「意」正合乎孔子之「志」，「以意逆志，是為得之。」(《孟子．萬章上》)

(三)

公孫丑問曰：「夫子加齊之卿相，得行道焉，雖由此霸王，不異矣。如此則動心否乎？」孟子曰：「否。我四十不動心。」曰：「若是，則夫子過孟賁遠矣。」曰：「是不難。告子先我不動心。」曰：「不動心有道乎？」曰：「有。北宮黝之養勇也，不膚撓，不目逃。思以一毫挫於人，若撻之於市朝。不受於褐寬博，亦不受於萬乘之君。視刺萬乘之君，若刺褐夫。無嚴諸侯。惡聲至，必反之。孟施捨之所養勇也，曰：『視不勝猶勝也。量敵而後進，慮勝而後會，是畏三軍者也。舍豈能為必勝哉？能無懼而已矣。』孟施捨似曾子，北宮黝似子夏。夫二子之勇，未知其孰賢，然而孟施捨守約也。昔者曾子謂子襄曰：『子好勇乎？吾嘗聞大勇於夫子矣：自反而不縮，雖褐寬博，吾不惴焉；自反而縮，雖千萬人，吾往矣。』孟施捨之守氣，又不如曾子之守約也。」曰：「敢問夫子之不動心，與告子之不動心，可得聞與？」告子曰：『不得於言，勿求於心。不得於心，勿求於氣。』不得於心，勿求於氣，可；不得於言，勿求於心，不可。夫志，氣之帥也，氣，體之充也。夫志，至焉；氣，次焉。故曰：持其志，無暴其氣。」

在上面的對話裏，公孫丑首先詢問孟子，假若老師做了齊國的卿相並成就了一番事業，老師會不會為此而動心，孟子痛快地回答說，他不會動心，因為不動心是一件非常容易的事情；繼而公孫丑又向孟子請教不動心的方法，孟子以北宮黝、孟施捨及曾子三人為例，給出了不動心的三種方法；最後，孟子又簡明扼要地向公孫丑說明了他的不動心與告子的不動心之間的區別。

孟子和公孫丑所談論的不動心是一種遇事時不慌亂、內心裏有定向的精神狀態。要實現這種精神狀態，既可以從血氣上下手，也可以從義理上下手，北宮黝和孟施捨的養勇之法屬於前者，曾子和孟子的養勇之法屬於後者。朱熹曰：「黝蓋刺客之流，以必勝為主，而不動心者也。」（《孟子集注．公孫丑章句上》）又說：「舍蓋力戰之士，以無懼為主，而不動心者也。」（同上）朱熹的注解告訴我們，北宮黝的不動心是由於他將戰勝敵人作為自己恒定的信念，即不論對手實力如何強大，北宮黝都要求自己必須要打敗他；孟施捨的不動心是由於不論能否打贏對手，孟施捨都要求自己無所畏懼、盡力而為。

綜而觀之，北宮黝和孟施捨的不動心都表現為一種血氣之勇。曾子則不然，曾子的不動心是一種義理之勇，這也就是說，曾子之所以可以不動心就在於他能夠反身循理，即叩問自己的本心，凡是合乎道義的事情就必定要做，凡是不合乎道義的事情就必定不做。孟子的不動心正與曾子相同，告子的不動心則代表了不動心的又一種類型。關於告子的「不得於言，勿求於心。不得於心，勿求於氣」，歷來注家紛紜、說法不一，筆者較為贊同李明輝教授的解說。李教授認為，這兩個句子可以改寫成「得於言，乃可求於心；得於心，乃可求於氣」[1]，其意為「凡在思想或主張中能成其理者，我們便可以之要求於心，作為心之圭臬；凡能為心所接納之理，我們便可以之要求於氣，使之下貫於氣」[2]。

由此可知，循理即將義理下貫於血氣是孟子與告子之不動心的共同原因，二者的區別在於，孟子主張義內，故而理在本心，反身可得，告子主張義外，所以理在心外，須求之於事事物物而後得。

在孟子的這番話裏，至少有兩次涉及到他對諸子的評價。一次是孟子說「孟施捨似曾子，北宮黝似子夏」，另一次是他說告子「不得於心，勿求於氣，可；不得於言，勿求於心，不可」。

首先分析前者。表面看起來，孟施捨與曾子、北宮黝與子夏，他們之間很難說有什麼相似之處。朱熹認為：「黝務敵人，舍專守己。子夏篤信聖人，曾子反求諸己。故二子之與曾子、子夏雖非等倫，然論其氣象，則各有所似。」（同上）筆者以為，朱熹此說深得孟子之意。如前所述，孟施捨雖然不像曾子那樣總是依憑道義行事，但是，他要求自己在任何情況下都要保持心理上的從容無畏，這與曾子的逢事便訴諸本心、本性的行為方式同樣都是在自己的內心上下工夫，因

1　李明輝：《孟子重探》，頁20。

2　同上書，頁22。

而同樣都展現出一種內斂的精神氣象；大概子夏向來將孔子的言行視為自己行為的標杆，北宮黝則把戰勝敵人作為自己唯一的目標，孔子對子夏而言是外在的，敵人對北宮黝而言是外在的，子夏和北宮黝在做出某種行為時均是以外在的對象為關注的焦點，因而都展現出一種外發的精神氣象。孟子能夠如此巧妙地進行比擬，對於曾子和子夏，他不可謂不「知人」。孟子評價告子的話——「不得於心，勿求於氣，可；不得於言，勿求於心，不可」，顯然是基於他的仁義內在的見解而做出的。孟子同告子一樣主張人的行動要有理據，不如此人便不能不動心，所以「不得於心，勿求於氣，可」；孟子主張義內，即人的行為之理全在良知、本心之中，而絕非客觀外在的，所謂「仁、義、禮、智，非由外鑠我也，我固有之也。」（《孟子・告子上》）因此「不得於言，勿求於心，不可」，「不得於言勿求於心，即外義之意。」（《孟子集注・公孫丑章句上》）孟子站在自己的立場上，對他人的思想主張進行判斷、取捨，這又是「知言」。

（四）

「敢問何謂浩然之氣？」曰：「難言也。其為氣也，至大至剛，以直養而無害，則塞於天地之閑。其為氣也，配義與道；無是，餒也。是集義所生者，非義襲而取之也。行有不慊於心，則餒矣。我故曰告子未嘗知義，以其外之也……」

上面一段文字是孟子對「浩然之氣」的詳盡描述，關於「浩然之氣」，筆者在本書的分析篇部分已經作過詳細的分析，茲不贅述。在描述「浩然之氣」的過程中，孟子指出「告子未嘗知義，以其外之也」，即告子不曾懂得義，因為他把義看成心外之物。這說明孟子對告子的評價與他對「浩然之氣」的體認有關，正是由於驗證了實有「浩然之氣」，孟子才能堅定他的仁義內在的主張，認定仁內義外之說有誤，並斷言「告子未嘗知義」。孟子的這種判斷方式仍然是「知言」的一種表現，這種判斷方式也充分地說明了，孟子的詮釋活動是建基於他對個體生命的深層感悟之上的，因而是本體論的詮釋。

（五）

「宰我、子貢，善為說辭；冉牛、閔子、顏淵，善言德行。孔子兼之，曰：『我於辭命，則不能也。』然則夫子既聖矣乎？」曰：『惡！是何言也！』昔者子貢問於孔子，曰：『夫子聖矣乎？』孔子曰：『聖則吾不能，我學不厭而教不倦也。』子貢曰：『學不厭，智也；教不倦，仁也。仁且智，夫子既聖矣。』夫聖，孔子不居。——是何言也！』「昔者竊聞之：子夏、子游、子張，皆有聖人之一體；冉牛、閔子、顏淵，則具體而微。敢問所安？」曰：「姑舍是。」曰：「伯夷、伊尹何如？」曰：「不同道。非其君不事，非其民不使；治則進，亂則退：伯夷也。『何事非君？何使非民？』治亦進，亂亦進：伊尹也。可以仕則仕，可以止則止，可以久則久，可以速則速：孔子也。皆古聖人也。吾未能有行焉，乃所願，則學孔子也。」「伯夷、伊尹於孔子，若是班乎？」曰：「否。自有生民以來，未有孔子也。」曰：「然則有同與？」曰：「有，得百里之地而君之，皆能以朝諸侯，有天下。行一不義、殺一不辜而得天下，皆不為也。是則同。」曰：「敢問其所以異？」曰：「宰我、子貢、有若，智足以知聖人；汙不至阿其所好。宰我曰：『以予觀於夫子，賢於堯、舜遠矣。』子貢曰：『見其禮而知其政，聞其樂而知其德。由百世之後，等百世之王，莫之能違也。自生民以來，未有夫子也。』有若曰：『豈惟民哉！麒麟之於走獸，鳳凰之於飛鳥，泰山之於丘垤，河海之於行潦，類也。聖人之於民，亦類也。出於其類，拔乎其萃。自生民以來，未有盛於孔子也。』」

孔子說自己不擅長辭令，孟子卻自稱善於「知言」和「養氣」，亦即在言語和德行方面都很突出，公孫丑便就此直言提問，是否老師已經超過了孔子、成為了聖人。孟子引子貢之語指出，孔子仁且智，已然是聖人了，只是由於他謙虛而不以聖人自居罷了。孟子的這一回答說明了兩個問題：其一，孔子確乎為聖人；其二，仁智如孔子者尚且不曾自詡為聖人，自己不如孔子，自然更不敢稱聖人了。公孫丑緊跟著追問，既然老師不如孔子，那麼老師更接近孔門弟子中的哪一位呢。結果，孟子卻拒絕對此問題做出回答，孟子的這一態度表明，他雖然不敢自比孔子，卻也沒有放棄成聖的追求。果然，在比較伯夷和伊尹的異同時，孟子便表露了「乃所願，則學孔子」的心跡。在孟子看來，儘管伯夷、伊尹也都屬聖人，但與孔子相比，他們還相差甚遠，孟子引用宰我、子貢和有若稱頌孔子的話，就是為了證實孔子的出類拔萃。

孟子的上述言論是對孔子的一次集中評價，我們甚至可以用「歌功頌德」一詞來概括這一評價的內容。孟子首先藉子貢之口指出，孔子的「學而不厭，誨人不倦」（《論語．述而》）就是聖人的體現；之後孟子又以「聖之清者」（《孟子．萬章下》）的伯夷、「聖之任者」（同上）的伊尹與孔子作比較，說明了雖然伯夷和伊尹都可以做到「行仁政而王」（《孟子．公孫丑上》）、「不義而富且貴」（《論語．述而》）不為，但卻仍舊難望孔子之項背，孔子能夠與時偕行，因而是「聖之時者」（《孟子．萬章下》），這代表了聖人的最高境界；最後，為了渲染孔子的與眾不同、高不可攀，孟子又舉出了宰我、子貢和有若盛讚孔子的話，這些話可以濃縮為「生民未有」一語，即從有人類以來，沒有人比孔子偉大，孟子對孔子的景仰的確達到了無以復加的地步。孟子如此地推崇孔子，他對孔子顯然已做到了「知人」；不過，這種帶有強烈感情色彩的知應當不單純建立在對對方的為人和生平事蹟仔細考察的基礎上，這種知是神交心契的知，孔孟「志」、「意」相通，孟子「以意逆志」，方能真知孔子。

（六）

孟子曰：「以力假人者霸，霸必有大國。以德行仁者王，王不待大，湯以七十里，文王以百里。以力服人者，非心服也，力不贍也。以德服人者，中心悅而誠服也，如七十子之服孔子也。《詩》云：『自西自東，自南自北，無思不服。』此之謂也。」

孟子的這段話講的是霸道與王道的區別，他主要從實行霸道或王道的條件以及相應的後果等兩個方面來加以闡述。

孟子說：「以德服人者，中心悅而誠服也，如七十子之服孔子也」，這是將孔子視為以德服人的典範。孔門有德行、言語、政事、文學四科，德行只是其中一科，包括七十二賢人在內的孔門弟子最初應是抱著不同的目的而聚集到孔子的身邊的，他們之中的大多數都是想從孔子那裏學到些謀生乃至做官的本事，譬如「子張學干祿」（《論語．為政》）。可是到了後來，他們也的確是被孔子的偉大人格深深地觸動了。孔子以「學而不厭，誨人不倦。」（《論語．述而》）為主要的生活內容，這「誨人不倦」既包括了言傳，又包括了身教。關於言傳，譬如「樊遲問仁。子曰：『愛人。』」（《論語．顏淵》）子曰：「……夫仁者，己欲立而立人，己欲達而達人。」（《論語．雍也》）；關於身教，譬如齊魯夾谷之會時，齊景公欲威脅魯君就範，孔子以禮斥責景公，保住了國格，這展現了孔子的勇敢和愛國心，匡人拘繫孔子時，孔子曾言：「文王既沒，文不在茲乎？天之將喪斯文也，後死者不得與於斯文也。天之未喪斯文也，匡人其如予何！」（《論語．子罕》）（宋）司馬桓魋欲加害孔子時，孔子說：「天生德於予，桓魋其如予何？」（《論語．述而》）這都展現了孔子的自信和擔當感，孔子被圍陳蔡時，門下弟子疲憊不堪，孔子仍講誦弦歌不絕，並以「君子固窮，小人窮斯濫矣。」（《論語・衛靈公》）勉勵子路等眾弟子，這展現了孔子的豁達和堅貞性。

孔子的言傳身教讓弟子們感到由衷的欽服，孔子去世後，弟子們以對待父親的禮儀為孔子服喪三年，子貢則在孔子的墳前蓋了一間茅屋，為乃師守墳六年。每當有人誹謗孔子時，弟子們總會站出來捍衛老師的崇高人格，「叔孫武叔毀仲尼。子貢曰：『無以為也！仲尼不可毀也。他人之賢者，丘陵也，猶可逾也；仲尼，日月也，無得而逾焉。人雖欲自絕，其何傷於日月乎？多見其不知量也！』」（《論語・子張》）孔門弟子是這樣衷心地崇敬孔子，無怪乎司馬遷也在《孔子世家》的末尾用「高山仰止，景行行止」來描述孔子德行的高不可攀，他自己「雖不能至，然心嚮往之」。

綜上可知，孟子說「七十子之服孔子」是「中心悅而誠服」，這絕不是一句空話，這其中絕無誇張、偽飾之辭，這句話的背後包含了豐富的內容，只有真正對孔子「知人論世」的人才能下如此的判語。

「自西自東，自南自北，無思不服」出自《詩經・大雅・文王有聲》，〈文王有聲〉作於何時、內容何指，至今尚無定論，不過，這首詩的內容涉及到周文王和周武王則是無爭議的事實。孔穎達對「自西自東」一段原文注釋說：「武王於鎬京行辟雍之禮，自四方來觀者，皆感化其德，心無不歸服者。」（《毛詩正義・大雅・文王有聲》）可見，這幾句詩記述了武王能夠使周圍眾多的人受到感化的史實。《齊詩》的注釋說：「武王之伐殷也，執黃鉞，誓牧之野，天下之士，莫不願為之用。」（《詩三家義集疏》卷二十一，〈文王有聲〉）其所述歷史事件與《毛詩》不同，但二者對詩文思想內涵的理解則相去不遠。孟子將詩的意義普遍化、抽象化了，由具體的「服武王」至「以德服人」「中心悅而誠服」，這樣詩就由言「事」轉化為說「理」，由具體的「王道」例證轉化為「王道」理念。孟子引《詩》以說明其「王霸之辨」，從《詩經》詮釋的角度來看，這正是「知言」。

（七）

孟子曰：「仁則榮，不仁則辱。今惡辱而居不仁，是猶惡濕而居下也。如惡之，莫如貴德而尊士，賢者在位，能者在職。國家閒暇，及是時明其政刑，雖大國必畏之矣。《詩》云：『迨天之未陰雨，徹彼桑土，綢繆牖戶。今此下民，或敢侮予。』孔子曰：『為此詩者，其知道乎？能治其國家，誰敢侮之？』今國家閒暇，及是時，般樂怠敖，是自求禍也。禍福無不自己求之者。《詩》云：『永言配命，自求多福。』〈太甲〉曰：『天作孽，猶可違。自作孽，不可活。』此之謂也。」

孟子的這一席話是專對諸侯帝王而言的，其核心意旨就是所謂「仁則榮，不仁則辱」。孟子勸導諸侯王，在國家太平無事之時，應當實行仁政、修明政事，這樣就會獲得榮耀、使其它諸侯國畏懼；反之，如果諸侯王趁國家閒暇而追求享樂、怠於政事，這樣就會遭受屈辱、招致禍害。

在孟子的這段並不太長的勸言裏，他連續引用了《詩經》、《尚書》和孔子的一些話，分別來說明操勞國事即可免於受辱以及禍福自取的道理。「迨天之未陰雨」等句出自《詩經．豳風》中的一首禽言詩〈鴟鴞〉。鴟鴞俗名貓頭鷹，關於〈鴟鴞〉一詩的來龍去脈，歐陽修的《詩本義》載之甚詳。《詩本義．鴟鴞》云：「周公既誅管蔡，懼成王疑己戮其兄弟，乃作詩以曉喻成王。云有鳥之愛其巢者，呼彼鴟鴞而告之曰：『鴟鴞鴟鴞，爾寧取我子，無毀我室。我之生育是子，非無仁恩，非不勤勞，然未若我作巢之難，至於口、手、羽、尾皆病弊，積日累功，乃得成此室。』以譬寧誅管蔡，無使亂我周室也。我祖宗積德累仁，造此周室以成王業甚艱難。」「迨天之未陰雨」等句的字面意思是說鴟鴞趁著天氣晴好辛勤地修補巢穴，並自信這樣一來便無人敢來欺侮，「周公以鳥之為巢如此，比君之為國，亦當思患而預防之。」（《孟子集注・公孫丑章句上》）孔子說「為此詩者，其知道乎？能治其國家，誰敢侮之」，孔子的點評正道出了此詩句的比喻義——「仁則榮」，而這種比喻義也恰恰是孟子所要表達的。所以，孟子「不以文害辭，不以辭害志」，正確地解讀出了〈鴟鴞〉之詩的政治意涵。

關於「永言配命，自求多福」和「天作孽，猶可違。自作孽，不可活」，筆者在本書的分析篇部分已作過認真的解析。「永言配命，自求多福」是周天子告誡諸侯及後王的話，周天子希望他們繼承文王遺志，勵精圖治、以求福運，孟子以此詩句來表述求福在己的道理，應當說是十分貼切的；「天作孽，猶可違。自作孽，不可活」本是太甲悔過之語，孟子用它說明一切災禍均起於自身的道理，雖說沒有完全背離太甲的本意，但太甲至少不曾否認天災即外在原因所造成的災害的存在，因而孟子在這裏是將新的涵義加諸其上了。在這兩處詮釋實踐中，孟子均是以自己的憂患意識和德治理想來評判經典作品的本義，在前者那裏，孟子與經典之意相吻合，在後者那裏，孟子則賦予經典以新義，這都可以看作他對「知言」方法的應用。

（八）

孟子曰：「矢人豈不仁於函人哉？矢人唯恐不傷人，函人唯恐傷人。巫、匠亦然。故術不可不慎也。孔子曰：『里仁為美。擇不處仁，焉得智？』夫仁，天之尊爵也，人之安宅也。莫之禦而不仁，是不智也……」

孟子的這段話拿造箭的人與造鎧甲的人、巫醫與棺材匠作對比，指出一個人的謀生職業關乎他的道德品質的養成和發展變化，因此人們在對職業的選擇上不可不慎，孟子引用孔子的名言則是為了說明仁愛是人的真正的生命歸宿，所有人都不應當偏離它。

「里仁為美。擇不處仁，焉得智」語出《論語．里仁》，其意為，鄉里要有仁德的風俗才算美好，選擇住處，不找有仁德的地方，怎麼能算聰明呢。可見，孔子所謂「處仁」是指居處在有仁德的環境中。孟子說「夫仁，天之尊爵也，人之安宅也」，這是把仁愛說成人的生命歸宿。孟子的這幾句話可以視為他對孔子之言的注釋，照此注釋，孔子「處仁」的意義就演化為居處在仁愛這一生命歸宿之中。在孔子的原話裏，仁本是指仁德的風俗，被孟子引用後，它的涵義轉為仁愛的生命歸宿。對於某一生命個體而言，仁德的風俗是外在的，仁愛的生命歸宿則是內在的。依筆者愚見，仁的意義的這種由外向內的演變，是孟子有意為之，這一詮釋實踐是孟子創造性詮釋——「知言」的典型例證。

四　公孫丑下

（一）

……景子曰：「否，非此之謂也。《禮》曰：『父召，無諾。』『君命召，不俟駕。』固將朝也，聞王命而遂不果，宜與夫禮若不相似然。」曰：「豈謂是與？曾子曰：『晉楚之富，不可及也。彼以其富，我以吾仁。彼以其爵，我以吾義。吾何慊乎哉？』夫豈不義而曾子言之？是或一道也。天下有達尊三：爵一，齒一，德一。朝廷莫如爵，鄉黨莫如齒，輔世長民莫如德。惡得有其一以慢其二哉？故將大有為之君，必有所不召之臣；欲有謀焉，則就之。其尊德樂道，不如是不足與有為也。故湯之於伊尹，學焉而後臣之，故不勞而王。桓公之於管仲，學焉而後臣之，故不勞而霸。今天下地醜德齊，莫能相尚，無他，好臣其所教，而不好臣其所受教。湯之於伊尹，桓公之於管仲，則不敢召。管仲且猶不可召，而況不為管仲者乎？」

上文中的景子即齊國大夫景丑。孟子與景丑間的這一番對答是圍繞著孟子沒有接受王命召喚的事件而展開的。景丑認為，君主召見臣子，臣子應當毫不猶豫地立即覲見；孟子卻認為，他在年齡和德行方面都超過齊王，因此不必在齊王面前唯唯諾諾，況且志在有所作為的君主必定有值得他學習和尊重的臣子，對於這類臣子，君主是不可以呼來喝去的，孟子便自視為這樣一位「不召之臣」。

在闡述自己的觀點時，孟子借重了曾子說過的話。曾子的「彼以其富，我以吾仁。彼以其爵，我以吾義」僅在《孟子》書中一見，所以我們無從判斷曾子講話時的語境；幸好這段話的涵義是清晰的，曾子表達的是以仁義同富貴相抗衡的思想，這彰顯出曾子剛毅高潔的精神風貌。孟子提出「天下有達尊三：爵一，齒一，德一」，即將年齡、道德與爵位並列為天下最尊貴的東西，這與曾子揚德抑爵之意相去不遠。不僅如此，孟子的精神氣質和行為模式也與曾子頗為神似，簡言之，他們都有一種以德抗位的大丈夫氣概。

由此可知，孟子對曾子的理解無偏差，其根由就在於二人性情相仿、「意」「志」相通。在論證「大有為之君，必有所不召之臣」的過程中，孟子一改不屑於談論管仲的做法，舉了齊桓公尊重和信任管仲的例子。不過，這種舉例並不代表孟子改變了對管仲的態度，他在最後說道：「管仲且猶不可召，而況不為管仲者乎」，輕蔑之意溢於言表。至於孟子輕視管仲的原因，當然還是在於管仲實行霸道、孟子反對霸道，於此我們又可見詮釋前見對詮釋結論的決定性影響。

（二）

孟子去齊，宿於晝。有欲為王留行者，坐而言；不應，隱几而臥。客不悅，曰：「弟子齊宿而後敢言，夫子臥而不聽，請勿復敢見矣。」曰：「坐。我明語子。昔者魯繆公無人乎子思之側，則不能安子思。泄柳、申詳，無人乎繆公之側，則不能安其身。子為長者慮，而不及子思。子絕長者乎？長者絕子乎？」

有一位想替齊王挽留孟子的人恭恭敬敬地去拜見孟子，沒想到卻受到孟子的漠視。那人很不高興，孟子便明白地告訴他，君王對待賢德之士應當倍加禮遇，如果要自己留在齊王身邊也未嘗不可，但那須得齊王親自派人來請，否則來人便只能遭到怠慢了。在強調君王應該禮賢下士時，孟子用了魯繆公厚待子思的事例。繆公對子思尊重有加，如此才令子思安心，孟子以此來反襯自己當下沒有受到足夠尊重的境況。對比前一詮釋實例，繆公待子思和桓公待管仲同樣都反映了君主對臣下的敬重，但孟子在敘述這兩個事件時，卻表現出微妙的情感反差。細細品味孟子所謂「管仲且猶不可召，而況不為管仲者乎」以及「子為長者慮，而不及子思」，我們就會發現，對孟子而言，管仲似乎不配獲得那麼高的尊重，而子思還可以受到更多的禮遇，為何如此，其原因不言自明。詮釋前見對孟子評價諸子所發揮的作用於此又可見一斑。

（三）

孟子去齊，充虞路問曰：「夫子若有不豫色然。前日虞聞諸夫子曰：『君子不怨天，不尤人。』」曰：『彼一時，此一時也。五百年必有王者興，其間必有名世者。由周而來，七百有餘歲矣。以其數，則過矣；以其時考之，則可矣。夫天未欲平治天下也，如欲平治天下，當今之世，舍我其誰也？吾何為不豫哉！』

在離開齊國的時候，孟子的弟子充虞看到老師的臉上似乎顯出不愉快的神色，又聯想起老師平日裏常說的「君子不怨天，不尤人」，於是便懷疑老師有些言行不一。「不怨天，不尤人」語出《論語・憲問》，本是孔子所說的話。原文為：「子曰：『不怨天，不尤人。下學而上達。知我者其天乎！』」即孔子說，不怨恨天，不責備人，學習人事，通達天命，知道我的，只是天吧！孔子的這幾句話反映了一種樂天知命的人生態度，孔子的樂觀、不憂愁源於他對天命的感悟和把握。孟子對充虞所講的一番話其實也就是他對孔子「不怨天，不尤人」之語的詮釋或理解。孟子說：「彼一時，此一時也」，這「彼一時」是說君子在日常生活中確實應當抱持「不怨天，不尤人」的處世態度，這「此一時」則是說當他自己的扶助齊王而平治天下的心願不能達成、天下興亡難定之際，產生悲天憫人的情感也在所難免，孟子的這種回答是十分辯證的。孟子進一步闡述其中的道理說：「五百年必有王者興，其間必有名世者。由周而來，七百有餘歲矣。以其數，則過矣；以其時考之，則可矣」，這是說按照五百年治亂循環的歷史週期，天下大治的時機早就已經到來了，然而天下至今未平，所以孟子不能不有所憂愁，「於是而不得一有所為，此孟子所以不能無不豫也。」（《孟子集注・公孫丑章句下》）孟子上面的言論更加清楚地道出了他憂慮的原因，孟子的憂慮是憂世運，而憂世運顯然不等於憂天命，這與「君子不怨天，不尤人」是不矛盾的。正因為二者不矛盾，所以孟子在後面接著說道，「夫天未欲平治天下也，如欲平治天下，當今之世，舍我其誰也？吾何為不豫哉！」孟子的話「言當此之時，而使我不遇於齊，是天未欲平治天下也。然天意未可知，而其具又在我，我何為不豫哉？」（同上）孟子認為他不能實現自己的政治抱負是由於天意不許、世運不濟，但這並不妨礙他對自己的德與才的自信，更不會妨礙他對天命的信任。總之，正如朱熹所說：「孟子雖若有不豫然者，而實未嘗不豫也。蓋聖賢憂世之志、樂天之誠，有並行而不悖者，於此見矣。」（同上）孟子的「不豫」是因為他憂世運，孟子的「未嘗不豫」是因為他樂天命，憂世運、樂天命原本就「並行而不悖」，而通達天命的人歸根結柢還是樂觀和自信的，孟子如此，孔子亦然，孟子對孔子的「不怨天，不尤人」作出了最好的詮釋，豐富了這兩句話的內涵。孟子的這種詮釋是結合他個人當時當地的處境和心情、依據他自己對於天命的體認而作出的，這是一種本體論的詮釋，是典型的「以意逆志」，也是典型的「知言」。

五　滕文公上

（一）

滕文公為世子，將之楚，過宋而見孟子。孟子道性善，言必稱堯、舜。世子自楚反，復見孟子。孟子曰：「世子疑吾言乎？夫道一而已矣。成覸謂齊景公曰：『彼丈夫也，我丈夫也，吾何畏彼哉？』顏淵曰：『舜何人也？予何人也？有為者亦若是！』公明儀曰：『文王，我師也。周公豈欺我哉？』今滕，截長補短，將五十里也，猶可以為善國。《書》曰：『若藥不瞑眩，厥疾不瘳。』」

以上的一段文字記述了孟子向滕國太子講解人性本善並勸他推行仁政的經過。「若藥不瞑眩，厥疾不瘳」是《尚書・商書・說命》中的兩句話，孟子引用它們以增強其論證的力量是十分得當的，筆者對此詮釋實例的分析詳見本書的第三章。

除了引用《尚書》之文，這段話裏還涉及到孟子對顏子之語的詮釋。顏子說：「舜何人也？予何人也？有為者亦若是」，這是在宣示人人都能做聖賢。聖賢之所以為聖賢，就在於他們能將人心的本然之善開顯出來，因此，顏子的話首先傳達著人性皆善以及人人都可向善的道理。不止如此，顏子藉以自況的大舜不僅是聖人，而且還是聖王。聖王不僅講仁愛，而且還能將仁愛的精神和情感貫注於其政治實踐活動之中，從而施行王道政治。所以，顏子的話不只是標舉性善的，還是宣揚仁政的。孟子用顏子的話為其「夫道一而已矣」做注腳，恰似榫頭對上了卯眼；筆者在本書的分析篇部分已經說明，孟子的道正包含了「道性善」及「稱堯舜」兩方面的內容。綜上可知，孟子對顏子之語的理解是準確的，我們可以據此推斷，孟子極有可能運用了他的旨在達成客觀理解的詮釋方法。

（二）

滕定公薨。世子謂然友曰：「昔者孟子嘗與我言於宋，於心終不忘。今也不幸至於大故，吾欲使子問於孟子，然後行事。」然友之鄒，問於孟子。孟子曰：「不亦善乎！親喪固所自盡也。曾子曰：『生，事之以禮；死，葬之以禮，祭之以禮。』可謂孝矣。諸侯之禮，吾未之學也。雖然，吾嘗聞之矣：三年之喪，齊疏之服，飦粥之食。自天子達於庶人，三代共之。」然友反命，定為三年之喪。父兄百官皆不欲，曰：「吾宗國魯先君莫之行，吾先君亦莫之行也。至於子之身而反之，不可。且《志》曰：『喪祭從先祖。』」曰：「吾有所受之也。」謂然友曰：「吾他日未嘗學問，好馳馬試劍。今也父兄百官不我足也，恐其不能盡於大事，子為我問孟子。」然友復之鄒問孟子。孟子曰：「然，不可以他求者也。孔子曰：『君薨，聽於冢宰，歠粥，面深墨，即位而哭。百官有司，莫敢不哀，先之也。』上有好者，下必有甚焉者矣。『君子之德，風也；小人之德，草也。草尚之風必偃。』

是在世子。」

上文記載了這樣一個事件：滕定公逝世之後，滕國太子派遣他的師傅然友到鄒地向孟子請教舉喪的有關事宜。孟子非常欣賞滕國太子的這份孝心，並建議他按照古禮實行三年之喪。然而，三年之喪的動議卻遭到了滕國官吏們的一致反對，他們普遍認為，實行三年之喪有違滕國祖制。為此，滕國太子命然友再赴鄒地求取孟子的意見。孟子鼓勵滕國太子力排眾議，堅行三年之喪，並認為只要滕國太子率先垂範，就一定可以感動其周圍的人。

「生，事之以禮；死，葬之以禮，祭之以禮」出自《論語．為政》，本為孔子告誡弟子樊遲的話語。或許孟子沒有用心考察這幾句話的出處，於是便將其誤判為曾子之言；又或許如朱熹所說，「曾子嘗誦之以告其門人。」（《孟子集注．滕文公章句上》）故而文中的「曾子曰」其實是孟子說曾子曾復述過孔子的原話，這種解釋亦無不可。不過，《大戴禮記．曾子本孝》記有曾子論孝的話──「生則有義以輔之，死則哀以蒞焉，祭祀則蒞之以敬」，其意義與孟子引語相近，所以我們可以權且相信孟子的引語所表達的就是曾子本人的思想。「生，事之以禮；死，葬之以禮，祭之以禮」是典型的規令性語言，它指示著道德的應然，主張兒女在父母的生前或死後都應以禮相待，這樣才算是盡了孝道。孟子寄望滕國太子能夠效法三年之喪的古禮，以實現對其父親的孝，上述引語放在這裏顯然是合適的。

孝是內心的道德情感，禮是外部的表達形式，孝與禮的完美結合有助於人們更好地盡其人倫，這一點是孔子、曾子和孟子等聖賢們的共識。因此，孟子「以意逆志」，便可以明瞭曾子之心、孔子之意，也才可以實現正確的引用。

「君薨，聽於冢宰……」及「君子之德……」兩段引文分別出自

《論語．憲問》及《論語．顏淵》。前者在《論語》中對應的原文為「君薨，百官總己以聽於冢宰三年」，後者在《論語》中對應的原文為「君子之德風，小人之德草，草上之風，必偃」。考究《論語》原文及《孟子》引文的文意，《論語．憲問》中的孔子表達的是三年之喪「古之人皆然」之意，但加上「百官有司，莫敢不哀，先之也」等文字卻是表達「上有好者，下必有甚焉者」之意，雖然加上去的這些文字不見於《論語》及其它文獻材料，但出於對孟子的信任，筆者還是暫且相信孔子曾經講過類似的話；至於《論語．顏淵》中的原文則與《孟子》裏的引文僅一字之差而意義無別，其意義同樣為「上有好者，下必有甚焉者」。可見，孟子兩度引用孔子的話，都是為他所總結出的上行下效的政治經驗和社會經驗作論證的，兩處引文的區別在於，前者是一個現實的、具體的事例，後者則是一個形象的、生動的比喻。儘管這兩段引文的意義都不難讓人領會，但大體說來，理解前者還是要「知人論世」，理解後者還是要「不以文害辭，不以辭害志」。

（三）

滕文公問為國。孟子曰：「民事不可緩也。《詩》云：『晝爾於茅，宵爾索綯。亟其乘屋，其始播百穀。』民之為道也，有恆產者有恒心，無恆產者無恒心。苟無恒心，放辟邪侈，無不為已。及陷乎罪，然後從而刑之，是罔民也。焉有仁人在位，罔民而可為也？是故賢君必恭儉、禮下，取於民有制。陽虎曰：『為富不仁矣，為仁不富矣。』夏後氏五十而貢，殷人七十而助，周人百畝而徹，其實皆什一也。徹者徹也，助者藉也。龍子曰：『治地莫善於助，莫不善於貢。』貢者，校數歲之中以為常。樂歲，粒米狼戾，多取之而不為虐，則寡取之；凶年，糞其田而不足，則必取盈焉。為民父母，使民盻盻然，將終歲勤動，不得以養其父母，又稱貸而益之，使老稚轉乎溝壑，惡在其為民父母也？夫世祿，滕固行之矣。《詩》云：『雨我公田，遂及我私。』惟助為有公田，由此觀之，雖周亦助也。設為庠序學校以教之：庠者養也，校者教也，序者射也。夏曰校，殷曰序，周曰庠，學則三代共之，皆所以明人倫也。人倫明於上，小民親於下。有王者起，必來取法，是為王者師也。《詩》云：『周雖舊邦，其命維新。』文王之謂也。子力行之，亦以新子之國。」

這裏的滕文公也就是前文提及的滕國太子。滕國太子登上君位以後，向孟子詢問如何才能治理好他的國家。孟子的治國理政方針總體說來就是輕徭薄賦及「養而後教」。具體地說，首先，君主不能因國家的政事而耽誤百姓的農事，否則便是逼迫百姓們去犯罪；其次，君主不應對百姓徵收過高的賦稅，相比之下，在稅制選擇上，商朝及周朝的「助」法比夏朝的「貢」法更為合理；最後，君主還要設立學校以教化百姓，使他們明瞭人倫道德。採取了這些措施之後，整個國家的面貌自然就會煥然一新。

「晝爾於茅，宵爾索綯。亟其乘屋，其始播百穀」是《詩經・豳風・七月》裏的一段，〈七月〉一詩描寫了周人一年四季的勞動和生活過程，其中孟子所引的這幾句記述了農人利用農閒時節匆忙整修房屋的情景，詩文大意為，白天割取茅草，晚上絞成繩索，趕快修繕好房屋，將要開始播種五穀。朱熹對這幾句詩有十分貼切的注釋，他說「治屋之急如此者，蓋以來春將復始播百穀，而不暇為此也。」（同上）可見，這幾句詩使我們明白，農人以農事為先，對農人而言，農事重於一切。孟子說「民事不可緩也」，朱熹注曰：「民事，謂農事。」（同上）所以，「民事不可緩」即「農事不可緩」。既然農事對農人而言重於一切，那麼對當政者而言，農事當然也不可緩。由此可知，〈七月〉詩句中所傳達出來的信息與孟子的施政主張——「民事不可緩」是存在著因果聯繫的，因而孟子的引《詩》是恰切的。在這裏，孟子要正確地讀《詩》就得瞭解周人的民俗及農業生產活動的規律，這也算是「知人論世」了。

孟子說：「《詩》云：『雨我公田，遂及我私。』惟助為有公田，由此觀之，雖周亦助也」，這是孟子把《詩經》中的兩句話作為文獻上的證據，來證明周代在稅制上也實行商代的「助」法。「雨我公田，遂及我私」見於《詩經・小雅・大田》。《毛序》以為：「〈大田〉，刺幽王也。言矜寡不能自存焉。」（《毛詩正義・小雅・大田》）；現代學者則認為〈大田〉：「當是周恭王時期的詩篇」[3]，儘管二者的意見有分歧，但認為該詩創作於西周時期卻是他們都能夠接受的看法。

「雨我公田，遂及我私」意為雨先下到我們的公田，然後灑落到我的私田；將田地分公、私，這透露出西周時代確曾實行過井田制的訊息，「當時助法盡廢，典籍不存。惟有此詩，可見周亦用助，故引之也。」（《孟子集注・滕文公章句上》）孟子能夠準確地用詩，足見他掌握了豐富的歷史知識，這也是「知人論世」。

「周雖舊邦，其命維新」是《詩經・大雅・文王》裏的詩句。對此詩句，《毛傳》曰：「乃新在文王也。」（《毛詩正義・大雅・文王》），鄭玄箋云：「大王聿來胥宇而國於周，王跡起矣，而未有天命。至文王而受命。」（同上）因此，該詩句的意思是說，周雖然是一個古老的邦國，但卻是自周文王繼承王位之後方才王道大行，從而承受了新的天命；在這裏，「其命維新」的「新」是指天命之新。

---

3 聶石樵、雒三桂、李山：《詩經新注》，頁439。

不過，若把這兩句詩放置在孟子教導滕文公的語境裏，「新」的意義便要發生轉化了。孟子很清楚，以戰國的形勢和滕國的國力，滕文公絕對不可能像周文王那樣興起王業，所以他才說「有王者起，必來取法，是為王者師也」，滕文公最大限度只能作王者之師，而無法稟受天命成為一代王者。孟子在引詩之後繼續說道：「子力行之，亦以新子之國」，個「新子之國」就不應當是指使滕國承受天命，而應當是指使滕國氣象一新。綜上所述，孟子在對《文王》之詩的引用上賦予了「新」以新義，這是運用了創造性詮釋的方法。

（四）

陳相見孟子，道許行之言曰：「滕君則誠賢君也，雖然，未聞道也。賢者與民並耕而食，饔飧而治。今也滕有倉廩府庫，則是厲民而以自養也，惡得賢？」孟子曰：「許子必種粟而後食乎？」曰：「然。」「許子必織布而後衣乎？」曰：「否。許子衣褐。」「許子冠乎？」曰：「冠。」曰：「奚冠？」曰：「冠素。」曰：「自織之與？」曰：「否。以粟易之。」曰：「許子奚為不自織？」曰：「害於耕。」曰：「許子以釜甑爨，以鐵耕乎？」曰：「然。」「自為之與？」曰：「否。以粟易之。」「以粟易械器者，不為厲陶冶？陶冶亦以其械器易粟者，豈為厲農夫哉？且許子何不為陶冶，舍皆取諸其宮中而用之？何為紛紛然與百工交易？何許子之不憚煩？」曰：「百工之事，固不可耕且為也。」

「然則治天下獨可耕且為與？有大人之事，有小人之事。且一人之身，而百工之所為備。如必自為而後用之，是率天下而路也。故曰：或勞心，或勞力。勞心者治人，勞力者治於人。治於人者食人，治人者食於人。天下之通義也。」

在上文中，一位名叫陳相的人向孟子闡述農家許行的有關思想主張。許行認為，君主應當與百姓一同耕種田地並自己煮米下鍋，滕國國君儘管實行仁政，卻也未能做到這一點，因此還算不上真正的賢明。孟子立即揭露許行理論的荒謬性。他指出，許行雖然能夠自耕自食，但不可能同時從事其它所有的行業，可他卻享用著其它行業的勞動成果；同理可知，治理天下也是君王專有的職責，君王只要履行好這一職責就足夠了，就完全有資格使用百姓供給他的穀米和財物，而不必親行百工及耕稼之事。

許行是農家學說的信奉者和踐行者。關於農家，《漢書．藝文志．諸子略》說道：「農家者流，蓋出於農稷之官。播百穀，勸農桑，以足衣食……及鄙者為之，以為無所事聖王，欲使君臣並耕，誖上下之序」。由此觀之，《漢書．藝文志》所謂「鄙者」的見解正是許行等輩所宣揚的。

孟子對許行的批評很容易讓我們聯想起孔子對樊遲的批評。《論語》載：「樊遲請學稼，子曰：『吾不如老農』請學為圃。曰：『吾不如老圃。』樊遲出。子曰：『小人哉，樊須也！上好禮，則民莫敢不敬；上好義，則民莫敢不服；上好信，則民莫敢不用情。夫如是，則四方之民繈負其子而至矣，焉用稼？』」（《論語．子路》）從表面上看，孟子批評許行、孔子批評樊遲似乎都是出於對農業生產勞動的鄙視，其實不然。孔子批評樊遲，是由於樊遲遺忘了君子的職分，只要在上者講禮義、守信用自然就可以管理好他治下的百姓；孟子批評許行，是由於許行無視君王的職分，只要統治者施仁政、行王道自然就可以治理好他的國家。如果管理階層職分不明、本末倒置，不光自己的事情做不好，百姓也要跟著遭殃。設想滕文公如果真的聽從了許行或陳相等人的建議，躬耕親種、親下廚房，他還有何暇處理政務呢？職分也就是職責和分位，儒家所謂職分，從倫理的角度講，是要

「君君，臣臣，父父，子子。」（《論語・顏淵》）從社會分工的角度講，是要「勞心者治人，勞力者治於人。治於人者食人，治人者食於人」。所以，孟子是秉承了儒家的一貫原則——守職分，因此才對許行的說法大加撻伐的，這顯示出孟子對其「知言」方法的運用。

（五）

「當堯之時，天下猶未平。洪水橫流，氾濫於天下；草木暢茂，禽獸繁殖，五穀不登；禽獸偪人，獸蹄鳥跡之道交於中國。堯獨憂之，舉舜而敷治焉。舜使益掌火，益烈山澤而焚之，禽獸逃匿。禹疏九河，瀹濟、漯，而注諸海；決汝、漢，排淮、泗，而注之江。然後中國可得而食也。當是時也，禹八年於外，三過其門而不入，雖欲耕，得乎？後稷教民稼穡、樹藝五穀，五穀熟而民人育。人之有道也，飽食、暖衣，逸居而無教，則近於禽獸。聖人有憂之，使契為司徒，教以人倫；父子有親，君臣有義，夫婦有別，長幼有序，朋友有信。放勳曰：『勞之來之，匡之直之，輔之翼之，使自得之，又從而振德之。』聖人之憂民如此，而暇耕乎？堯以不得舜為己憂，舜以不得禹、皋陶為己憂。夫以百畝之不易為己憂者，農夫也。分人以財謂之惠，教人以善謂之忠，為天下得人者謂之仁。是故以天下與人易，為天下得人難。孔子曰：『大哉堯之為君！惟天為大，惟堯則之。蕩蕩乎，民無能名焉。君哉舜也！巍巍乎，有天下而不與焉。』堯舜之治天下，豈無所用其心哉？亦不用於耕耳。」

以上的一番議論仍然是孟子針對陳相、許行之言而發的。在孟子看來，聖賢之所以為聖賢，並不表現在他們能夠與百姓同耕同食；而是表現在他們能夠解除百姓的禍患，使之安居樂業，此外，教化百姓和選用良才也是聖人當盡的職分。舉例言之，堯、舜、禹無疑都是古代的聖王，他們均有著輝煌的事功，但他們當中的任何一位都不曾把心思專注在耕稼之事上。

在這裏，孟子主要是採用例證法來反駁許行的主張的，即透過擺出事實論據來證明自己觀點的合理性、顯示論敵的謬誤。不過，孟子所擺出的事實還是經過了他的選擇、過濾的，由此我們也可見孟子的立場的獨特性。堯、舜、禹被公認為古代的聖王，且他們的執政方式也十分切合儒家的仁政主張，這確乎是不易否認的事實。可是，公允地講，農家所假託的神農氏一般也被認為是古聖王之一，而傳說中的神農氏顯然是重視並參與農業實踐的。假如孟子在此處列舉的是神農氏的例子，他恐怕就會得出相反的結論了。總之，孟子對事實的選取顯出他立場的獨特，孟子站在這種獨特的立場上批駁論敵，這當然是他所謂「知言」。在孟子的這段話裏，他不僅擺事實，而且講道理，即除了例證法，他還運用了引證法。孟子引用的孔子語出自《論語．泰伯》，引文和原文在字句上略有出入。據《論語．泰伯》載：「子曰：『大哉堯之為君也！巍巍乎！唯天為大，唯堯則之。蕩蕩乎！民無能名焉。巍巍乎其有成功也！煥乎其有文章！』」又說：「子曰：『巍巍乎，舜、禹之有天下也，而不與焉』」。

上面的兩段文采飛揚的文字高歌了堯、舜德業的崇高與偉大，孔子甚至用了「巍巍乎」和「蕩蕩乎」這樣華美的修飾語，敬仰之情飽含其中；孟子將這兩段話合為一段，並在措辭上略作調整，但這並沒有導致原文意義的改變。不過，孟子在這裏引用孔子的話並不是為了說明堯、舜的德業之偉大，而是為了說明「堯舜之治天下，豈無所用其心哉？亦不用於耕耳」。堯、舜有如此輝煌的事功，顯然不可能「無所用其心」，但堯、舜的用心是不是「用於耕」，僅透過引文是看不出來的，孟子當然清楚這一點。依筆者之陋見，孟子所引的文字雖不能直接表達他最終要表達的觀點，但二者之義至少並無矛盾，孟子的引用恐怕主要還是為增添其論說的文采的。從這個意義上說，孟子並沒有誤讀孔子，他是「不以文害辭，不以辭害志」，讀出了孔子之言的本義的。

（六）

「吾聞用夏變夷者，未聞變於夷者也。陳良，楚產也，悅周公仲尼之道，北學於中國。北方之學者，未能或之先也。彼所謂豪傑之士也，子之兄弟事之數十年，師死而遂倍之。昔者孔子沒，三年之外，門人治任將歸，入揖於子貢，相向而哭，皆失聲，然後歸。子貢反，築室於場，獨居三年，然後歸。他日子夏、子張、子遊以有若似聖人，欲以所事孔子事之，強曾子。曾子曰：『不可。江漢以濯之，秋陽以暴之，皜皜乎不可尚已』今也南蠻鴃舌之人非先王之道。子倍子之師而學之，亦異於曾子矣。吾聞出於幽谷，遷於喬木者，未聞下喬木而入於幽谷者。《魯頌》曰：『戎狄是膺，荊舒是懲。』周公方且膺之，子是之學，亦為不善變矣。」

上面一段仍然是孟子批評陳相的言論。孟子痛心地斥責陳相，認為他背叛了自己的老師而師從夷狄之人、背棄了周孔之道而學習夷狄之道。在批評陳相的過程中，孟子例舉了子貢、曾子等人在孔子逝世後的忠誠表現，以此反襯陳相的背師行為的可恥；孟子還兩次引用《詩經》裏的言辭說明，君子應當修習先王之道、遠離夷狄之道，而不是相反。

曾子的「江漢以濯之，秋陽以暴之，皜皜乎不可尚已」是拿清水漂洗、太陽曝曬來比喻孔子對其人格的修煉，其意為孔子的人格，就像曾經用長江、漢水洗濯過，曾經在秋天的太陽下曝曬過，真是潔白得無以復加了。由於使用了比喻的修辭手法且主語未在句中出現，要正確地解讀曾子的這幾句話，孟子就需要「不以文害辭，不以辭害志」；孟子對孔門弟子為乃師守喪的種種細節瞭如指掌，這可見他

「知人論世」；對於曾子堅決不肯認有若為師的做法，孟子在情感上支持、在心理上認同，這又表示孟子曾「以意逆志」了。

「出於幽谷，遷於喬木」見於《詩經．小雅．伐木》，原文為「出自幽谷，遷於喬木」。「出自幽谷，遷於喬木」、「謂鄉時之鳥，出從深谷，今移處高木」（《毛詩正義．小雅．伐木》），所以這兩句詩原本只是說鳥兒從幽暗之所前往光明之處。孟子藉此詩句來比喻人類由野蠻到文明的進步，這便將新的比喻義附加於此詩句之上了，這顯然是「知言」。「戎狄是膺，荊舒是懲」語出《詩經．魯頌．閟宮》。《毛序》：「《閟宮》，頌僖公能複周公之宇也。」（《毛詩正義．魯頌．閟宮》），因此這首詩是讚美春秋時的魯僖公的。「戎狄是膺，荊舒是懲」意為抗擊戎狄，痛懲荊舒，它歌頌了魯僖公的武功。詩文中的「荊」指楚國，它曾是魯僖公討伐的對象；在當時中原人士的心目中，楚地尚是一片未開化的蠻荒之地，孟子用僖公對楚國的征伐來比附中原文明與蠻夷之道的衝突，這當然是可以的。但是，孟子說出「周公方且膺之」這樣的話，這就表明他將討伐荊舒的統帥認作周公了，這顯然是一個錯誤。朱熹就認為，「今此詩為僖公之頌，而孟子以周公言之，亦斷章取義也。」（《孟子集注．滕文公章句上》）

不過，這裏的斷章取義又可分作兩種情況：其一，孟子的誤認僖公為周公是一個無心之失，他確實不知道或忘記了這首詩歌所頌揚的對象是誰，我們不能也不必排除這種可能性的存在；其二，孟子的誤讀是他有意為之，他試圖借重眾人欽敬的周公以加強其論辯的說服力，如果是這樣的話，那麼孟子的這一詮釋實例又可以看作他運用「知言」方法的一個例證。

（七）

「從許子之道，則市賈不貳，國中無偽。雖使五尺之童適市，莫之或欺。布帛長短同，則賈相若。麻縷絲絮輕重同，則賈相若。五穀多寡同，則賈相若。屨大小同，則賈相若。」曰：「夫物之不齊，物之情也。或相倍蓰，或相什伯，或相千萬，子比而同之，是亂天下也。巨屨小屨同賈，人豈為之哉？從許子之道，相率而為偽者也，惡能治國家？」

圍繞著許行的經濟主張，陳相和孟子又展開了爭論。用朱熹的話說：「許行欲使市中所粥之物，皆不論精粗美惡，但以長短、輕重、多寡、大小為價也。」（同上）陳相認為，聽從了許行的學說，則「國中無偽」；孟子卻針鋒相對地提出，聽從了許行的學說，則「相率而為偽者」。孟子這樣說的理由是，貨物本來就有品種和品質的不同，如果像許行那樣無視這一點，硬要使其價格一致，「是使天下之人皆不肯為其精者，而競為濫惡之物以相欺耳。」（同上）這一次孟子批評許行學說的方式與他在別處用「知言」法駁斥諸子言論的方式略有不同。質言之，從這一詮釋實例中我們看不出孟子有強烈的先入之見，或者說孟子在這裏並不是拿著儒家的學說與許行的思想比高下；他反倒是以事實為依據，透過對市場實情的分析與考察，使許行經濟主張的漏洞自現。不過，筆者以為，我們還不可以據此便遽下斷言，認為孟子在此處擺脫了他的詮釋前見；畢竟，許行的平均主義的經濟理想也有其可欣賞之處，可是孟子卻對此視若無睹，這恐怕不能不歸因於詮釋前見在他的心理的深層所發揮的作用。

（八）

夷子曰：「儒者之道，古之人『若保赤子』，此言何謂也？之則以為愛無差等，施由親始。」徐子以告孟子。孟子曰：「夫夷子信以為人之親其兄之子，為若親其鄰之赤子乎？彼有取爾也。赤子匍匐將入井，非赤子之罪也。且天之生物也，使之一本，而夷子二本故也。蓋上世嘗有不葬其親者。其親死，則舉而委之於壑。他日過之，狐狸食之，蠅蚋姑嘬之。其顙有泚，睨而不視。夫泚也，非為人泚，中心達於面目。蓋歸反虆梩而掩之。掩之誠是也，則孝子仁人之掩其親，亦必有道矣。」

上文記錄著孟子對墨家「兼愛」主張的批判。孟子批判「兼愛」的依據是儒家的「仁愛」觀念。墨家要求人們平等地愛一切人，儒家則認為一個人對自己親人的愛總是會甚於對其他人的愛。孟子以「仁愛」反對「兼愛」，這是運用了典型的「知言」詮釋法。筆者對此詮釋實例的分析詳見本書的第三章。

六　滕文公下

(一)

孟子曰：「昔齊景公田，招虞人以旌。不至，將殺之。志士不忘在溝壑，勇士不忘喪其元。孔子奚取焉？取非其招不往也……」

孟子在說理時講到一則小歷史典故，這個典故涉及到齊景公、孔子和一位不知名的虞人，虞人就是管理山林苑囿的人。齊景公在外打獵，用旌旗召喚虞人，虞人竟不肯去，盛怒之下的齊景公準備殺掉虞人，結果這虞人卻受到了孔子的讚賞。孔子為什麼會讚賞這位虞人的行為呢？我們都知道孔子「君命召，不俟駕行矣。」（《論語・鄉黨》）即國君下令召喚，孔子不等待車輛駕好馬，立即先步行出發，孔子的表現似乎與虞人正好相反。實際上，孔子的「君命召，不俟駕」也不是無原則的；孔子告訴弟子顏回要「非禮勿視，非禮勿聽，非禮勿言，非禮勿動。」（《論語・顏淵》）他自己同樣也是依禮而行。孔子之所以會稱讚虞人，就在於虞人實踐了他所謂的「非禮勿動」。古代的國君招人，需要用相應的事物作憑信，據《左傳・昭公二十年》的說法，國君召喚大夫時應使用旌旗，召喚武士時應使用弓，召喚虞人時則應使用皮冠。齊景公不用皮冠而用旌旗召虞人，這是「非禮」；虞人不接受召喚，這是「非禮勿動」。因此，孟子將孔子誇讚虞人的原因歸結為「取非其招不往也」，真是一語中鵠。孟子能夠輕鬆道出孔子之意，這顯示出他「知人」，以筆者之見，孟子的「知人」還是建立在他與孔子心、意相通的基礎之上的。

（二）

景春曰：「公孫衍、張儀豈不誠大丈夫哉？一怒而諸侯懼，安居而天下熄。」孟子曰：「是焉得為大丈夫乎？子未學禮乎？丈夫之冠也，父命之。女子之嫁也，母命之，往送之門，戒之曰：『往之女家，必敬必戒，無違夫子。』以順為正者，妾婦之道也。居天下之廣居，立天下之正位，行天下之大道。得志，與民由之；不得志，獨行其道。富貴不能淫，貧賤不能移，威武不能屈，此之謂大丈夫。」

孟子與景春討論何謂大丈夫。景春抬出了戰國時期著名的縱橫家公孫衍和張儀，認為以他們的威風和權勢才真正當得起大丈夫之名，孟子對此不屑一顧。對於大丈夫，孟子有自己的標準。儒家所推崇者歷來是商湯、周武那樣的聖君和伊尹、周公那樣的賢相，與這些聖君、賢相相比，公孫衍、張儀「二子阿諛苟容，竊取權勢，乃妾婦順從之道耳，非丈夫之事也。」（《孟子集注・滕文公章句下》）那麼，大丈夫應該符合什麼樣的標準呢？孟子說：「居天下之廣居，立天下之正位，行天下之大道」，朱熹注曰：「廣居，仁也。正位，禮也。大道，義也。」（同上）可見，大丈夫是能夠踐仁、行義、守禮的人，商湯、周武、伊尹、周公自然都是這樣的人。合乎以上標準的大丈夫「富貴不能淫，貧賤不能移，威武不能屈」，而公孫衍、張儀等輩不知仁、義、禮，他們唯利是圖、唯權是圖，當然就會以富貴動心、因貧賤變節、在威勢和強權面前屈服，這樣看來，公孫衍和張儀只不過如同妾婦而已。孟子高揚儒家的仁、義、禮的價值理念，使公孫衍、張儀之流相形見絀，由「一怒而諸侯懼，安居而天下熄」的所謂大丈夫，現原形為「以順為正」的妾婦，這展示出「知言」方法的強大論辯力量。

（三）

周霄問曰：「古之君子仕乎？」孟子曰：「仕。《傳》曰：『孔子三月無君，則皇皇如也。出疆必載質。』公明儀曰：『古之人三月無君則弔。』」「三月無君則弔，不以急乎？」曰：「士之失位也，猶諸侯之失國家也。《禮》曰：『諸侯耕助，以供粢盛。夫人蠶繅，以為衣服。犧牲不成，粢盛不潔，衣服不備，不敢以祭。』『惟士無田，則亦不祭。』牲殺、器皿、衣服不備，不敢以祭，則不敢以宴，亦不足弔乎？」「出疆必載質，何也？」曰：「士之仕也，猶農夫之耕也。農夫豈為出疆舍其耒耜哉？」曰：「晉國亦仕國也，未嘗聞仕如此其急。仕如此其急也，君子之難仕，何也？」曰：「丈夫生而願為之有室，女子生而願為之有家。父母之心，人皆有之。不待父母之命、媒妁之言，鑽穴隙相窺，踰牆相從，則父母、國人皆賤之。古之人未嘗不欲仕也，又惡不由其道。不由其道而往者，與鑽穴隙之類也。」

一名叫周霄的人問孟子，古代的君子是否做官。周霄的提問是別有用意的，他是想聽孟子說出自身不肯出仕為官的理由。想不到孟子作了十分肯定的回答，並且以「孔子三月無君，則皇皇如也。出疆必載質」的做法和曾子弟子公明儀「古之人三月無君則弔」的說法來加以證明。「三月無君，則皇皇如也」反映了孔子求官的急切；「出疆必載質」是說孔子出國界，一定帶著準備和君主初次見面的禮物；「三月無君則弔」即三個月沒有被君主任用，就感到哀傷。周霄以下的三次發問都是針對孟子的這一回答而來，孟子則以三次類比來應對周霄的三個問題。周霄首先懷疑「三月無君則弔」是過於急功近利的表現，孟子用「諸侯之失國家」來比附「士之失官位」，指出士人如果失掉了官爵俸祿，就沒有能力去祭祀先祖，因而必將會內心不安——「不敢以祭，則不敢以宴」，總之「三月無君則弔」是出於道德的原因，而不是出於功利的原因；周霄繼而又對孔子的「出疆必載質」表示了不理解，孟子用「農夫之耕」來比附「士之仕」，指出士人應以做官、從政為本分，孟子的回答實際是點出了士階層的一大特點，即士人的身上具有強烈的入世意識和政治使命感；周霄最後結合孟子自身的境況提出，既然士人找官位是如此的急迫，為什麼孟子卻不願意輕易為官，孟子又用男女的結合須「待父母之命、媒妁之言」來比附仕當「由其道」，意謂自己的求官是依禮而行的，絕不會找捷徑、走歪門邪道。孟子的上述回答一方面是表達自己的心志，為他自己的想法和做法作一解釋，另一方面則是為孔子、公明儀等前賢的言行作辯護。孟子的辯護讓我們間接地看到了一個一心入世、胸懷天下而又一切循禮守義的孔子形象，讓我們瞭解了孔子一生的多次求官並不是出於私心、為著私利，孔子的到處求官其實表現著他的德性的心靈，孟子對孔子的這種詮釋對維護孔子的形象、消除人們對於孔子的誤解是很有意義、很有說服力的。孟子的詮釋說明了他對孔子的「知人論世」，這裏的「知人」更多地是「知心」，孟子對孔子的「知」是內在的、深層的，這種「知」有賴於「以意逆志」。

（四）

萬章問曰：「宋，小國也。今將行王政，齊、楚惡而伐之，則如之何？」孟子曰：「湯居亳，與葛為鄰。葛伯放而不祀，湯使人問之曰：『何為不祀？』曰：『無以供犧牲也。』湯使遺之牛羊，葛伯食之，又不以祀。湯又使人問之曰：『何為不祀？』曰：『無以供粢盛也。』湯使亳眾往為之耕，老弱饋食。葛伯率其民，要其有酒食黍稻者奪之，不授者殺之。有童子以黍肉餉，殺而奪之。《書》曰：『葛伯仇餉。』此之謂也。為其殺是童子而征之，四海之內皆曰：『非富天下也，為匹夫匹婦復仇也。』湯始征，自葛載。十一征而無敵於天下。東面而征，西夷怨。南面而征，北狄怨。曰：『奚為後我。』民之望之，若大旱之望雨也。歸市者弗止，芸者不變。誅其君，弔其民，如時雨降，民大悅。《書》曰：『徯我後，後來其無罰。』『有攸不惟臣，東征，綏厥士女。匪厥玄黃，紹我周王見休，惟臣附於大邑周。』其君子實玄黃於匪，以迎其君子；其小人簞食壺漿，以迎其小人。救民於水火之中，取其殘而已矣。〈太誓〉曰：『我武惟揚，侵於之疆，則取於殘，殺伐用張，于湯有光。』不行王政云爾；苟行王政，四海之內皆舉首而望之，欲以為君。齊楚雖大，何畏焉？」

宋國國君產生了行王政的想法，不成想卻由此而招致了齊、楚等大國的忌恨，於是宋國便處於戰爭的邊緣。孟子的弟子萬章因此事而對孟子的仁政主張的合理性和現實性產生了懷疑。孟子信心十足地對萬章指出，假設宋國真的實行了王政，那麼齊、楚等強國的威脅就根本不足畏。為了證明行王政者收服民心之易、征服天下之速，孟子又一次舉出了商湯和周武王等聖王的事例，並多次直接引用《尚書》裏的相關記載。

「葛伯仇餉」一句見於《尚書．商書．仲虺之誥》，意為葛伯仇視送飯的人。關於這句話，孔安國傳曰：「葛伯遊行，見農民之餉於田者，殺其人，奪其餉，故謂之仇餉。」（《尚書正義．商書．仲虺之誥》）其所述事件經過與孟子所謂「葛伯率其民，要其有酒食黍稻者奪之，不授者殺之」完全相同。「徯我後，後來其無罰」也出自〈仲虺之誥〉，意為等待我們的君主，他來了，我們便不再受罪了，《尚書》原文為「徯予後，後來其蘇」。這兩句話是仲虺摹擬暴君統治下的倒懸之民的口吻而說的：「湯所往之民，皆喜曰：『待我君來，其可蘇息。』」（同上），可見此語表達了受殘害的百姓們渴望被解救的急迫心情。因此，孟子以其為「民之望之，若大旱之望雨也」或者「民大悅」做注腳，當屬無誤。「有攸不惟臣」等一段引文見於〈武成〉篇，文字上也略有出入，但其文義不變，原文為「肆予東征，綏厥士女。惟其士女，篚厥玄黃，昭我周王。天休震動，用附我大邑周」。這段引文的核心意旨是說周武王的征伐得民心、順民意，孟子把它用在上文中，顯然也是合適的。〈泰誓〉中的一段話本作「我武惟揚，侵於之疆，取彼兇殘，我伐用張，於湯有光」，孟子的相關引文在文字上的微小差別也不曾影響到原文的文義。朱熹認為，這些話「言武王威武奮揚，侵彼紂之疆界，取其殘賊。而殺伐之功，因以張大。比于湯之伐桀，又有光焉。引此以證上文『取其殘』之義。」（《孟子集注・滕文公章句下》）朱熹所言極是。〈泰誓〉之文說明了聖王在正義的旗幟下發動戰爭，因而戰無不勝，這也印證了孟子所謂「取其殘」之意。

綜上所述，孟子對《尚書》的上述四次引用均不違背其本義，由此便可知，孟子對商湯伐桀、武王伐紂的歷史經過是非常熟悉的，這也體現了他的「知人論世」。

（五）

公孫丑問曰：「不見諸侯何義？」孟子曰：「古者不為臣不見。段干木逾垣而辟之，泄柳閉門而不納，是皆已甚。迫，斯可以見矣。陽貨欲見孔子，而惡無禮。大夫有賜於士，不得受於其家，則往拜其門。

陽貨矙孔子之亡也，而饋孔子蒸豚。孔子亦矙其亡也而往拜之。當是時，陽貨先，豈得不見？曾子曰：『脅肩諂笑，病於夏畦。』子路曰：『未同而言，觀其色赧赧然，非由之所知也。』由是觀之，則君子之所養可知已矣。」

公孫丑問孟子為什麼不主動地去謁見諸侯，針對這一提問，孟子講述了一番士人何時當見諸侯、何時不當見諸侯的大道理：在自己不做對方下屬的情況下，一般就可以不見，反之則反是；但是，如果對方態度誠懇、求見的願望迫切且能夠對自己以禮相待，這時也應該與之相見。

為了說明後者，孟子使用了孔子見陽貨的事例，「引孔子之事，以明可見之節也。」（同上）此事另見於《論語．陽貨》的第一章。陽貨曾希望孔子來拜見自己，但又不願意失禮，於是便趁孔子外出時贈送他一隻蒸熟的小豬。按照當時的禮節，大夫賞賜士人禮物，如果士人沒能在家中親自接受的話，便應在事後去大夫家登門答謝。孔子雖然並不欣賞陽貨的行事和為人，卻也不能違背事理，所以他也在打聽到陽貨不在家的時候才去道謝，結果兩人卻在途中相遇了。「陽貨於魯為大夫，孔子為士。」（同上）這是二人各自所處的分位；「大夫有賜於士，不得受於其家，則往拜其門」，這是當時的禮儀規定；孟子瞭解這一切，可見他「知人論世」。

孟子說：「當是時，陽貨先，豈得不見」，認為孔子此刻應當去拜見陽貨，這是他在「知人論世」的基礎上「以意逆志」的結論。在這裏，孟子所引證的事與他要說明的理是完全合拍的。在上文中，孟子還引用了曾子的話以說明士人在與諸侯的交往中應當有禮有節。「脅肩諂笑，病於夏畦」意為聳起兩肩，做出討好的笑臉，這比夏天在田地裏幹活的人還要勞累；它表達了曾子的士人要在諸侯面前保持尊嚴、不做諂媚之事的想法。「夏畦」的字面意義為夏天的田地，但實則指「夏月治畦之人」（同上），所以，要正確理解曾子的這兩句話，孟子至少得「不以文害辭，不以辭害志」。

（六）

公都子曰：「外人皆稱夫子好辯，敢問何也？」孟子曰：「予豈好辯哉！予不得已也。天下之生久矣，一治一亂。當堯之時，水逆行，氾濫於中國，蛇龍居之。民無所定，下者為巢，上者為營窟。《書》曰：『洚水警餘。』──洚水者，洪水也。──使禹治之。禹掘地而注之海，驅蛇龍而放之菹。水由地中行，江、淮、河、漢是也。險阻既遠，鳥獸之害人者消，然後人得平土而居之。堯舜既沒，聖人之道衰，暴君代作。壞宮室以為汙池，民無所安息；棄田以為園囿，使民不得衣食。邪說暴行又作。園囿、汙池，沛澤多而禽獸至。及紂之身，天下又大亂。周公相武王誅紂伐奄三年，討其君，驅飛廉於海隅而戮之；滅國者五十。驅虎豹犀象而遠之。天下大悅。《書》曰：『丕顯哉，文王謨！丕承哉，武王烈！佑啟我後人，咸以正無缺。』世衰道微，邪說暴行有作。臣弒其君者有之，子弒其父者有之。孔子懼，作《春秋》。《春秋》，天子之事也。是故孔子曰：『知我者其惟《春秋》乎！罪我者其惟《春秋》乎！』聖王不作，諸侯放恣，處士橫議。楊朱、墨翟之言盈天下。天下之言，不歸楊，則歸墨。楊氏為我，是無君也。墨氏兼愛，是無父也。無父無君，是禽獸也。公明儀曰：『庖有肥肉，廄有肥馬，民有飢色，野有餓莩。此率獸而食人也。』楊墨之道不息，孔子之道不著，是邪說誣民，充塞仁義也。仁義充塞，則率獸食人，人將相食。吾為此懼，閑先聖之道，距楊墨，放淫辭，邪說者不得作。──作於其心，害於其事；作於其事，害於其政。──聖人復起，不易吾言矣。昔者禹抑洪水而天下平，周公兼夷狄、驅猛獸而百姓甯，孔子成《春秋》而亂臣賊子懼。《詩》云：『戎狄是膺，荊舒是懲，則莫我敢承。』無父無君：是周公所膺也。我亦欲正人心，息邪說，距詖行，放淫辭，以承三聖者。豈好辯哉？予不得已也。能言距楊墨者，聖人之徒也。」

以上是孟子為自已的好辯所作的一番辯護。孟子的辯護不是就事論事的，而是高屋建瓴的，在辯護中，孟子闡發了一套治亂循環的歷史觀。在孟子看來，人類歷史中的治和亂是交替出現的，歷史上的亂或者是由天災所造成，或者是由人禍所造成，而治則必依賴於聖人的橫空出世，堯、舜、禹、武王、周公、孔子便都是使歷史由亂返治的聖人，而孟子則自封為「承三聖」的聖人之徒。依據孟子的表述，禹的歷史功績在於他平治洪水、使百姓重返家園；周公的歷史功績在於他輔佐武王誅紂伐奄、使天下恢復太平；孔子的歷史功績在於他寫作《春秋》、使亂臣賊子恐懼。

孟子所處的時代是一個百家爭鳴的時代，但這種百家爭鳴對孟子而言是「楊朱、墨翟之言盈天下」、是「邪說誣民，充塞仁義」，總之他自認為身處於亂世之中。於是乎孟子也要效法大禹、周公和孔子，自覺地擔當起救世、淑世的職責，這一職責的具體內容也就是「息邪說」、「放淫辭」，是弘揚周孔正道、駁斥楊墨邪說，為了實現這一目的，孟子當然就不得不辯了。

孟子的上述辯護涉及到他對孔子、楊朱、墨翟等諸子的詮釋。對於孔子作《春秋》一事，《論語》中並無反應，因此，古代學者中有些像孟子一樣，堅定地認為孔子是《春秋》的著者，有些則主張孔子是《春秋》的修訂者，而部分現代學者甚至認為孔子既沒有作《春秋》，也不曾修《春秋》，《春秋》與孔子沒有直接的關係。關於孔子是否作《春秋》，筆者不想做過多的討論，筆者要說的是，即使孔子不是《春秋》的著者或修訂者，孟子這樣詮釋孔子也仍然有他一定的道理。

孟子說：「孔子懼，作《春秋》」。孔子懼的是什麼呢？當然是「臣弒其君」、「子弒其父」的那種君不君、臣不臣、父不父、子不子的社會現象。眾所周知，孔子的確重視名分、提倡「正名」，孟子的一句「孔子懼」便表明了他是「知人論世」——知孔子之為人的。孟子引孔子之語說：「知我者其惟《春秋》乎！罪我者其惟《春秋》乎」，對此，《孟子集注》注曰：「知孔子者，謂此書之作，遏人欲於橫流，存天理於既滅，為後世慮至深遠也。罪孔子者，以謂無其位而托二百四十二年南面之權，使亂臣賊子禁其欲而不得肆，則戚矣」。這就是說，孔子不是天子，卻行天子之事、創作《春秋》一書，這有悖名分、難免遭人非議；不過，《春秋》一書寓褒貶於記事之中，筆伐那些亂倫悖理、僭越名分的亂臣賊子，所以，孔子的作《春秋》又是為了去維護名分。

可見，後世之人無論是罪孔子還是知孔子都是基於對名分的考慮。孔子重視名分，《春秋》維護名分，因此，孟子將孔子說成是《春秋》的作者很可能是由於他的詮釋前見在發揮作用，換句話說，是孟子根據儒家重名分的一貫立場以及他對孔子和《春秋》的瞭解所作出的大膽詮釋。

孟子對楊朱和墨翟的評價概括起來說就是所謂「楊氏為我，是無君也。墨氏兼愛，是無父也」。朱熹解釋這兩句話說：「楊朱但知愛身，而不復知有致身之義，故無君。墨子愛無差等，而視其至親無異眾人，故無父。」（同上）楊朱思想的核心是「為我」，即重視個體的生命價值與尊嚴，孟子認為，這種思想忽視了個人對社會、對君王的責任和義務，因而是「無君」；墨翟思想的核心是「兼愛」，即同等程度地愛所有人，孟子認為，這種思想無視人們對自己親人例如對父親的愛與對他人的愛的差別，因而是「無父」。

「楊氏為我疑於義，墨氏兼愛疑於仁。」（同上）孟子在這裏仍然是參照儒家的仁與義的標準來衡量楊朱及墨翟之言的，所以他使用的依舊是「知言」的詮釋方法。不過，他說楊朱、墨翟「無父無君，是禽獸也」，見解與自家不同便要將論敵指斥為禽獸，這確實顯得孟子成見過深了。

在上文裏，孟子還兩處引《書》、一處引《詩》。「洚水警余」是《尚書・虞書・大禹謨》裏的一句話，〈大禹謨〉主要記錄了舜和禹的君臣對答之辭。「洚水警余」是舜所說的，意為天降洪水來警戒我，孟子引此以證堯、舜、禹時代的大洪災，這當然是可以的。「丕顯哉，文王謨！丕承哉，武王烈！佑啟我後人，咸以正無缺」出自《尚書・周書・君牙》。據〈書序〉，「穆王命君牙，為周大司徒。作〈君牙〉。」（《尚書正義・周書・君牙》），可見，上述引文是周穆王對大臣君牙說的話。該引文的大意為，文王的謀略多麼英明，武王的功烈多麼偉大，幫助並啟發了我們後代子孫，使大家都遵守正道而沒有缺點。孟子引此以證文王、武王的豐功偉績，顯然也是合適的。總而言之，孟子的引《書》顯示了他的「知人論世」。但是，孟子在文中引《詩》時卻恰恰沒能做到「知人論世」。

關於「戎狄是膺，荊舒是懲」，我們在前面已經作過詳細的分析，孟子在此引語的後面說「無父無君：是周公所膺也」，這表明他仍舊將說這些話的人斷作周公，孟子實在難逃張冠李戴之嫌。

（七）

匡章曰：「陳仲子豈不誠廉士哉？居於陵，三日不食，耳無聞，目無見也。井上有李，螬食實者過半矣。匍匐往將食之，三咽，然後耳有聞，目有見。」孟子曰：「於齊國之士，吾必以仲子為巨擘焉。雖然，仲子惡能廉？充仲子之操，則蚓而後可者也。夫蚓，上食槁壤，下飲黃泉。仲子所居之室，伯夷之所築與？抑亦盜蹠之所築與？所食之粟，伯夷之所樹與？抑亦盜蹠之所樹與？是未可知也。」曰：「是何傷哉？彼身織屨，妻辟纑，以易之也。」曰：「仲子，齊之世家也。兄戴，蓋祿萬鐘。以兄之祿為不義之祿而不食也，以兄之室為不義之室而不居也，辟兄離母，處於於陵。他日歸，則有饋其兄生鵝者，己頻顣曰：『惡用是鶂鶂者為哉？』他日，其母殺是鵝也，與之食之。其兄自外至，曰：『是鶂鶂之肉也。』出而哇之。以母則不食，以妻則食之；以兄之室則弗居，以於陵則居之：是尚為能充其類也乎？若仲子者，蚓而後充其操者也。」

陳仲子又稱田仲，他是一位因厭惡政治腐敗而隱居於於陵的廉潔之士，時人又以於陵仲子之名來尊稱他，後世偽書〈於陵子〉即託名是他的著作。陳仲子也是先秦諸子之一，錢穆先生的《先秦諸子繫年考辨》一書便將他列入其中。陳仲子的思想究屬儒、墨、道那一派，眾說紛紜，殊難考證；從孟子與匡章的對話裏，我們可以大致確定的是，極端的潔身自好、清高自守是陳仲子行事為人的最大特點。

陳仲子在齊國享有崇高的美譽，齊王的將領匡章就稱讚他「誠廉士」，即是一個真正廉潔的人。孟子對陳仲子的評價令人感到意外。孟子說，「於齊國之士，吾必以仲子為巨擘焉」，這說明孟子在一定程度上承認了陳仲子的道德高尚；不過，孟子接著說道：「仲子惡能廉」，所謂「惡能廉」，不是說陳仲子還不夠廉潔，而是如朱熹所說：「言仲子未得為廉也」（《孟子集注・滕文公章句下》），即陳仲子不可能達到他想要的廉潔，因為「充仲子之操，則蚓而後可者也」，即陳仲子要想完全實現他的操守，那只有像蚯蚓一樣徹底不食人間煙火了才能辦得到。匡章不服，他提出，陳仲子靠編織草鞋為生，能夠自食其力。這樣看上去陳仲子的確是與世隔絕了。

孟子對陳仲子也是「知人論世」的，他講了陳仲子生活中的一個事例，即陳仲子認為他的哥哥為人不義，便不與其來往，有一次陳仲子吃飯，當他得知自己正在吃的鵝肉是哥哥的時，便寧可將吃下的鵝肉嘔吐出來，孟子就此反問道：「是尚為能充其類也乎」，意謂陳仲子盡可以將他哥哥的一切物品都歸入不義一類，但來自於其他人、其它途徑的物品也「未必伯夷之所為，則亦不義之類耳。」（同上）人們無法確保也無從得知自己的日常飲食或者自己的生活用品樣樣都絕對是來路正當、得之合義的。陳仲子的道德標準實在是過高而難於實行。

陳仲子的為人很容易讓我們聯想起「聖之清者」的伯夷。伯夷是儒家的廉潔的典範，他的「不食周粟」與陳仲子的「不食兄之祿」很有些相似之處，不過，伯夷「不食周粟」是因為他堅守自己內心的君臣大義，而陳仲子「不食兄之祿」卻是斤斤計較於小節而顯得不必要。當然，依筆者愚見，在孟子的心目中，陳仲子的比較對象主要地還是「聖之時者」的孔子。孔子的為人有經有權，為了實現大道，孔子有時也頗能委屈自己，相形之下，陳仲子卻是取小節而失大義，他把自己封閉起來、與社會隔絕起來，清則清矣，但卻廢棄了對家人、對社會的責任，這恐怕是孟子最不能認同的。

總之，孟子對陳仲子的上述評價應當是以孔子、伯夷等他心中的人格典範為參照系的，在「知言」法的運用之下，陳仲子的人格缺憾才能較為顯明地曝露出來。

七　離婁上

(一)

孟子曰：「離婁之明，公輸子之巧，不以規矩，不能成方圓。師曠之聰，不以六律，不能正五音。堯、舜之道，不以仁政，不能平治天下。今有仁心仁聞，而民不被其澤，不可法於後世者，不行先王之道也。故曰：徒善不足以為政，徒法不能以自行。《詩》云：『不愆不忘，率由舊章。』遵先王之法而過者，未之有也……上無道揆也，下無法守也，朝不信道，工不相度，君子犯義，小人犯刑，國之所存者幸也。故曰：城郭不完，兵甲不多，非國之災也；田野不辟，貨財不聚，非國之害也；上無禮，下無學，賊民興，喪無日矣。《詩》曰：『天之方蹶，無然泄泄。』泄泄，猶遝遝也。事君無義，進退無禮，言則非先王之道者，猶遝遝也……

上面一段仍然是孟子說給諸侯帝王、寄望他們行仁政的話。孟子以離婁、公輸般等古代名人為例，說明了諸侯帝王即使有仁愛的心腸、仁慈的名聲，但如果不實行仁政，依然不能將其國家治理好。概而言之，仁心配合仁政，則國家安定；反過來，不肯施行仁政，則國家混亂。

孟子在文中的兩處引《詩》分別引自《詩經．大雅．假樂》和《詩經．大雅．板》。對於前詩，《毛序》曰：「〈假樂〉，嘉成王也。」（《毛詩正義．大雅．假樂》）認為該詩作於周成王之際；對於後詩，《毛序》曰：「〈板〉，凡伯刺厲王也。」（《毛詩正義．大雅．板》），認為該詩乃周厲王的大臣凡伯所作。筆者暫採《毛序》之說。鄭玄注釋「不愆不忘，率由舊章」說，「愆，過。率，循也。成王之令德，不過誤，不遺失，循用舊典之文章，為周公之禮法。」（《毛詩正義·大雅·假樂》）「周公之禮法」正是孟子所云「先王之法」，所以孟子引詩正確。「天之方蹶，無然泄泄」是凡伯對周厲王的寵臣所說，據鄭玄注：「天，斥王也。」（《毛詩正義·大雅·板》）「方蹶」指厲王「方變更先王之道」（同上），在周厲王不遵先王之法的情勢下，厲王的寵臣卻在那裏「泄泄」，「泄泄，猶沓沓也。」（同上）也就是胡說亂道，寵臣們的胡說亂道當然不是規勸厲王向善，而是助紂為虐、使厲王「達其意，以成其惡。」（同上）孟子將「泄泄」或「沓沓」解釋為「事君無義，進退無禮，言則非先王之道」，顯然正合《詩經》之意。綜上所述，孟子以上兩次對《詩經》的詮釋均切合其本義，由此可推知，孟子的還原性詮釋方法就有可能在其詮釋過程中有所運用。

（二）

孟子曰：「規矩，方圓之至也。聖人，人倫之至也。欲為君盡君道，欲為臣盡臣道，二者皆法堯、舜而已矣。不以舜之所以事堯事君，不敬其君者也。不以堯之所以治民治民，賊其民者也。孔子曰：『道二，仁與不仁而已矣。』暴其民，甚則身弒國亡；不甚，則身危國削。名之曰『幽』、『厲』，雖孝子慈孫，百世不能改也。《詩》云：『殷鑒不遠，在夏後之世。』此之謂也。」

孟子認為，在處理人倫關係方面，人們都應該向堯和舜學習。堯和舜都是古代政治人倫的最高典範，遵循堯、舜之道的人可以成為仁者，反之則為不仁，不仁者必定會陷自己於危險的境地。在闡發上述道理時，孟子引證了孔子和《詩經》裏的話。孔子所謂「道二，仁與不仁而已矣」是說行事為人的原則分仁與不仁兩類；孟子引之則是要說明以是否「法堯、舜」為標竿，「法堯、舜，則盡君臣之道而仁矣；不法堯、舜，則慢君賊民而不仁矣。」（《孟子集注・離婁章句上》）由此觀之，孟子之意雖與孔子原意有了一定的距離，比孔子之意更加豐富和具體，卻顯然也是可以為孔子所接受的。「殷鑒不遠，在夏後之世」出自《詩經・大雅・蕩》。據《毛序》，「〈蕩〉，召穆公傷周室大壞也。厲王無道，天下蕩蕩，無綱紀文章，故作是詩也。」（《毛詩正義・大雅・蕩》）對於此說，三家詩均無異議。有關孟子所引詩句，鄭玄箋云：「此言殷之明鏡不遠也，近在夏後之世，謂湯誅桀也。」（同上）可見，這兩句詩說的是，殷商應以夏桀的殘暴亡國作為歷史借鑒。不過，孟子藉此詩句所要表達的卻是今天的諸侯應當從「暴其民，甚則身 國亡；不甚，則身危國削」的「幽」、「厲」之君那裏吸取經驗教訓。因此，正如朱熹所說：「殷鑒不遠，在夏後之世」「言商紂之所當鑒者，近在夏桀之世，而孟子引之，又欲後人以幽、厲為鑒也。」（《孟子集注・離婁章句上》）綜合上述分析，孟子在這裏對孔子之語、《詩經》之文的詮釋均不曾完全背離其本義，但又作了一定程度的引申、發揮，這正是「知言」方法的一種應用。

（三）

孟子曰：「愛人，不親，反其仁。治人，不治，反其智。禮人，不答，反其敬。行有不得者，皆反求諸己。其身正而天下歸之。《詩》云：『永言配命，自求多福。』」

孟子提倡一種遇事常反求諸己的人生態度，〈文王〉一詩的詩句引在這裏正好作為對這種人生態度的表述。所謂「永言配命，自求多福」本是周天子對諸侯及後王而說的，孟子的引用使它脫離了其原有的語境，從而獲得了更加寬泛的含義，這也是「知言」。筆者對此詮釋實例的分析詳見本書的第一章。

（四）

孟子曰：「……師文王，大國五年，小國七年，必為政於天下矣。《詩》云：『商之孫子，其麗不億。上帝既命，侯於周服。侯服於周，天命靡常。殷士膚敏，祼將於京。』孔子曰：『仁不可為眾也。夫國君好仁，天下無敵。』今也欲無敵於天下而不以仁，是猶執熱而不以濯也。《詩》云：『誰能執熱，逝不以濯？』」

孟子的上面這些話是要告訴諸侯王，如果他們想改變現狀，使其國家強盛起來，乃至於想最終一統天下，他們就必須得效法文王、實行仁政。在說理時，孟子引了孔子和《詩經》的話。「商之孫子」等是《詩經．大雅．文王》裏的詩句。依照朱熹的看法，「孟子引此詩及孔子之言，以言文王之事。」（同上）「商之孫子，其麗不億。上帝既命，侯於周服。侯服於周，天命靡常。殷士膚敏，祼將於京」的確是言文王之事，而且是言文王之德使商之子孫歸服於周，其典型的例證就是殷人為周人助祭，這種含義正是孟子想要的，孟子引此以表現文王德政的效果。孔子的「仁不可為眾」，意義較難解，今以朱熹之說為準。朱熹認為「孔子因讀此詩，而言有仁者，則雖有十萬之眾，不能當之。故國君好仁，則必無敵於天下也。」（同上）看來孔子之言是孔子在讀了〈文王〉之詩後有感而發，是在感慨文王德政的政治效應，這同樣也反映了孟子的心聲。總之，孟子對〈文王〉之詩及孔子之言的引用或詮釋是完全準確的。「誰能執熱，逝不以濯」出自《詩經．大雅．桑柔》。據《毛序》，「〈桑柔〉，芮伯刺厲王也。」（《毛詩正義．大雅．桑柔》）「誰能執熱，逝不以濯」正是芮伯譏刺周厲王的語言。這兩句話的字面意思為，誰能熬受炎熱，卻又不肯洗滌，毛亨對其注曰：「濯，所以救熱也。禮，所以救亂也。」（同上）可見以禮救亂是其比喻義。孟子引用這兩句詩，當然不是為了使用它的原意，但同樣也不是為了使用它的比喻義，孟子說：「今也欲無敵於天下而不以仁，是猶執熱而不以濯也」，這是將新的比喻義加諸其上了。這種新的比喻義不是以禮救亂，倒毋寧說是以仁政救衰頹之勢，孟子再次運用了創造性的詮釋方法——「知言」。

（五）

孟子曰：「不仁者可與言哉？安其危而利其菑，樂其所以亡者。不仁而可與言，則何亡國敗家之有！有孺子歌曰：『滄浪之水清兮，可以濯我纓。滄浪之水濁兮，可以濯我足。』孔子曰：『小子聽之：清斯濯纓，濁斯濯足矣。自取之也。』夫人必自侮，然後人侮之；家必自毀，而後人毀之；國必自伐，而後人伐之。〈太甲〉曰：『天作孽，猶可違。自作孽，不可活。』此之謂也。

上面這段話的核心意涵就是所謂「人必自侮，然後人侮之；家必自毀，而後人毀之；國必自伐，而後人伐之」。為了論證這種禍福自取、責任自負的道理，孟子巧妙地運用了孔子和太甲一正一反兩個典故。在有關孔子的典故中，孺子所吟唱的「滄浪之水清兮，可以濯我纓。滄浪之水濁兮，可以濯我足」說到底只是一種合乎生活常識的事實陳述而已，它完全不含有道德的寓意。但這話在孔子聽來卻頗有深意，「聖人聲入心通，無非至理。」（《孟子集注．離婁章句上》）孔子詮釋孺子的話說：「清斯濯纓，濁斯濯足矣。自取之也」，這大概是以清水喻仁、以濁水喻不仁，以清斯濯纓比喻仁者有好的結果、以濁斯濯足比喻不仁者有不好的結果，仁或不仁咸由人定，因而相應的後果自然也是由人自招、自取的了。孔子所引申出的這些哲理也正是孟子所要表述的。聖人心同理同，孟子「以意逆志」，可知孔子。至於對太甲悔過之言的引用，孟子在這裏是用「知言」的方法賦予其新義，筆者對此詮釋實例的分析詳見本書的第一章。

（六）

孟子曰：「……苟不志於仁，終身憂辱，以陷於死亡。《詩》云：『其何能淑？載胥及溺。』此之謂也。」

孟子認為，那些不肯實行仁政、甚至於還在實施暴政的諸侯國君，最終都不會有好的下場，《詩經》裏的兩句話就是用來印證這個意思的。「其何能淑？載胥及溺」見於《詩經．大雅．桑柔》，因此這兩句仍然是芮伯譏刺周厲王的話。鄭玄箋云：「淑，善。胥，相。及，與也。女若云此於政事，何能善乎？則女君臣皆相與陷溺於禍難。」（《毛詩正義．大雅．桑柔》）可見，依鄭玄之意，這兩句詩表現了厲王的拒諫無謀、剛愎自用，芮伯認為他當致滅亡。《詩經》原文的這種意義與孟子的觀點——「苟不志於仁，終身憂辱，以陷於死亡」可謂既有聯繫，又有區別。孟子及芮伯均相信他們所談論的對象終必喪亡，這是二者的共同之處；但其所以喪亡的原因卻是各不相同的。在孟子認為，「不志於仁」是導致諸侯王「陷於死亡」的因素，在芮伯認為，不虛心納諫是使周厲王身陷險境的根源，這是二者相區別的地方，同時也是雙方立論的重點。所以，總體觀之，孟子在此處還是「以意逆志」而將新的意涵加予了《詩經》。

（七）

孟子曰：「求也為季氏宰，無能改於其德，而賦粟倍他日。孔子曰：『求非我徒也，小子鳴鼓而攻之可也。』由此觀之，君不行仁政而富之，皆棄於孔子者也。況於為之強戰？爭地以戰，殺人盈野；爭城以戰，殺人盈城：此所謂率土地而食人肉，罪不容於死。故善戰者服上刑，連諸侯者次之，闢草萊、任土地者次之。」

孟子的這段話集中抨擊了那些急功近利的政治舉措，其中還涉及到對兵家、法家以及縱橫家等各家主張的批判。在言說的過程中，孟子用到了《論語》裏的一則記載。《論語》載：「『季氏富於周公，而求也為之聚斂而附益之。』子曰：『非吾徒也。小子鳴鼓而攻之可也！』」（《論語・先進》）這裏說的是孔子的弟子冉求給魯國執政大夫季孫氏作家臣、幫他搜刮民脂民膏，孔子在得知情況後非常氣憤，決意與冉求劃清界限。孔子對季孫氏或冉求感到不滿，其原因是相當明確的，冉求或季孫氏的行為是典型的奪民之財或與民爭利，這與儒家藏富於民的理想是相衝突的。

對於孟子而言，藏富於民正是君王行仁政的具體表現之一。所以，孟子在引用了《論語》裏的這則典故之後，評論道「君不行仁政而富之，皆棄於孔子者也」，這話作為對孔子批評冉求一事的評語，恰似點睛之筆。總之，孟子正確地詮釋了孔子，從這裏我們又可以見出孟子對孔子的「知」。孟子說：「善戰者服上刑，連諸侯者次之，辟草萊、任土地者次之」，朱熹注曰：「善戰，如孫臏、吳起之徒。連結諸侯，如蘇秦、張儀之類。闢，開墾也。任土地，謂分土授民，使任耕稼之責，如李悝盡地力、商鞅開阡陌之類也。」（《孟子集注・離婁章句上》）可見，孟子所批判的這三類人分別就是諸子百家中的兵家、縱橫家和法家。兵家之徒不仁，使百姓戰死，縱橫家之徒玩弄詭計，置各諸侯國百姓的安危於不顧，至於法家之徒，由於他們廢井田、開阡陌，致使井田制這一孟子仁政理想的重要一環遭到破壞，孟子認為他們都應該接受極重的刑罰。很顯然，孟子此處對諸子百家的批判還是立足於儒家的立場，這仍然是「知言」方法的運用。

（八）

孟子曰：「事孰為大？事親為大。守孰為大？守身為大。不失其身而能事其親者，吾聞之矣。失其身而能事其親者，吾未之聞也。孰不為事？事親，事之本也。孰不為守？守身，守之本也。曾子養曾皙，必有酒肉。將徹，必請『所與』。問：『有餘？』必曰：『有。』曾皙死，曾元養曾子，必有酒肉。將徹，不請『所與』。問：『有餘？』曰：『亡矣。』將以復進也。此所謂養口體者也。若曾子，則可謂養志也。事親若曾子者，可也。」

以上是孟子論孝的一段文字，孟子藉曾子養曾皙及曾元養曾子的事例，形象生動地論述了兒女侍奉父母的原則與方法。

曾子奉養曾皙同曾元奉養曾子相似，每餐必有酒肉奉上。不過，在將撤席的時候，曾子會問曾皙「剩下的給誰」，曾元則不會這樣問曾子；如果曾皙問曾子還有無剩餘，曾子必定會回答有，面對同樣的問題，曾元卻會回答無。曾子及曾元的不同表現源於他們所秉持的不同的孝的理念，朱熹的注釋把這一點說得很清楚。朱熹說：「曾子養其父，每食必有酒肉。食畢將徹去，必請於父曰：『此餘者與誰？』或父問此物尚有餘否，必曰：『有。』恐親意更欲與人也。曾元不請所與，雖有言無，其意將以復進於親，不欲其與人也。此但能養其父母之口體而已，曾子則能承順父母之志，而不忍傷之也。」（同上）平心而論，曾元將酒肉留與曾子，這種行為不能算是不孝，只不過這樣一來曾元便難逃欺瞞父親之嫌；反之，曾子儘管將酒肉贈與了他人，但卻是遵從了父親的意志。應當說，曾元和曾子都是孝子，只是前者的孝是孟子所謂「養口體」，而後者的孝是孟子所謂「養志」。孟子認為，相比之下，「事親若曾子者，可也」，這便明確表露了孟子對於孝的態度、對於孝的理念的抉擇，同時也表明了孟子與曾子心、意相通。孟子與曾子間的心、意相通正是孟子能夠對曾子「知人論世」的原因。

八　離婁下

（一）

孟子曰：「仲尼不為已甚者。」

「仲尼不為已甚者。」即孔子不做太過分的事，這是孟子對孔子的綜合評價，它反映了孔子「溫而厲，威而不猛，恭而安。」（《論語・述而》）的中庸形象。朱熹引楊氏之言曰：「言聖人所為，本分之外，不加毫末。非孟子真知孔子，不能以是稱之。」（《孟子集注・離婁章句下》）「本分之外，不加毫末」就是「不為已甚者」，就是中庸。在做事方面，孔子主張人們應恪守中庸之道，聲稱「過猶不及」（《論語・先進》）；在做人方面，孔子認為奉行中庸之道的人最難能可貴，所以他才說「不得中行而與之，必也狂狷乎！」（《論語・子路》）對於中庸，朱熹的解釋是「中者，不偏不倚，無過不及之名。庸，平常也。」（《中庸章句》題注）依照這種解釋，中庸就是要人行事有度、且不必故意求新求異，孔子也確乎如此。所以，說「孟子真知孔子」，這一判語毫不為過，孟子對孔子真的做到了「知人論世」。

（二）

徐子曰：「仲尼亟稱於水，曰：『水哉，水哉！』何取於水也？孟子曰：「原泉混混，不舍晝夜，盈科而後進，放乎四海。有本者如是，是之取爾。苟為無本，七、八月之間雨集，溝澮皆盈；其涸也可立而待也。故聲聞過情，君子恥之。」

文中提到的徐子就是孟子的弟子徐辟。徐辟問孟子，為什麼孔子會屢次稱讚水。孟子回答他，孔子是喜歡水的如下特性：有本源的泉水可以一路東流，直至入海，而無本源的雨水雖然可以一時注滿大小溝渠，但終將枯竭。孟子以前者比喻人的名實相符，以後者比喻名不副實。

據《論語》的記載，孔子至少有兩次談論水。一次是「子曰：『知者樂水，仁者樂山……』」（《論語・雍也》）這是將山水景致賦予人文情懷，使山水成為某種人格的象徵；另一次是「子在川上曰：『逝者如斯夫，不舍晝夜。』」（《論語・子罕》）這是在感慨時光的飛逝，亦有惜時之意在其中。坦白地說，從孔子論水的這兩處地方，我們並不能夠找出孟子所講的水的特性。因此，應當正如《孟子集注》所述：「徐子之為人，必有躐等幹譽之病，故孟子以是答之。」（《孟子集注・離婁章句下》），或者說「孔子之稱水，其旨微矣。孟子獨取此者，自徐子之所急者言之也。」（同上）總之，孟子以水的有本、無本喻人的名、實是否相符，這並非孔子的本意，而是他對症下藥、針對徐辟的人格缺陷而提出來的。孟子將己意加於孔子，這也可以看作是對「知言」這種創造性詮釋方法的應用。

（三）

孟子曰：「王者之跡熄而《詩》亡，《詩》亡然後《春秋》作。晉之《乘》，楚之《檮杌》，魯之《春秋》，一也。其事則齊桓、晉文，其文則史。孔子曰：『其義則丘竊取之矣。』」

孟子上面的這些話簡要地敘述了王道精神在周代的傳承。在王權強大的時期，周天子派采詩官到民間收集詩歌，這是王道大行的標誌；周室衰微以後，采詩的制度被廢止，於是孔子便創作了《春秋》這部書，寓褒貶於記事之中，從而延續了王道之精神。孟子在這裏又一次涉及到對孔子和《春秋》的關係的詮釋。如前所述，孟子把孔子說成是《春秋》的著者，很可能不是基於史實，而是基於儒家的價值觀念。

（四）

禹、稷當平世，三過其門而不入。孔子賢之。顏子當亂世，居於陋巷，一簞食，一瓢飲，人不堪其憂，顏子不改其樂。孔子賢之。孟子曰：「禹、稷、顏回同道。禹思天下有溺者，由己溺之也。稷思天下有饑者，由己饑之也。是以如是其急也。禹、稷、顏子易地則皆然……」

以上是孟子以禹、稷和顏子為例，闡述「聖賢易地則皆然」的道理。《論語》載孔子贊顏子的話說：「賢哉，回也！一簞食，一瓢飲，在陋巷，人不堪其憂，回也不改其樂。賢哉，回也！」（《論語・雍也》）其事正是孟子所述顏子之事。孟子認為，身處亂世而獨善其身的顏子如果與生逢治世而兼濟天下的禹、稷易地而處，也一定能做出和對方同樣的事情，這是孟子在「知人論世」的基礎上「以意逆志」的心得體會，筆者對此詮釋實例的分析詳見本書的第一章。

（五）

曾子居武城。有越寇。或曰「寇至，盍去諸？」曰：「無寓人於我室，毀傷其薪木。」寇退，則曰：「修我牆屋，我將反。」寇退，曾子反，左右曰：「待先生如此其忠且敬也，寇至則先去以為民望，寇退則反，殆於不可。」沈猶行曰：「是非汝所知也。昔沈猶有負芻之禍，從先生者七十人，未有與焉。」

子思居於衛。有齊寇。或曰：「寇至，盍去諸？」子思曰：「如伋去，君誰與守？」

孟子曰：「曾子、子思同道。曾子，師也，父兄也。子思，臣也，微也。曾子、子思易地則皆然。」

在外寇入侵的危急之際，作為師長及賓客的曾子選擇了保身避難，作為臣子的子思選擇了守土赴難，孟子又藉此案例說明「聖賢易地則皆然」之理。孟子對曾子或子思各自抉擇的認同，仍然是需要「知人論世」跟「以意逆志」的。筆者對此詮釋實例的分析也詳見於本書的第一章。

九　萬章上

(一)

萬章問曰：「《詩》云：『娶妻如之何？必告父母。』信斯言也，宜莫如舜。舜之不告而娶，何也？」孟子曰：「告則不得娶。男女居室，人之大倫也。如告，則廢人之大倫以懟父母，是以不告也。」

在上面的對話中，孟子憑著他對舜的身世的瞭解，對〈南山〉之詩所謂「娶妻如之何？必告父母」的說法作出了辯證的解釋，對舜的「不告而娶」的行為進行了合理的辯護，這充分地體現了孟子的「知言」。筆者對此詮釋實例的分析詳見本書的第三章。

(二)

咸丘蒙問曰：「語云：『盛德之士，君不得而臣，父不得而子。』舜南面而立，堯帥諸侯北面而朝之，瞽瞍亦北面而朝之。舜見瞽瞍，其容有蹙。孔子曰：『於斯時也，天下殆哉，岌岌乎！』不識此語誠然乎哉？孟子曰：「否。此非君子之言，齊東野人之語也。堯老而舜攝也。〈堯典〉曰：『二十有八載，放勳乃徂落。百姓如喪考妣。三年，四海遏密八音。』孔子曰：『天無二日，民無二王。』舜既為天子矣，又帥天下諸侯以為堯三年喪，是二天子矣。」

咸丘蒙以一句俗語開頭，引出了自己的問題。這句俗語主張，道德最偉大的人，君主不能把他當臣子，父親不能把他當兒子。咸丘蒙認為，在舜作天子的時候，以上兩條原則都遭到了違背。具體地說，一方面，道德偉大的堯對舜稱臣了；另一方面，道德偉大的舜懾於父親瞽瞍的威嚴，而不敢徹底地行使天子的職權。孟子首先針對舜曾經以堯為臣的提法進行了尖銳的反駁，他引《尚書》之文及孔子之語為證，指出在堯去世以前，舜雖曾代理天子之責，但卻不曾登天子之位，因此，說舜把堯當作臣子純屬無稽之談。

「於斯時也，天下殆哉，岌岌乎」、「言人倫乖亂，天下將危也。」（《孟子集注・萬章章句上》）如果舜為天子之時的情形當真像咸丘蒙所描述的那樣，那麼這幾句話作為對倫理悖亂、綱常顛倒狀況的批評，實在是再恰當不過了。可是，咸丘蒙加之於舜的那些事情的確缺乏證據的支持，而且咸丘蒙說這幾句話是孔子所說，也不知何據。孟子依據經典所記錄的歷史揭露了這種說法的荒謬性，並且指出，這話絕不是孔子說的，而是齊東野人之語。對於我們來說，這幾句話是否是齊東野人之語，我們已是不得而知。可以肯定的一點是，不論孔子是否與這話有關聯，孟子出於維護大舜及孔子的地位或形象的考慮，從而否定這些話與孔子的關係都是必要的。這也體現了孟子的「知言」。

〈堯典〉是《尚書》的第一篇，它記載著唐堯的功德和言行。在今本《尚書》中，孟子所引「二十有八載，放勳乃徂落。百姓如喪考妣。三年，四海遏密八音」並不見於〈堯典〉，而是出現在〈舜典〉之中，〈舜典〉裏的相應記載為「二十有八載，帝乃殂落，百姓如喪考妣，三載四海遏密八音」，顯然，引文與原文在文字上的出入並不大。據宋人蔡沈所言，〈舜典〉「今文古文皆有。今文合於〈堯典〉。」(《書經集傳》卷一)，所以孟子之說同樣有據，可能在他所看到的文獻中，「二十有八載」等一段就是載於〈堯典〉的。「二十有八載」這段話的含義是明確的，它說的是舜在攝行天子職權二十八年之後，堯駕崩了，天下臣民為堯服喪三年。孟子用這段話為他的「堯老而舜攝」的看法作論據，應當說是合適的。

孔子在何種情況下或者面對什麼事情時而說出「天無二日，民無二王」，我們現在已經無從查考，不過這兩句話的意義我們並不難理解，它是拿自然界的太陽來比喻人世間的帝王，表達了天下必須定於一的大一統思想。

「天無二日，民無二王」的說法固然無法證明「堯老而舜攝」的歷史事件，但它作為對這一歷史事件的說明卻無疑是可以的。綜上所述，以上孟子對《尚書》之文和孔子之語的引用或解讀均未偏離其本意。

(三)

咸丘蒙曰：「舜之不臣堯，則吾既得聞命矣。《詩》云：『普天之下，莫非王土。率土之濱，莫非王臣。』而舜既為天子矣，敢問瞽瞍之非臣如何？」曰：「是詩也，非是之謂也。勞於王事，而不得養父母也。曰：『此莫非王事，我獨賢勞也。』故說《詩》者不以文害辭，不以辭害志；以意逆志，是為得之。如以辭而已矣，〈雲漢〉之詩曰：『周餘黎民，靡有孑遺。』信斯言也，是周無遺民也。孝子之至，莫大乎尊親。尊親之至，莫大乎以天下養。為天子父，尊之至也。以天下養，養之至也。《詩》曰：『永言孝思，孝思維則。』此之謂也。《書》曰：『祗載見瞽瞍，夔夔齊栗，瞽瞍亦允若。』是為父不得而子也。」

在上面的對話裏，咸丘蒙繼續根據他對俗語——「盛德之士，君不得而臣，父不得而子」的理解向孟子發問。在咸丘蒙看來，「父不得而子」意味著作為父親的瞽瞍應當放下父親的架子向作為兒子但同時也是天子的舜行人臣的禮節。對於「盛德之士，父不得而子」，孟子做出了另外一種更為高明的解釋。孟子認為，性情愚頑的瞽瞍非但沒有能夠使道德高尚的舜因為他的不良影響而學壞，反倒受到了舜的感化而變得真誠講理，這才是真正意義上的「父不得而子」。

在闡發上述道理的過程中，孟子四度詮釋《詩》、《書》。在對〈北山〉及〈雲漢〉之詩的詮釋上，孟子完全做到了他所謂的「說《詩》者不以文害辭，不以辭害志；以意逆志，是為得之」，筆者對它們的釋讀分別見於本書的第二章和第六章。「永言孝思，孝思維則」語出《詩經・大雅・下武》。〈下武〉是為周天子歌功頌德的詩，「永言孝思，孝思維則」意為永遠地講究孝道，孝便是天下的法則，「言人能長言孝思而不忘，則可以為天下法則也。」（《孟子集注・萬章章句上》）身為天子的舜不僅不能因自己天子的身分而廢棄對父母的孝，反而應該成為天下人孝親尊親的表率，「永言孝思，孝思維則」兩句詩用到舜的身上無疑是貼切的。

「祗載見瞽瞍，夔夔齊栗，瞽瞍亦允若」今見於《尚書・虞書・大禹謨》，原文為「祗載見瞽瞍，夔夔齋慄，瞽亦允若」。〈大禹謨〉裏的這幾句是「言舜負罪引惡，敬以事見於父，悚懼齋莊，父亦信順之。言能以至誠感頑父。」（《尚書正義・虞書・大禹謨》）「孟子引此而言瞽瞍不能以不善及其子，而反見化於其子，則是所謂父不得而子者，而非如咸丘蒙之說也。」（《孟子集注・萬章章句上》）總而言之，孟子用至誠的大舜終能打動頑劣的瞽瞍的事例來敘說他的「父不得而子」之意，引用得當、詮釋巧妙。

（四）

（萬章）曰：「敢問薦之於天而天受之，暴之於民而民受之，如何？」（孟子）曰：「使之主祭而百神享之，是天受之。使之主事而事治，百姓安之，是民受之也。天與之，人與之，故曰：『天子不能以天下與人。』舜相堯，二十有八載，非人之所能為也，天也。堯崩，三年之喪畢，舜避堯之子於南河之南。天下諸侯朝覲者，不之堯之子而之舜；訟獄者，不之堯之子而之舜；謳歌者，不謳歌堯之子而謳歌舜。故曰：天也。夫然後之中國，踐天子位焉。而居堯之宮，逼堯之子，是篡也，非天與也。〈泰誓〉曰：『天視自我民視，天聽自我民聽。』此之謂也。」

孟子與弟子萬章的上述對談透露出他對堯、舜、禹時代的禪讓制的獨特看法。孟子並不認為舜的天子之位是堯所授予的，在孟子看來，舜能做天子，既代表了天意，又反映了民意，而民意實際上就是天意的體現。這反映了孟子的民本思想。

〈泰誓〉一文主要記錄了武王伐紂之事，「天視自我民視，天聽自我民聽」，「言天因民以視聽，民所惡者天誅之。」（《尚書正義．周書．泰誓》），在〈泰誓〉裏，這兩句話是專對紂王而言的，它暗指紂王壞事做絕，民心失盡，因此天要亡之。孟子把它轉用過來，其理雖不變，但所述之事卻完全相反，它指示著舜的政績斐然和大得民心，所以上天要將天下授給他。在孟子引〈泰誓〉的這一個案中，理不變而事不同，這也可以算作他的創造性詮釋的一種類型。

（五）

萬章問曰：「人有言『至於禹而德衰，不傳於賢而傳於子』，有諸？」

孟子曰：「否，不然也。天與賢，則與賢；天與子，則與子……匹夫而有天下者，德必若舜、禹而又有天子薦之者。故仲尼不有天下。繼世以有天下，天之所廢，必若桀、紂者也；故益、伊尹、周公不有天下……孔子曰：『唐、虞禪，夏後、殷、周繼，其義一也。』」

孟子繼續向萬章闡述他關於王位繼承制度的見解。孟子相信，無論是禪讓制，還是世襲制，它們能否成功地實行，均不以某個個人的意志為轉移，而是取決於上天的意志。上天的意志也並非渺茫難測的，而是有一定規律可循的。簡單地說，平民百姓要想取得天下，一要具備高尚的道德，二要有天子的信任和提拔；世代擁有王位的人如果失掉了天下，那他必定會有極大的失政失德之處。

孟子的一句「匹夫而有天下者，德必若舜、禹而又有天子薦之者。故仲尼不有天下」，既表露出他對歷史發展規律的深刻洞察，又體現了他對孔子的「知人論世」。孔子本人固然無意做天子，可他一生的懷才不遇卻也是歷史的真實，時人甚至戲稱他「累累若喪家之犬」（《史記．孔子世家》）。但是，孔子偏偏是這樣一位在逆境中堅守德操的人，孔子的遭際恰好成全了他至高的人格，「不容何病？不容然後見君子！」（同上）正是對孔子偉大人格的真切寫照。孔子說「唐、虞禪，夏後、殷、周繼，其義一也」，這就是說，唐堯、虞舜禪讓，夏、商、周三代子孫繼位，道理是一樣的。那麼，這個一樣的道理是什麼呢？孔子沒有說，我們只好全憑孟子解釋。朱熹《孟子集注》引尹氏之言曰：「孔子曰：『唐、虞禪，夏後、殷、周繼，其義一也。』孟子曰：『天與賢則與賢，天與子則與子。』知前聖之心者，無如孔子。繼孔子者，孟子而已矣。」（《孟子集注．萬章章句上》）照這種說法，孔子所謂「義」就是孟子所述君權天所授之意。我們已經知道，孟子天意的實質就是民心，所以孔子的這些話是說堯、舜、禹的禪讓和夏、商、周的世襲都體現著天意、民心。基於對孟子的信任，筆者還是權且相信孔子之「義」就是這個意思，「繼孔子者，孟子而已矣」，孔、孟心意相通，孟子「以意逆志」，便知孔子如此。

（六）

萬章問曰：「人有言『伊尹以割烹要湯』，有諸？」孟子曰：「否，不然。伊尹耕於有莘之野，而樂堯、舜之道焉。非其義也，非其道也，祿之以天下弗顧也，繫馬千駟弗視也。非其義也，非其道也，一介不以與人，一介不以取諸人。湯使人以幣聘之，囂囂然曰：『我何以湯之聘幣為哉？我豈若處畎畝之中，由是以樂堯、舜之道哉？』湯三使往聘之。既而幡然改曰：『與我處畎畝之中，由是以樂堯、舜之道，吾豈若使是君為堯、舜之君哉？吾豈若使是民為堯、舜之民哉？吾豈若於吾身親見之哉？天之生此民也，使先知覺後知，使先覺覺後覺也。予，天民之先覺者也。予將以斯道覺斯民也，非予覺之而誰也？』思天下之民，匹夫匹婦有不被堯、舜之澤者，若己推而內之溝中。其自任以天下之重如此，故就湯而說之以伐夏救民。吾未聞枉己而正人者也，況辱己以正天下者乎？聖人之行不同也，或遠或近，或去或不去，歸潔其身而已矣。吾聞其以堯、舜之道要湯，未聞以割烹也。〈伊訓〉曰：『天誅造攻自牧宮，朕載自亳。』」

這是一則充分展示了孟子的「知言」思路的對話。萬章問孟子，伊尹是否曾有過「以割烹要湯」的事情，所謂「以割烹要湯」，就是憑藉切肉做菜的廚師手藝取得商湯信用。孟子對這種說法堅決予以否認，之後又對伊尹見用於商湯的過程作了一番美化。按照孟子的敘述，伊尹本是躬耕於有莘之野的清高自守之士，商湯多次派人以禮相聘，伊尹起初不為所動，但最終還是被商湯的誠意感化了，於是他決定出仕，輔佐商湯成為堯、舜之君，拯救天下黎民於水火。

概而言之，說伊尹「以堯、舜之道要湯」則可，說伊尹「以割烹要湯」則不可。實際上，伊尹「以堯、舜之道要湯」跟他「以割烹要湯」在邏輯上並不矛盾，在現實中可以並行。「以堯、舜之道要湯」是目的，「以割烹要湯」作手段，有何不可能？

據《史記》的記載，「伊尹，名阿衡。阿衡欲幹湯而無由，乃為有莘氏媵臣，負鼎俎，以滋味說湯，至於王道。」（《史記．殷本紀》）若依此說，則歷史上可能確有「伊尹以割烹要湯」之事。因此，據筆者臆測，孟子否認「伊尹以割烹要湯」一事，恐怕不是由於他對相關史料作了認真仔細的考證分析，而是出於他的價值信念。這種信念就體現在他所謂的「吾未聞枉己而正人者也，況辱己以正天下者乎？聖人之行不同也，或遠或近，或去或不去，歸潔其身而已矣」。這就是說，正人者必先正己，手段與目的必須具有一致性，伊尹既然是聖人、是正天下的正人君子，那他就必然不會採取「以割烹要湯」的庸俗手段。很明顯，孟子的這種推理完全是基於價值的，而不是基於事實的。孟子以這番推理為依據來否定「伊尹以割烹要湯」的傳聞，這當然就是「知言」。

在孟子說理論證的最後，他引用了〈伊訓〉的「天誅造攻自牧宮，朕載自亳」。〈伊訓〉是《尚書．商書》的第四篇，其內容為伊尹訓導太甲要繼承祖父湯的德業。「天誅造攻自牧宮，朕載自亳」在今本《尚書．伊訓》中對應的原文為「造攻自鳴條，朕哉自亳」，《尚書正義》曰：「始攻桀伐無道，由我始修德於亳。」（《尚書正義．商書．伊訓》），即我們進攻有夏雖然開始於鳴條之野，但以商代夏的徵兆，卻早在我先王於亳都修德的時候就顯示出來了。這兩句話用來證明商湯在亳地時就已行仁政是毫無問題的，間接地證明伊尹「以堯、舜之道要湯」也能說得通。總之，孟子在引用〈伊訓〉之文時還是做到了「知人論世」的。

（七）

萬章問曰：「或謂孔子於衛主癰疽，於齊主侍人瘠環，有諸乎？」孟子曰：「否，不然也。好事者為之也。於衛主顏讎由。彌子之妻與子路之妻，兄弟也。彌子謂子路曰：『孔子主我，衛卿可得也。』子路以告。孔子曰：『有命。』孔子進以禮，退以義，得之不得曰『有命』。而主癰疽與侍人瘠環，是無義無命也。孔子不悅於魯、衛。遭宋桓司馬，將要而殺之。微服而過宋。是時孔子當阨，主司城貞子，為陳侯周臣。吾聞觀近臣，以其所為主；觀遠臣，以其所主。若孔子主癰疽與侍人瘠環，何以為孔子？」

以上是孟子依憑史實對詆毀孔子形象的謠言作出的強烈回應。萬章又一次藉聽來的傳言向孟子提問，這種傳言聲稱，孔子在衛國曾寄住在衛靈公寵幸的宦官癰疽家裏，在齊國曾寄住在宦官瘠環家裏。孟子主要透過孔子的兩件事來對謠言予以反駁。一件事是孔子在衛國時住在賢大夫顏讎由家，衛靈公的寵臣彌子瑕托子路給孔子帶話，邀孔子住進自己家，並許以卿相之位，但孔子進退以禮，將得失歸之於命，故而不做無禮無義之事；另一件事是說孔子在危難之際，曾借住在陳國大夫司城貞子家，「孟子言孔子雖當厄難，然猶擇所主，況在齊衛無事之時，豈有主癰疽、侍人之事乎？」（《孟子集注・萬章章句上》）孟子敘述孔子的這些事我們今天在《史記》等文獻中都可以讀到，因此可信度較高。綜上可知，對於孔子，孟子能「知其為人之實」、「論其當世行事之跡」；對於「孔子於衛主癰疽，於齊主侍人瘠環」的言論，孟子能「邪辭知其所離」（《孟子・公孫丑上》）。

十　萬章下

(一)

孟子曰：「伯夷目不視惡色，耳不聽惡聲；非其君不事，非其民不使；治則進，亂則退。橫政之所出，橫民之所止，不忍居也。思與鄉人處，如以朝衣朝冠坐於塗炭也。當紂之時，居北海之濱，以待天下之清也。故聞伯夷之風者，頑夫廉，懦夫有立志。伊尹曰：『何事非君？何使非民？』治亦進，亂亦進。曰：『天之生斯民也，使先知覺後知，使先覺覺後覺。予，天民之先覺者也。予將以此道覺此民也。』思天下之民，匹夫匹婦有不與被堯、舜之澤者，若己推而內之溝中。其自任以天下之重也。柳下惠不羞汙君，不辭小官，進不隱賢，必以其道，遺佚而不怨，阨窮而不憫。與鄉人處，由由然不忍去也：『爾為爾，我為我，雖袒裼裸裎於我側，爾焉能浼我哉？』故聞柳下惠之風者，鄙夫寬，薄夫敦。孔子之去齊，接淅而行。去魯，曰：『遲遲吾行也，去父母國之道也。』可以速而速，可以久而久，可以處而處，可以仕而仕，孔子也。」

孟子曰：「伯夷，聖之清者也；伊尹，聖之任者也；柳下惠，聖之和者也；孔子，聖之時者也。孔子之謂集大成。集大成也者，金聲而玉振之也。金聲也者，始條理也；玉振之也者，終條理也。始條理者，智之事也；終條理者，聖之事也。智，譬則巧也；聖，譬則力也。由射於百步之外也，其至，爾力也；其中，非爾力也。」

上述兩段是孟子集中評述前聖的言論。孟子總共列舉了伯夷、伊尹、柳下惠和孔子四位聖人，但實際上前三者都是為孔子作陪襯的，孟子列舉他們是為了襯托孔子的智慧與偉大。在孟子眼中，伯夷是聖人中清高的人，伊尹是聖人中肩負重任的人，柳下惠是聖人中隨和的人。不過，他們雖然都是聖人，但他們的聖均體現為某種特定的面貌，因而這樣的聖是有侷限的；孔子的聖則是完善的、全面的，孟子說他是「聖之時者」，這就表示孔子能進能退、能屈能伸，而他的進退、屈伸總是合宜的。為了說明這一點，孟子舉出了孔子去齊與去魯時的不同表現，孔子在離開齊國時毫無留戀之情，在離開父母之邦魯國時則遲遲不能別去；孔子的表現不是一貫的，但卻每次都能恰到好處，每次都能合乎情理。

孟子還藉樂器的演奏來形象地比附孔子的「集大成」，據朱熹注：「此言孔子集三聖之事，而為一大聖之事，猶作樂者，集眾音之小成，而為一大成也……蓋樂有八音：金、石、絲、竹、匏、土、革、木。若獨奏一音，則其一音自為始終，而為一小成，猶三子之所知偏於一，而其所就亦偏於一也。八音之中，金石為重，故特為眾音之綱紀。又金始震而玉終詘然也。故並奏八音，則於其未作，而先擊鎛鐘以宣其聲。俟其既闋，而後擊特磬以收其韻。宣以始之，收以終之，二者之間，脈絡通貫，無所不備，則合眾小成而為一大成，猶孔子之知無不盡而德無不全也。」(《孟子集注．萬章章句下》)。

總之，孔子的聖且智恰似「金聲而玉振」，他代表了聖人中成就最高者。說到最後，孟子又以射箭為喻，進一步闡述孔子智、聖兼備之義，「此復以射之巧力，發明『智』、『聖』二字之義，見孔子巧力俱全，而聖智兼備，三子則力有餘而巧不足。是以一節雖至於聖，而智不足以及乎時中也……三子猶春、夏、秋、冬之各一其時，孔子則大和元氣之流行於四時也。」(同上) 伯夷、伊尹和柳下惠同孔子一樣，都已臻於聖人境界，但他們與孔子相比所欠缺的地方，就在於他們的智慧不及孔子，因而難以達乎「時中」。在孟子的論述下，孔子的「至聖」地位被完全烘托出來了，整段論述充分地展示了孟子對孔子的「知人論世」。

（二）

萬章問曰：「敢問交際何心也？」孟子曰：「恭也。」曰：「『卻之卻之為不恭』，何哉？」曰：「尊者賜之，曰『其所取之者，義乎？不義乎？』而後受之，以是為不恭。故弗卻也。」曰：「請無以辭卻之，以心卻之，曰『其取諸民之不義也。』而以他辭無受，不可乎？」曰：「其交也以道，其接也以禮，斯孔子受之矣。」萬章曰：「今有禦人於國門之外者，其交也以道，其饋也以禮，斯可受禦與？」曰：「不可。〈康誥〉曰：『殺越人於貨，閔不畏死，凡民罔不譈。』是不待教而誅者也。殷受夏，周受殷，所不辭也，於今為烈。如之何其受之？」曰：「今之諸侯取之於民也，猶禦也。苟善其禮際矣，斯君子受之。敢問何說也？」曰：「子以為有王者作，將比今之諸侯而誅之乎？其教之不改而後誅之乎？夫謂非其有而取之者盜也，充類至義之盡也。孔子之仕於魯也，魯人獵較，孔子亦獵較。獵較猶可，而況受其賜乎？」曰：「然則孔子之仕也，非事道與？」曰：「事道也。」「事道奚獵較也？」曰：「孔子先簿正祭器，不以四方之食供簿正。」曰：「奚不去也？」曰：「為之兆也。兆足以行矣，而不行，而後去，是以未嘗有所終三年淹也。孔子有見行可之仕，有際可之仕，有公養之仕。於季桓子，見行可之仕也；於衛靈公，際可之仕也；於衛孝公，公養之仕也。」

提到孟子，人們往往會聯想起他「泰山岩岩」的氣象、聯想起他方正剛直的性格，可是，上面的這段對話卻恰恰展示出他性格中圓融通達的另一面。孟子認為，知識分子在與人交往的時候應當心存恭敬，這具體地表現為，當諸侯國君這樣的尊貴之人向自己饋贈禮物時，自己應當毫不猶豫地接受，而不必首先考慮諸侯們對這些物品的取得是否得之不義。萬章對孟子的說法表示了質疑，他認為接受那些奪民之財的君主的饋贈無異於接受殺人越貨的強盜的禮品。孟子於是便開導萬章，諸侯不同於強盜，強盜罪無可恕，殺之可也，諸侯則尚有可教的餘地，因此對他們過去的所作所為可以既往不咎，而不必太過較真。在闡發這番道理的同時，孟子引了《尚書》裏的話、列舉了孔子的有關生平事蹟。

「殺越人於貨，閔不畏死，凡民罔不譈」出自《尚書．周書．康誥》，原文是「殺越人於貨，暋不畏死，罔弗譈」，其大意為，殺人越貨之人往往強橫不怕死，這種人沒有誰不痛恨的。結合〈康誥〉上下文的語境來看，這是周公在向康叔宣示何種罪行應受何種刑罰的處罰，殺人越貨之人罪大惡極，理應依法嚴懲；因此，周公對殺人越貨者的態度就如《書》傳所云，「言當消絕之。」（《尚書正義．周書．康誥》）。孟子在引完〈康誥〉之文後說，「是不教而誅者也」，意謂對待殺人越貨的人，不必等待先教育就可以誅殺之，可見，孟子完全讀出了周公之意。

嚴格來講，說殺人越貨之徒人人都痛恨，並不等於說殺人越貨者罪在不赦、其罪當誅，後面一層意思其實是在前面一層意思的基礎上引申而來的。所以，〈康誥〉之文的表面文辭並沒有直接表達出孟子想要的意思，孟子是「不以文害辭，不以辭害志」，從而解讀出這層本義的。

為了說明知識分子需要具備靈活變通的處事智慧，而不應該斤斤計較於小節，孟子又多處引述孔子行事之跡。孟子說：「其交也以道，其接也以禮，斯孔子受之矣」，意思是說，對方依道義同我交往，依禮節同我接觸，這樣，孔子都會接受禮物的。對此，朱熹注曰：「孔子受之，如受陽貨烝豚之類也。」（《孟子集注．萬章章句下》）陽貨曾經向孔子贈送蒸豚一事詳見於《論語·陽貨》的第一章，陽貨以禮相送，孔子也以禮受之，所以，孟子這樣說孔子完全合乎事實。據《孟子集注》所載：「獵較，未詳。趙氏以為田獵相較，奪禽獸以祭……張氏以為獵而較所獲之多少也。二說未知孰是。」（同上）「先簿正祭器，未詳。徐氏曰：『先以薄書正其祭器，使有定數，不以四方難繼之物實之。夫器有常數，實有常品，則其本正矣。彼獵較者，將久而自廢矣。』未知是否也。」（同上）所以，孟子所述孔子「獵較」及「先簿正祭器」之事具體何所指，今天的我們已難以確知。不過，可以明確的是，孟子引孔子參與「獵較」的事蹟，是要「明世俗所尚，猶或可從，況受其賜，何為不可？」（同上）以及「孔子不違，所以小同於俗。」（同上）引「先簿正祭器」之事，則是要表明孔子雖然從俗，但卻並未違背道義、喪失原則。

孔子曾出仕於魯、衛的經歷是眾所周知的，《論語》和《史記》中也都有相應的記載。孟子對孔子的三次出仕進行了扼要的分析，作了提綱挈領的概括，指出「孔子有見行可之仕，有際可之仕，有公養之仕。於季桓子，見行可之仕也；於衛靈公，際可之仕也；於衛孝公，公養之仕也」，即孔子仕於魯國的季桓子，是因為可以行道而去做官，仕於衛靈公，是因為禮遇而去做官，仕於衛孝公，是因為國君養賢而去做官。

由此可見，孔子做官的標準也不是唯一的，他並不會單純為了行道才去做官。孔子的上述行跡讓我們看到了一個經權結合的「聖之時者」形象，也呈現給我們孔子所以高出於「聖之清者」的伊尹以及「蚓而後可」的陳仲子的原因。孟子對孔子的成功詮釋是基於他對孔子的「知人論世」，他也由此而實現了從古人那裏汲取實踐智慧、「尚友」古之人的目的。

（三）

孟子曰：「仕非為貧也，而有時乎為貧。娶妻非為養也，而有時乎為養。為貧者，辭尊居卑，辭富居貧。辭尊居卑，辭富居貧，惡乎宜乎？抱關擊柝。孔子嘗為委吏矣，曰：『會計當而已矣。』嘗為乘田矣，曰：『牛羊茁壯長而已矣。』位卑而言高，罪也；立乎人之本朝而道不行，恥也。」

與前面的論述相反，這段話表現了孟子思想中理想主義的一面。依孟子之見，身居高位的為官者應當能夠利用好相應的位置來實現自己的遠大政治抱負，如果尸位素餐、只為領取俸祿而當官，那還不如做個官職低微的小官，這樣才算稱職。

為了使他的觀點更有說服力，孟子又一次訴諸孔子從政的經歷。不過，孟子這次引證的並不是孔子為行道而出仕之類的事例，而是孔子嘗為小吏的經歷。《史記》說：「孔子貧且賤。及長，嘗為季氏史，料量平；嘗為司職吏而畜蕃息。」（《史記．孔子世家》）季氏史即孟子所謂「委吏」，是掌管倉庫的小吏，司職吏即孟子所謂「乘田」，是管理牲畜草料的小吏。「孔子貧且賤」，孟子所說「為貧」正是孔子當時所逢的時遇，委吏和乘田都是低微的官職，孟子所說「位卑」正是孔子當時所處的分位，此時的孔子恰好符合孟子所說的「為貧者，辭尊居卑，辭富居貧」，孟子在這裏引述孔子之事，首先表現了他對孔子的「知人論世」。當時的孔子自述其「志」說，「會計當而已矣」，又說，「牛羊茁壯長而已矣」，這說明地位卑微的孔子言不出其位，並不妄議國家大事，孔子之「志」與孟子之「意」——「位卑而言高，罪也」若合符節，可見孟子也有在「知人論世」的前提下「以意逆志」。

（四）

（萬章）曰：「君餽之，則受之，不識可常繼乎？」（孟子）曰：「繆公之於子思也，亟問，亟餽鼎肉。子思不悅。於卒也摽使者出諸大門之外，北面稽首再拜而不受，曰：『今而後知君之犬馬畜伋！』蓋自是台無餽也。悅賢不能舉，又不能養也。可謂悅賢乎？」曰：「敢問國君欲養君子，如何斯可謂養矣？」曰：「以君命將之，再拜稽首而受。其後廩人繼粟，庖人繼肉，不以君命將之。子思以為鼎肉使己僕僕爾亟拜也，非養君子之道也。堯之於舜也，使其子九男事之，二女女焉，百官牛羊倉廩備，以養舜於畎畝之中，後舉而加諸上位，故曰王公之尊賢者也。」

在與萬章的上述談話中，孟子道出了他理想中的國君善待賢人的模式。簡單地說，這種模式就是國君對賢人既要能夠供養，更要以禮相待，還要提拔、重用之。在孟子的心目中，堯對於舜的尊敬堪稱國君待賢的範型，而魯繆公待子思的事例則在上文中作為反例使用。魯繆公不斷地派人為子思送來熟肉，其本意大概是要表達對子思的敬意和重視，但他卻忽視了對於子思來說，「數以君命來餽，當拜受之。」（《孟子集注・萬章章句下》）即每當來人以君主的名義向子思致贈熟肉，子思都得為這一點熟肉而叩拜以感謝君恩，頻繁地使賢人為食物而下跪、鞠躬，這絕「非養賢之禮」（同上）因此子思不悅。孟子對子思拒受鼎肉一事的詳細敘說顯示了他對子思的「知人論世」。

按照孟子的想法，繆公供養子思的正確做法應該是「初以君命來餽，則當拜受。其後有司各以其職繼續所無，不以君命來餽，不使賢者有亟拜之勞也。」（同上）即國君的第一次饋贈可以使用君命，之後的食物供給便應交由相關的職能部門來負責，這樣做既可以養賢，又不會違禮。顯然，孟子的想法也正是子思的想法，二者都嚮往同樣的「養君子之道」，這也體現了聖賢的心意相通、孟子的「以意逆志」。

（五）

萬章曰：「敢問不見諸侯，何義也？」孟子曰：「在國曰市井之臣，在野曰草莽之臣，皆謂庶人。庶人不傳質為臣，不敢見於諸侯，禮也。」萬章曰：「庶人，召之役，則往役；君欲見之，召之，則不往見之。何也？」曰：「往役，義也。往見，不義也。且君之欲見之也，何為也哉？」曰：「為其多聞也，為其賢也。」曰：「為其多聞也，則天子不召師，而況諸侯乎？為其賢也，則吾未聞欲見賢而召之也。繆公亟見於子思，曰：『古千乘之國以友士，何如？』子思不悅曰：『古之人有言曰「事之」云乎，豈曰「友之」云乎？』子思之不悅也，豈不曰：『以位，則子君也，我臣也，何敢與君友也？以德，則子事我者也，奚可以與我友？』千乘之君，求與之友而不可得也，而況可召與？齊景公田，招虞人以旌，不至，將殺之。志士不忘在溝壑，勇士不忘喪其元。孔子奚取焉？取非其招不往也。」曰：「敢問招虞人何以？」曰：「以皮冠。庶人以旃，士以旂，大夫以旌。以大夫之招招虞人，虞人死不敢往。以士之招招庶人，庶人豈敢往哉？況乎以不賢人之招招賢人乎？欲見賢人而不以其道，猶欲其入而閉之門也。夫義，路也；禮，門也。惟君子能由是路，出入是門也。《詩》云：『周道如底，其直如矢。君子所履，小人所視。』」萬章曰：「孔子『君命召不俟駕而行』。然則孔子非與？」曰：「孔子當仕有官職，而以其官召之也。」

在上文裏，孟子繼續闡述知識分子與統治者的相處之道。具體地講，孟子認為，諸侯如果想召見士人，就必須要採用合乎禮義的方式，否則士人可以不見。朱熹說：「此章言不見諸侯之義，最為詳悉。」（同上）為了講明不見諸侯之義，孟子引了魯繆公與子思之間的君臣對答之辭和虞人不接受齊景公召喚的事例。

魯繆公向子思請教國君應當如何同士人交友，子思卻告訴他，國君只可以以士人為師，而不配同士人交友。子思的回答讓我們看到了一個知識分子的錚錚傲骨，但這種傲氣和骨氣出現在士氣高漲的戰國時代其實是不足為奇的，子思的話也並不存在狂妄悖理之處。孟子由子思的回答而引申出「千乘之君，求與之友而不可得也，而況可召與」的結論，即國君不可以隨便召喚士人之義，應當說是合邏輯的。齊景公招虞人事在〈滕文公下〉第一章已有記述，孔子對虞人的行為表示讚賞，孟子指出，孔子之所以讚賞虞人，是因為虞人「取非其招不往」，這反映出孟子對孔子的「知人論世」和「以意逆志」。筆者對此詮釋實例的分析詳見前文。

「周道如底，其直如矢。君子所履，小人所視」是《詩經．小雅．大東》裏的四句話，孟子引此以明諸侯應以禮義召見君子，在這裏，孟子運用了「知言」的創造性詮釋方法，筆者對此詮釋實例的分析詳見於本書的第三章。萬章問孟子，孔子為何會「君命召不俟駕而行」，孔子的做法豈不是與孟子的說法相背離。孟子的回答——「孔子當仕有官職，而以其官召之也」，突顯出他對「知人論世」及「以意逆志」方法的運用。孟子的意思是說，孔子當時有實際的官職在身，因此與子思等人所承擔的職分不同，面對君命召喚自然也會作出不同的反應。

綜合來看，孟子對子思和孔子的詮釋都是緊扣一個「禮」字，合乎禮者則當為，不合乎禮者則不當為，孔子和子思是這樣說的、這樣做的，孟子也是這樣想的，可見孟子在這裏也都是「以意逆志」而知前聖之心的。

十一　告子上

（一）

告子曰：「性，猶杞柳也。義，猶桮棬也。以人性為仁義，猶以杞柳為桮棬。」孟子曰：「子能順杞柳之性而以為桮棬乎？將戕賊杞柳，而後以為桮棬也？如將戕賊杞柳而以為桮棬，則亦將戕賊人以為仁義與？率天下之人而禍仁義者，必子之言夫！」

孟子與告子的這一次交鋒辯論的是人性與仁義的關係問題。

孟子認為，「仁、義、禮、智，非由外鑠我也，我固有之也。」（《孟子・告子上》）所以，對於孟子來說，仁義就是人性的內容；告子認為：「食、色，性也。」（同上）所以，在告子看來，飲食男女才是人性的內容，仁義對人性具有外在性或異質性。

其實，「人性究竟是什麼」並不完全是一個事實問題，對它的回答在很大程度上依賴於人的主觀設定。孟子和告子的人性論雖然立論不同，但都能夠自圓其說，因而都是可以成立的。不過，孟子卻不這麼看，一聽到告子的言論，他立即「知言」，孟子堅定的學術立場決定了他不可能對異己學說充耳不聞。告子說：「性，猶杞柳也。義，猶桮棬也」，杞柳是一種枝條柔韌的植物，桮棬則是用柳條編織而成的器皿，告子這是在用杞柳比喻人性，用桮棬比喻仁義，「言人性本無仁義，必待矯揉而後成。」（《孟子集注・告子章句上》）要讀懂這層意思，孟子當然需要「不以文害辭，不以辭害志」。孟子順著告子的意思往下推理，指出若要「以杞柳為桮棬」，就必須得「戕賊杞柳而以為桮棬」，相應的，一個人如果想成為仁義之士，也需要毀傷自己的本性才能夠做到，孟子認為，這一推論便說明了告子的學說是

「率天下之人而禍仁義」的。

至於告子學說「禍仁義」的原因，孟子並沒有講出來，朱熹認為：「言如此，則天下之人皆以仁義為害性而不肯為，是因子之言而為仁義之禍也。」（同上）朱熹的話無非是說，假如天下人人都認同人性和仁義是兩回事，那麼人們就都會愛惜自己的本性而不願意使其受到仁義道德的扭曲，這對仁義來說，無疑是一種損害。不過，依筆者愚見，朱熹的上述分析如果要成立，首要的條件是告子應賦予他所謂的人性——「飲食男女」以正面的價值，並且聲明仁義道德對人而言是不必要的，因而人們不應該改變本性以追求仁義。可是，告子顯然沒有這樣說過，所以，朱熹的解釋很值得商榷。筆者猜想，孟子批評告子「禍仁義」也許是出於如下考慮，即將仁義定為人的本性更能堅定人們向善的信心，反之則易使人心志不堅。不過，由於證據不足，筆者也無法對己說予以證明；但可以肯定的是，孟子必然是基於自己性善論的立場才能對告子「邪辭知其所離」（《孟子・公孫丑上》）的，「知言」的詮釋方法在這裏發揮了主要的作用。

（二）

告子曰：「性猶湍水也，決諸東方則東流，決諸西方則西流。人性之無分於善不善也，猶水之無分於東西也。」孟子曰：「水信無分於東西，無分於上下乎？人性之善也，猶水之就下也。人無有不善，水無有不下。今夫水，搏而躍之，可使過顙；激而行之，可使在山。是豈水之性哉？其勢則然也。人之可使為不善，其性亦猶是也。」

在上面的對話裏，孟子和告子圍繞人性是善或是惡繼續激辯人性問題。告子仍然借助比喻的修辭手法來形象地表述自己的論點，他以水的流向的不確定來說明人性的無分於善惡。孟子首先「不以文害辭，不以辭害志」，把握住對方的論點，然後再用「知言」的方法糾正對方的謬誤。他套用告子的湍水之喻指出，水流向東方抑或西方的確是不確定的，但水流自高處流向低處卻是毋庸置疑的，水往低處流的屬性也正說明了人性本善是不可改易的。平心而論，孟子的反駁固然巧妙，但他的這番論證卻並不能駁倒論敵的觀點。這是因為，孟子和告子的立論基礎是截然不同的，告子的所謂人性是指食色，這樣的人性當然是無善無惡的，孟子的所謂人性是指仁義，這樣的人性當然是善的。孟子和告子缺乏共同認可的理論前提，因此他們之間雖然辯得激烈，卻誰也無法擊中對方理論的要害，雙方等於是各自重申了自己的立場、觀點而已。

（三）

告子曰：「生之謂性。」孟子曰：「生之謂性也，猶白之謂白與？」曰：「然。」「白羽之白也，猶白雪之白；白雪之白，猶白玉之白與？」曰：「然。」「然則犬之性猶牛之性，牛之性猶人之性與？」

在孟子與告子這一回合的辯論中，孟子直擊告子人性論的要害。告子開宗明義地提出「生之謂性」，即天生的資質便叫做性。對於天生的資質指什麼，朱熹注曰：「生，指人物之所以知覺運動者而言。」（《孟子集注．告子章句上》），朱注大體得當。我們知道，有知覺、能運動不僅是人類的天生資質，而且也是犬、牛等動物的天生資質，告子以此來說人性，未免使人性與動物性毫無差別。於是孟子便緊緊抓住告子人性論的這一缺憾而進行駁斥。

孟子首先問道，「生之謂性也，猶白之謂白與」，朱熹解釋孟子之意說，「白之謂白，猶言凡物之白者，同謂之白，更無差別也。」（同上）即孟子是問是否所有白色的事物在「白」在一點上是無區別的，告子對孟子的提問作了肯定的回答，這便陷入了孟子設下的邏輯圈套。因為如果所有白色的事物在「白」這一點上是無區別的，那麼同理可知，所有具有知覺、運動等天生資質的生物在天生資質——「性」這一點上也是無區別的，這也就意味著犬、牛之性與人之性不會有區別。

孟子其後的兩次發問，就是要逐步指明告子主張的這種不合理性，「『白羽』以下，孟子再問而告子曰『然』，則是謂凡有生者，同是一性矣。」（同上）實際上，將人性歸結為動物性，這種規定也並非必然就不可以，只是較容易使人類的自尊心受到挫傷，在這方面，孟子的理論便顯示出它的優越性，孟子所謂仁、義、禮、智既是人區別於動物的地方，也是人高於動物的地方。在對告子思想的這次詮釋中，孟子其實是立足自己的優勢，來揭示論敵的劣勢，令大家都看到告子「徒知知覺運動之蠢然者人與物同；而不知仁、義、禮、智之粹然者人與物異也。」（同上）這正表現了孟子的「知言」。

（四）

告子曰：「食、色，性也。仁，內也，非外也；義，外也，非內也。」孟子曰：「何以謂仁內義外也？」曰：「彼長而我長之，非有長於我也。猶彼白而我白之，從其白於外也，故謂之外也。」曰：「異於白馬之白也，無以異於白人之白也。不識長馬之長也，無以異於長人之長與？且謂長者義乎？長之者義乎？」曰：「吾弟則愛之，秦人之弟則不愛也。是以我為悅者也，故謂之內。長楚人之長，亦長吾之長，是以長為悅者也，故謂之外也。」曰：「耆秦人之炙，無以異於耆吾炙。夫物則亦有然者也，然則耆炙亦有外與？」

孟子繼續發揮他「知言」的特長對告子的不正之辭進行批駁。告子說：「食、色，性也。仁，內也，非外也；義，外也，非內也」；「食、色，性也」是告子闡明自己的觀點，「仁，內也，非外也；義，外也，非內也」是告子對孟子「以人性為仁義」的觀點作出的回應。孟子既然視仁義為人性，相應的就必然會主張「仁義內在」，所以，為了維護自己的觀點，孟子便主要針對告子的「仁內義外」之說，尤其是其「義外」思想展開辯論。面對孟子的攻勢，告子首先通過舉例來使他的觀點明朗化。告子表述其「義外」思想說，人們尊敬老年人並不是因為人有內在的恭敬之心，而是因為看到老年人的年紀大了，由此可知，人們是否要尊敬一個人取決於外在的標準——年齡的大小，是由外在的對象——是否是老年人來決定的。

顯然，為了駁倒告子，孟子就需要證明，當兩個以上的外在對象在某些方面符合同樣的標準時，人們對他們所採取的行為規範——「義」仍然是不一樣的，在這種情況下，行為規範之所以不同的原因就只能從內在的方面去找，換言之，「義」就根於內而不是源於外。孟子舉了老馬和老人的例子，老馬和老人在年齡大這一點上是相類似的，可是，人們對老人的尊敬卻明顯不同於對老馬的憐憫，所以，我們是否要去恭敬老馬或老人，並不是由他們是否年老來決定，而是由我們內在的道德心靈說了算。告子固然無法對孟子的上述論證邏輯提出反駁，但他卻可以對孟子所舉的例證表示質疑。畢竟，老馬是動物而老人是人，二者分屬不同的類別，同類的事物才可以適用相同的標準、相同的行為規範，而不同類的事物則另當別論。因而，告子便又舉了同類事物適用同樣外在標準的例子來說明他的「義外」之說。

具體言之，楚國的老人與告子自己的老人同為老年人，告子對他們的尊敬是相同的，而這種尊敬是由對方年齡大而造成的，所以說義的根源是外在的。告子的這一自我辯護從一定程度上維護了他的立場，但卻不能從根本上證明他的觀點，他的論證中存在著一個明顯的漏洞。一般來說，即使我們對同類的事物採用同樣的行為規範，那也並不能夠證明「義外」，因為我們採用這種行為規範的原因或標準既可能是外在的，也可能是內在的。舉例來說，我們同樣尊敬別人家的老人與我們自己家的老人，這種尊敬的根源既可能是對方的年紀大，也可能是我們自己的恭敬之心，兩種可能性其實是並存的。孟子抓住告子論證的這一漏洞再次予以還擊。孟子擺出了如下的事實使告子面臨兩難的困境，即秦地的烤肉與本地的烤肉都是烤肉，一個喜好吃烤肉的人不會因烤肉產地的不同而變更自己的喜好。告子之前說過：「食、色，性也」，這就說明了，對告子而言，人們對飲食的需求、對美味的喜愛是內在的天性，而不是由外部的原因造成的，所以，愛吃烤肉的喜好當然也是由內部的原因引起的。

總之，孟子的耆炙之例就表明了，當人們對同類的事物作出同樣的反應時，人們作出此種反應的原因也可以是內在的。如果告子承認這一點，那就意味著他之前的論證無效，如果告子否認這一點，那就意味著他放棄了自己的「食、色，性也」的觀點。

顯而易見，在這場辯論中，告子略處於下風。儘管如此，我們也不能由此得出結論，說孟子在人性論問題上說服了告子。孟子其實只是指出了告子論證方式的不合理性，一種論證方式不合理，告子還可以換用另一種論證方式，告子的觀點是不會就此改變的。孟子與告子這一輪的較量，讓我們充分領略了孟子高超的論辯技巧。孟子的論辯技巧是其運用「知言」方法的技巧，是為其「知言」方法服務的，通過種種技巧的運用，孟子使自己的觀點更易被人接受，使論敵的謬誤更易為人察覺。

（五）

孟季子問公都子曰：「何以謂義內也？」曰：「行吾敬，故謂之內也。」「鄉人長於伯兄一歲，則誰敬？」曰：「敬兄。」「酌則誰先？」曰：「先酌鄉人。」「所敬在此，所長在彼，果在外，非由內也。」公都子不能答，以告孟子。孟子曰：「敬叔父乎？敬弟乎？彼將曰：

『敬叔父。』曰：『弟為尸，則誰敬？』彼將曰：『敬弟。』子曰：『惡在其敬叔父也？』彼將曰：『在位故也。』子亦曰：『在位故也。』庸敬在兄，斯須之敬在鄉人。」季子聞之，曰：「敬叔父則敬，敬弟則敬，果在外，非由內也。」公都子曰：「冬日則飲湯，夏日則飲水，然則飲食亦在外也？」

孟季子是何許人、其思想究屬何派別，這些均已不可考；不過，孟季子所維護的「義外」之說同於告子學派的主張則是無疑問的。孟季子首先向孟子的弟子公都子發難，質疑孟子的「義內」學說，繼而又設下語言的陷阱讓公都子來鑽。孟季子先讓公都子在年長的鄉人和自己的大哥之間選出他發自內心恭敬的人，公都子選擇了自己的大哥；然後孟季子又要公都子說出，在社交場合中他會先給鄉人敬酒還是先給大哥敬酒，這回公都子選擇了先給鄉人敬酒。於是乎孟季子便從公都子的回答中得出結論，一個人在內部所懷有的恭敬之心與他在外部所奉行的恭敬之禮是不相一致的，從而人們採取什麼樣的行為規範——「義」是由外在的條件所限定的，「義內」之說不成立。公都子被辯倒了，只好向乃師求助，孟子便為他設計了一條挽回敗勢的論辯思路。

孟子的思路是這樣的：先讓孟季子依照禮法在叔父和弟弟之間選擇他所恭敬的對象，叔父是孟季子的長輩，所以他理所當然地會選擇前者；之後再讓孟季子說出，在弟弟做了受祭屍主的條件下，他會優先恭敬誰，根據當時的社會習俗，這次孟季子又只能選擇恭敬弟弟。孟子所謂「尸」就是尸主。古代的人們在祭祀神靈或死者時，往往會派一個年幼者坐在受祭的位置，代表受祭者接受眾人的獻禮、致敬。這個年幼者就被稱為尸主。孟子設想，為了彌合前後兩次回答不一致的矛盾，孟季子必定會把恭敬弟弟說成是一種特殊情況，由此，公都子也就同樣有理由將人們在社交場合中恭敬年長的鄉人看作是一種特例，從而不使其與人們在正常狀態下恭敬自己的大哥構成矛盾。孟子想以此來達到為其「義內」學說辯護的目的，實際上，這樣一種論證方式充其量只能起到與論辯對手平分秋色的效果，卻不可能從根本上駁倒對手。

果然，孟季子在聽到孟子的反駁後立即針鋒相對地提出，對叔父的恭敬是依循通常的禮法，對弟弟的恭敬是遵照特殊的習俗，禮法或習俗顯然是人們採取恭敬態度的外在原因，這恰好說明了義的根源是外在的，而跟內在的道德心靈無關。公都子這次沒有被孟季子難倒，他想到了對人們具有普遍約束力的行為準則——禮法或習俗也未必就是由於人人都從眾從俗、大家彼此模仿才形成的；比如人們在冬天都要喝熱水、在夏天都要喝涼水，這顯然就是由人體的內在生理需求所決定的。其實，無論孟季子、公都子還是孟子本人，他們的以上論證都沒有能夠使自己的觀點在邏輯上得到周延的證明，也都沒有能夠從理論上徹底證偽對方的論點，他們僅是各自找到一些有利於自己觀點的理據，並對對方觀點中的某些漏洞作了一定程度的抨擊而已。孟子在這裏只是想方設法地堅守自己的立場，並立足自己的立場去批判論敵的立場，這也正是「知言」的原則所要求的。

（六）

公都子曰：「告子曰：『性無善無不善也。』或曰：『性可以為善，可以為不善。是故文、武興則民好善，幽、厲興則民好暴。』或曰：『有性善，有性不善。是故以堯為君而有象，以瞽瞍為父而有舜，以紂為兄之子且以為君，而有微子啟、王子比干。』今曰『性善』，然則彼皆非與？」孟子曰：「乃若其情，則可以為善矣，乃所謂善也。若夫為不善，非才之罪也。惻隱之心，人皆有之；羞惡之心，人皆有之；恭敬之心，人皆有之；是非之心，人皆有之。惻隱之心，仁也；羞惡之心，義也；恭敬之心，禮也；是非之心，智也。仁、義、禮、智，非由外鑠我也，我固有之也，弗思耳矣。故曰：求則得之，舍則失之。或相倍蓰而無算者，不能盡其才者也。《詩》曰：『天生蒸民，有物有則。民之秉彝，好是懿德。』孔子曰：「為此詩者，其知道乎！故有物必有則，民之秉夷也，故好是懿德。」

在上述孟子與公都子的一席對話中，公都子列舉了當時比較流行的幾種人性理論，並向孟子請教是非；孟子通過較為完整地闡述他的性善論，一方面捍衛自己的觀點，另一方面回應其他諸子的人性論。

在如何看待人性善惡的問題上，除了孟子的性善論，「性無善無不善」、「性可以為善，可以為不善」以及「有性善，有性不善」都是很有代表性的觀點。告子把食、色界定為人性的實質內涵，這樣一種意義上的人性當然是無所謂善惡或者說與善惡沒有直接關聯的；「性可以為善，可以為不善」是說本性可以使它善良，也可以使它不善良，這種說法其實與第一種觀點並不矛盾，「性無善無不善」是就人性的本然狀態而言的，「性可以為善，可以為不善」是就人性的發展趨向而言的，總之，「生之謂性」的性既可以是「無善無不善」的，也可以是「可以為善，可以為不善」的；「有性善，有性不善」是說有些人本性善良，有些人本性不善良，這種說法將人的本性劃分成截然相反的兩大類，使聖賢的人性與普通老百姓的人性區別開來，有可能是從孔子「唯上智與下愚不移」（《論語・陽貨》）的觀點發展而來的，後世董仲舒的性三品說、韓愈的性三品說也同屬劃分人性等級一類的人性論。

在上文中，孟子論證其人性本善觀點的方式共有兩種，一種是求證於人皆有之的生命體驗，另一種是求證於古聖先哲的教導。孟子認為，仁、義、禮、智是人人固有的資質，如果有人感受不到它們的存在，那只是因為這個人沒有認真地去探求它、思考它，這便是孟子所說的：「仁、義、禮、智，非由外鑠我也，我固有之也，弗思耳矣」。仁、義、禮、智這些天生的善性也就是孟子眼中的人性，在孟子看來，探求或發現這種人性的方法就是對惻隱之心、羞惡之心、恭敬之心和是非之心等四種心理情感的體察和確認。

惻隱之心是對別人的痛苦有同情、能關切的心，羞惡之心是人們做了壞事之後感到害羞和可恥的心，恭敬之心是尊重他人、禮讓他人的心，是非之心是能夠判斷行為的是非對錯的心。「惻隱之心，仁也；羞惡之心，義也；恭敬之心，禮也；是非之心，智也」，能夠體察到惻隱、羞惡、恭敬、是非等心理情感，我們也就能夠確信我們的本性——仁、義、禮、智是善的；而確信了我們的本性是善的，我們也就有信心努力向善，從而使我們成為善人，所以孟子說「乃若其情，則可以為善矣」。綜上可知，孟子向世人證明其性善論的關鍵就在於要求每個人都親身去「思」、去「求」，可見，孟子對其人性論的論證是訴諸人類群體的生命體驗的。這裏所講的人類群體的生命體驗也正是孟子所謂「以意逆志」之「意」，在這種「意」的參照之下，其他諸子的人性論或者說諸子之「志」的缺失便顯示出來了，我們也就都可以「知言」了。

「天生蒸民，有物有則。民之秉彝，好是懿德」出自《詩經．大雅．烝民》，「天生蒸民」原文作「天生烝民」。《毛序》曰：「〈烝民〉，尹吉甫美宣王也。任賢使能，周室中興焉。」（《毛詩正義．大雅．烝民》）；朱熹《詩集傳》曰：「宣王命樊侯仲山甫築城於齊，而尹吉甫作詩以送之。」（《詩集傳．大雅．烝民》）毛亨及朱熹的解題說明了，〈烝民〉是周宣王的大臣尹吉甫所作，是一首頌美宣王能夠知人善任、重用賢才仲山甫的詩歌。「天生烝民，有物有則。民之秉彝，好是懿德」是〈烝民〉裏領起全詩的開頭四句，毛亨注曰：「烝，眾。物，事。則，法。彝，常。懿，美也。」(《毛詩正義・大雅・烝民》) 鄭玄箋云：「秉，執也。天之生眾民，其性有物象，謂五行仁、義、禮、智、信也。其情有所法，謂喜、怒、哀、樂、好、惡也。然而民所執持有常道，莫不好有美德之人。」(同上) 所以，這四句詩是說，上天生下眾人，每一樣事物都有它的規律，人們順從、保持了那些規律，於是喜愛具有優良品質的人。

孔子非常重視〈烝民〉一詩，稱讚作這首詩的人「知道」，即懂得大道。孟子在這裏引用〈烝民〉的詩句和孔子的評語，這就意味著，在孟子看來，孔子此處所說的「道」之內涵就等同於他上面所說的「性善」之義。孟子這樣想是有道理的。〈烝民〉之詩說「天生烝民，有物有則」，即天生下眾人，並且給其法則，這個「則」既是物之「則」，也是人之「則」，「民之秉彝」的「彝」就是人之「則」；同時，「民之秉彝，好是懿德」的表述方式說明了「民之秉彝」與「好是懿德」之間存在著因果關係，即正是因為人們自身順從、保持了「彝」，他們才會喜愛充分彰顯「懿德」之人，由此可知，「彝」也就是「懿德」，它是人的行事之「則」，而且是天所生的。對孟子來說，「懿德」當然就是仁、義、禮、智四德，而仁、義、禮、智四德正是上天所賦予我們人的人性。孟子借「天生烝民」等四句詩來說明人性天所命、人性本善是恰到好處的。孟子對〈烝民〉之詩的準確使用表明了他能夠「不以文害辭，不以辭害志」地看出該詩的深義。

(七)

孟子曰：「……雖存乎人者，豈無仁義之心哉？其所以放其良心者，亦猶斧斤之於木也，旦旦而伐之，可以為美乎？其日夜之所息，平旦之氣，其好惡與人相近也者幾希，則其旦晝之所為，有梏亡之矣。梏之反覆，則其夜氣不足以存。夜氣不足以存，則其違禽獸不遠矣。人見其禽獸也，而以為未嘗有才焉者，是豈人之情也哉？故苟得其養，無物不長；苟失其養，無物不消。孔子曰：『操則存，舍則亡；出入無時，莫知其鄉。』惟心之謂與！」

孟子的上述一段話重點講的是他所謂良知、本心的一種特性，這種特性是指，良知或本心是人所固有的，但如果人們不去愛惜它、不注意加以保護，人們就會失掉良知、本心，從而不再能感受到它的存在。在描述了本心的此種特性之後，孟子還引用了孔子的話以為佐證。

孟子說：「雖存乎人者，豈無仁義之心哉？」即在某些人身上，難道沒有仁義之心嗎？這是一句反問句，這種問法本身就表明了，在孟子看來，仁義之心是人皆有之的。這裏提到的仁義之心，也就是後文「放其良心」裏的「良心」，同時也是孟子所謂本心，朱熹注釋良心說：「良心者，本然之善心，即所謂仁義之心也。」（《孟子集注·告子章句上》），正是此意。

孟子認為，某些性同虎狼、行若禽獸的人之所以會喪失他們的善良本心，是由於他們沒有能夠「存夜氣」。所謂夜氣，孟子是指夜晚和清晨人們內心裏所萌發出來的善心。至於人的本心何以易在夜晚或清晨時萌發，孟子並沒有明確地給出理由。筆者揣測，也許在中國古代的生活條件下，黃昏或清晨時的人們就不再需要介入社會中、工作中以及政治生活中的各種繁雜事務，人的生命處於相對靜止的狀態，這個時候，人的許多欲望往往會收斂起來，於是乎善良的本心就會浮現出來。孟子將人的「夜氣不足以存」的原因歸於「旦晝之所為」，即人們白天的所作所為。白天的人們往往為欲望所驅使，熱衷於追逐名利、權勢，以至於使其本心汩沒在欲望之中。本心的這種特性用孔子的「操則存，舍則亡」的語句來加以概括無疑是貼切的。「操則存，舍則亡」意即握住它，就存在，放棄它，就喪亡，本心確是如此。

不過，孔子的這幾句話是否原本就是論說本心的，我們實在無從得知，遍觀《論語》，我們很難找到孔子有關於「心」的言論。但不論孔子「操存舍亡」之意是否就如孟子所說是「心之謂」，我們都能夠看出，孟子於此處是用他個人親身體悟到的智慧來解說孔子的話語的，所以孟子至少是「以意逆志」了。

（八）

孟子曰：「欲貴者，人之同心也。人人有貴於己者，弗思耳矣。人之所貴者，非良貴也。趙孟之所貴，趙孟能賤之。《詩》云：『既醉以酒，既飽以德。』言飽乎仁義也，所以不願人之膏粱之味也；令聞廣譽施於身，所以不願人之文繡也。」

孟子通過上面的一段話說明瞭，對於一個人而言，健全的人格、高尚的品行是最為可貴、最值得珍惜的。孟子用《詩經．大雅．既醉》裏的兩句詩——「既醉以酒，既飽以德」來表述這層意思，「既飽以德」言「飽乎仁義」，「德」字就由它在《詩經》中的原始意義——「恩惠」轉化為孟子所賦予它的意義——「美德」，總之孟子在這裏使用了創造性的詮釋方法——「知言」。筆者對此詮釋實例的分析詳見於本書的第三章。

十二　告子下

（一）

公孫丑問曰：「高子曰：『〈小弁〉，小人之詩也。』」孟子曰：「何以言之？」曰：「怨。」曰：「固哉，高叟之為詩也？有人於此，越人關弓而射之，則己談笑而道之；無他，疏之也。其兄關弓而射之，則己垂涕泣而道之；無他，戚之也。〈小弁〉之怨，親親也。親親，仁也。固矣夫，高叟之為《詩》也！」曰：「〈凱風〉何以不怨？」曰：「〈凱風〉，親之過小者也。〈小弁〉，親之過大者也。親之過大而不怨，是愈疏也。親之過小而怨，是不可磯也。愈疏，不孝也。不可磯，亦不孝也。孔子曰：『舜其至孝矣！五十而慕。』」

在以上的一段對話中，孟子與其弟子公孫丑討論如何解讀《詩經》中所傳達出的詩作者的思想感情。

孟子指出，高子將〈小弁〉斥為小人之詩的說法有誤，〈小弁〉一詩蘊含的作者「怨」父母的情感與〈凱風〉一詩蘊含的作者「慕」父母的情感都表達了作者對其父母的「孝」。在對〈小弁〉及〈凱風〉的理解上，孟子之所以能夠高出高子或公孫丑一籌，就在於他綜合運用了「知人論世」及「以意逆志」的詮釋方法。筆者對此詮釋實例的分析詳見本書的第三章。

孟子在為〈小弁〉及〈凱風〉兩詩的作者進行了一番辯護之後，引用了孔子評價舜的兩句話——「舜其至孝矣！五十而慕」，其意為，舜是最孝順的人了，五十歲還依戀父母。從字面上看，「五十而慕父母」的舜應與「親之過小而不怨」的〈凱風〉作者同屬一類人，因為他們都依戀、順從父母；換句話說，孟子在這裏引用孔子的話似乎是在為〈凱風〉作者的「親之過小而不怨」作論證。實則不然。

朱熹注解孔子之語說：「言舜猶怨慕，《小弁》之怨，不為不孝也。」（《孟子集注・告子章句下》）依照朱熹的講法，舜的身世類似於〈小弁〉作者的遭遇，舜的事例當是為〈小弁〉作者的「親之過大而怨」作論證的。事實也正是如此。《孟子・萬章上》的第一章詳細記載著大舜「五十而慕父母」的具體內容。舜的「慕父母」具體地表現為他對父母的「怨」——「號泣於旻天」(《孟子．萬章上》)。向著蒼天一面訴苦、一面哭泣，這顯然是一種抱怨父母的行為，然而孟子卻用「怨慕」(同上)二字來總結舜的此種表現。這一點就足以說明，在孟子看來，「怨父母」也就表徵著「慕父母」，只有像舜那樣真正依戀父母、在意父母的人，才會在父母討厭自己、甚至想要殺掉自己的情況下，情緒失控、不能自已。

孔子稱大舜「至孝」、能夠「五十而慕」，恐怕也是由於他瞭解到了舜的「怨父母」。所以，〈小弁〉之「怨」的實質是詩作者對於父母的「慕」，孟子用孔子的話為〈小弁〉的作者正名是再恰當不過的了。我們不難想到，孟子若要引孔子語來給〈小弁〉作者作辯護，首先就得瞭解「慕」與「怨」之間的內在關聯，這就需要他對孔子語「不以文害辭，不以辭害志」；另外，要想知道孔子為什麼那樣評價舜即舜如何「至孝」、如何「五十而慕」，孟子還需要對舜「知人論世」。

(二)

宋牼將至楚。孟子遇於石丘，曰：「先生將何之？」曰：「吾聞秦、楚構兵，我將見楚王說而罷之；楚王不悅，我將見秦王說而罷之。二王我將有所遇焉。」曰：「軻也請無問其詳，願聞其指。說之將何如？」曰：「我將言其不利也。」曰：「先生之志則大矣，先生之號則不可。先生以利說秦、楚之王，秦、楚之王悅於利，以罷三軍之師，是三軍之士樂罷而悅於利也。為人臣者，懷利以事其君；為人子者，懷利以事其父；為人弟者，懷利以事其兄：是君臣、父子兄弟終去仁義，懷利以相接；然而不亡者，未之有也。先生以仁義說秦、楚之王，秦、楚之王悅於仁義而罷三軍之師，是三軍之士樂罷而悅於仁義也。為人臣者，懷仁義以事其君；為人子者，懷仁義以事其父；為人弟者，懷仁義以事其兄：是君臣、父子、兄弟去利，懷仁義以相接也；然而不王者，未之有也。何必曰利？」

宋牼是道家別派的學者，主張禁攻寢兵。孟子對宋牼的寢兵主張是贊成的，但反對他以利益得失的權衡來遊說諸侯罷兵的方式。在勸說宋牼改換游說策略時，孟子分別活用了他的「知人論世」、「以意逆志」及「知言」的詮釋方法。筆者對此詮釋實例的分析詳見本書的第三章。

（三）

孟子居鄒。季任為任處守，以幣交，受之而不報。處於平陸，儲子為相，以幣交，受之而不報。他日由鄒之任，見季子；由平陸之齊，不見儲子。屋廬子喜曰：「連得間矣。」問曰：「夫子之任見季子，之齊不見儲子，為其為相與？」曰：「非也。《書》曰：『享多儀，儀不及物，曰不享，惟不役志於享。』為其不成享也。」屋廬子悅。或問之，屋廬子曰：「季子不得之鄒，儲子得之平陸。」

在任國代理國政的季任和在齊國擔任卿相的儲子都曾向孟子贈送禮物，孟子到任國時拜訪了季任，而到齊國時卻沒有拜訪儲子，於是孟子的弟子屋廬子便疑惑孟子為何會對季任和儲子採用雙重標準。孟子的回答表明，相對於禮物，他更加看重的是禮節，尤其是禮節背後所含藏的恭敬之意。季任代理政事、不能離職，因此派人代送禮物就已經盡到了禮節，而儲子擔任卿相，本可以親身去送禮卻派人代送，因此禮節還不到。總而言之，孟子對季任和儲子的兩種態度是他相應於兩人的不同禮節而作出的回應，因而是合乎禮的。

孟子對屋廬子質疑他厚此薄彼的提問幾乎全引《尚書》文字來

作答。「享多儀，儀不及物，曰不享，惟不役志於享」是《尚書・周書・洛誥》裏的幾句話，其意為，享獻可貴的是禮節，如果禮節不夠，禮物雖多，只能叫做沒有享獻，因為享獻人的心意並沒有用在這上面。據〈書序〉:「召公既相宅，周公往營成周，使來告卜，作〈洛誥〉。」(《尚書正義・周書・洛誥》) 這是說〈洛誥〉之文是周公在視察了營建洛邑的工地之後專為成王而作的，「享多儀」等幾句正是周公告誡成王的話語。在〈洛誥〉原文的語境下，孟子所引文字記錄的是周公教導成王如何透過諸侯們在助祭時所行的禮節來辨別他們是否忠誠。

對於這幾句話，孔安國傳曰:「奉上謂之享。言汝為王，其當敬識百官諸侯之奉上者，亦識其有違上者。奉上之道多威儀，威儀不及禮物，惟曰不奉上。」(同上) 據孔《傳》:「享」這種禮儀是諸侯在朝見天子時所採用的，孟子與季任或儲子之間顯然不存在諸侯對天子的這樣一種關係。孟子在這裏引用周公對成王的告誡之辭，實際上是將其從〈洛誥〉一文的特殊語境中抽離出來，而取其一般化的意義，這種一般化的意義就是，真誠恭敬的心意體現在周全完備的禮節上，而不是體現在豐厚貴重的禮物上，如果禮物夠了而禮節不夠，這樣的禮仍然是有欠缺的，這就是孟子說的「為其不成享也」。

去除其特殊性的內涵而保留其一般化的意義，這也是孟子應用其「知言」方法的一種模式。

(四)

(淳於髡) 曰:「魯繆公之時，公儀子為政，子柳、子思為臣，魯之削也滋甚。若是乎，賢者之無益於國也!」(孟子) 曰:「虞不用百里奚而亡，秦穆公用之而霸。不用賢則亡，削何可得與?」曰:「昔者王豹處於淇，而河西善謳。綿駒處於高唐，而齊右善歌。華周、杞梁之妻善哭其夫，而變國俗。有諸內必形諸外。為其事而無其功者，髡未嘗睹之也。是故無賢者也，有則髡必識之。」曰：「孔子為魯司寇，不用；從而祭，燔肉不至，不稅冕而行。不知者以為為肉也，其知者以為為無禮也。乃孔子則欲以微罪行，不欲為苟去。君子之所為，眾人固不識也。」

表面看起來，齊國大夫淳于髡與孟子往復辯難的中心問題是古之賢人於國於民的作用，實際上，淳于髡是借評說古之賢人來譏諷孟子無所作為，孟子則是借評說古之賢人來為自己辯護。孟子對古之賢人的評說也體現了他對孔子、子思等聖賢的行為的詮釋或理解。

淳于髡舉了魯繆公曾用子思等人為臣卻未能挽救魯國頹勢的事例來論證「賢者之無益於國」，實則是暗指孟子雖有賢者之名但也無功於齊國，「髡譏孟子雖不去，亦未必能有為也。」（《孟子集注・告子章句下》）歷史上的子思在晚年返回父母之邦魯國，確曾受到了魯繆公的尊崇和禮遇。不過，魯繆公雖然偶爾也能聽取子思的善言，但卻並沒有重用子思，因而子思對於魯國的削弱並不負有直接的責任，反倒是他的那些諫諍之言都是於魯國有益處的。孟子用了虞國不用百里奚而遭滅亡、秦國重用百里奚得以稱霸這一反差巨大、對比鮮明的事例來證明賢人的作用，以此反駁淳于髡、維護子思和他自己，這種辯護對於子思來說是公平的。我們由此也可以見出孟子對子思是能夠「知人論世」的。

淳于髡不甘心被駁倒，於是又改換論點，他以王豹、綿駒等古代名人的事蹟為例，提出有某種內涵的人一定會有相應的外部表現，從而可以被人們認識、瞭解，淳于髡提出這一論點是想挖苦孟子雖有賢者之名、但卻無賢者之實，即孟子不能憑外在的功業來證明自己的賢能，「髡以此譏孟子仕齊無功，未足為賢也。」（同上）淳于髡聲稱齊國「無賢者也，有則髡必識之」，孟子則斷言「君子之所為，眾人固不識也」。孟子舉了一般人無法理解孔子的例子。

據《史記》記述，齊國曾贈送女樂給魯定公和季桓子，他們接受女樂、荒廢政事。「子路曰：『夫子可以行矣。』」（《史記：孔子世家》）孔子則表示：「魯今且郊，如致膰乎大夫，則吾猶可以止。」（同上）結果當政者又沒有按禮分配祭肉，於是乎，「孔子遂行」（同上）從這一事件的表面去看，孔子的辭官去魯是因為他沒有被分到祭肉，或是因為當政者失禮，這便是孟子所謂「不知者以為為肉也，其知者以為為無禮也」。其實這些猜測都沒有能夠反映出孔子的真實用心。孔子用歌詞對為他送行的人坦露心聲：「彼婦之口，可以出走；彼婦之謁，可以死敗。蓋優哉遊哉，惟以卒歲！」（同上）這就表示孔子的出走其實是為著魯國君相荒廢政事。

至於孔子為什麼沒有對當政者講明原因，而是找小藉口離開，孟子看得很清楚——「欲以微罪行，不欲為苟去」，即孔子不想過分暴露魯國君相的罪過，便以小失誤作為辭職出走的藉口。孔子的這種做法的確是一般人想不到、做不到的，它充分體現了聖人的仁義和忠厚。對於孔子，「眾人固不識」，孟子卻識之，他能夠真知聖人之心，這說明了孟子能夠「以意逆志」，想來假若孟子處於孔子當時的處境之下，他也會「易地則皆然」的。

（五）

白圭曰：「吾欲二十而取一，何如？」孟子曰：「子之道，貉道也。萬室之國，一人陶，則可乎？」曰：「不可。器不足用也。」曰：「夫貉，五穀不生，惟黍生之。無城郭宮室、宗廟祭祀之禮，無諸侯幣帛饔飧，無百官有司，故二十取一而足也。今居中國，去人倫，無君子，如之何其可也？陶以寡，且不可以為國，況無君子乎？欲輕之於堯、舜之道者，大貉小貉也；欲重之於堯、舜之道者，大桀、小桀也。」

白圭，名丹，他也是諸子之一，錢穆先生的《先秦諸子繫年考辨》收錄了他。白圭本是商人，後出任魏相，他的經商思維在其施政理念中有所繼承。據《史記・貨殖列傳》記述，白圭發家致富的一條重要經驗是節省用度，〈貨殖列傳〉說白圭「能薄飲食，忍嗜欲，節衣服，與用事僮僕同苦樂」，就說明了這一點。白圭的節用思想放在治國理政上，具體地表現為其薄稅斂的設想。

儒家一向主張「節用而愛人」（《論語・學而》），然而孟子卻出乎意料地反對白圭改革稅制的想法。這是為什麼呢？白圭設想的稅率是「二十而取一」，即以收入的二十分之一繳納賦稅，孟子認為這有違「堯、舜之道」。孟子在這裏所說的堯、舜之道，是特指什一之稅，「什一而稅，堯、舜之道也。」（《孟子集注・告子章句下》）什一之稅是以收入的十分之一繳納賦稅。孟子提倡什一之稅、不贊成二十而取一的稅率是有著深層次的考慮的。孟子擔心，一旦稅法變更為二十而取一，則國家將「無城郭宮室、宗廟祭祀之禮，無諸侯幣帛饔飧，無百官有司」，將「去人倫，無君子」。

總之，儒家所維護的禮樂文化將遭到徹底的破壞而無法施行。實際上，孟子在這裏反對二十而取一的稅率與儒家一貫反對墨家「薄葬」的主張是一樣的道理，某些用度固然是可以節省的，但禮樂制度卻不可省，省卻了禮樂制度便等於喪失了中原文明，使中原國家的文化退回到「大貉小貉」的夷狄的水平。在這一詮釋實例中，孟子的先入之見是明顯的，這就是堯舜之道、禮樂文明絕不可丟棄，孟子以這樣的先入之見審視白圭的主張，立即能「詖辭知其所蔽」（《孟子・公孫丑上》）。

（六）

白圭曰：「丹之治水也，愈於禹。」孟子曰：「子過矣。禹之治水，水之道也。是故，禹以四海為壑。今吾子以鄰國為壑。水逆行，謂之洚水。洚水者，洪水也，仁人之所惡也。吾子過矣。」

白圭自以為治理水患的本領已經勝過了大禹。可是，據孟子所說，白圭的治水方法是「以鄰國為壑」，即把鄰近的國家當作蓄洪區。用這樣的方法來洩洪排水，效率自然會很高，但卻是急功近利且損人利己的，對此，白圭非但沒有引以為恥，反而以此驕人，這顯露出他的奸商本性。孟子斥責白圭的做法是「仁人之所惡」，這就等於明言白圭不仁，顯然，孟子在這裏還是以儒家的仁愛觀念、以「己所不欲，勿施於人。」（《論語・顏淵》）的道德訓誡為評判準則的，這是「邪辭知其所離」（《孟子・公孫丑上》）。

十三　盡心上

（一）

孟子曰：「孔子登東山而小魯，登泰山而小天下。故觀於海者難為水，游於聖人之門者難為言……」

對於上面的這段話，朱熹注曰：「此言聖人之道大也。」（《孟子集注・盡心章句上》）即這段話的意思是說孔子所開創的儒家思想宏深博大，朱熹所言極是。「登東山而小魯，登泰山而小天下」是說「所處益高，則其視下益小。」（同上）「觀於海者難為水，游於聖人之門者難為言」則是說「所見既大，則其小者不足觀也。」（同上）。總之，這段話說明了在孟子的心目中，孔子的道是至高至大的，學習了孔子的道，其他諸子百家的學說便都不值一提了。孟子瞭解孔子曾登東山及泰山的行跡，這表現了孟子對孔子的「知人」，不過，孟子對孔子的「知」絕不僅僅體現在這裏，孟子對孔子的「知」主要地體現於他對孔子之道的全身心的認同和接受，這種認同和接受使得他可以「尚友」孔子。此外，「游於聖人之門者難為言」的說法也表明了，一旦確立了對孔子之道的信仰，孟子也就可以對其他諸子的言論、學說「知言」了。

（二）

孟子曰：「楊子取為我，拔一毛而利天下，不為也。墨子兼愛，摩頂放踵利天下，為之。子莫執中，執中為近之。執中無權，猶執一也。所惡執一者，為其賊道也，舉一而廢百也。」

孟子稱「游於聖人之門者難為言」，他自己正是游於聖人之門、熟知聖人之道的人，因而在這裏他對於楊子、墨子及子莫等人的學說便都採取了居高臨下的態度。在他看來，楊子的「為我」、墨子的「兼愛」以及子莫的「執中無權」都是「賊道」的學說，這個「道」也就是聖人之道。從這裏我們可以清楚地看出孟子「知言」的思路。筆者對此詮釋實例的分析詳見本書的第三章。

（三）

公孫丑曰：「《詩》曰：『不素餐兮。』君子之不耕而食，何也？」孟子曰：「君子居是國也，其君用之，則安富尊榮；其子弟從之，則孝弟忠信。『不素餐兮』，孰大於是？」

或許是受到了許行、陳相等農家者流的影響，孟子的弟子公孫丑也開始懷疑儒者們不親自參加農業生產勞動卻要領取俸祿的做法是否正當。孟子告訴他，一位君子只要對諸侯和百姓有所貢獻，使他們懂禮義、有尊嚴，就完全有資格、有理由去享受他們的供養。孟子和公孫丑之間的討論是透過對「不素餐兮」這句詩的釋義來進行的。「不素餐兮」語出《詩經・魏風・伐檀》。對於〈伐檀〉一詩的主旨，《毛序》曰：「刺貪也。在位貪鄙，無功而受祿，君子不得進仕耳。」(《毛詩正義・魏風・伐檀》) 對此，朱熹等人持有不同的看法。朱熹認為：「此詩專美君子之不素餐。《序》言刺貪，失其旨矣。」(《詩序辨說》卷上)；清人姚際恒也說，「此詩美君子之不素餐。『不稼』四句只是借小人以形君子，亦借君子以罵小人，乃反襯『不素餐』之意耳。」(《詩經通論》卷六)。筆者以為，朱熹、姚際恒所言更為合理，因此姑從二人之說，將〈伐檀〉看作是頌美君子不素餐的詩。

孟子與公孫丑間的分歧集中地體現在他們對「素餐」二字的不同解釋上。素餐的字面意義就是白吃飯，但如何才是白吃飯呢？公孫丑認為「不耕而食」就是白吃飯，孟子的答覆則表明了他所理解的白吃飯乃是「無功而食」，「無功而食祿，謂之素餐。此與告陳相、彭更之意同。」(《孟子集注・盡心章句上》) 如果素餐是指不耕而食，那麼君子不素餐，就應當躬耕親種；如果素餐是指無功而食，那麼君子不素餐，就只需盡他們佐助諸侯、教化百姓的職責即可。依筆者之愚見，素餐之意當為後者。在〈伐檀〉之詩中，「不素餐兮」的前一句是「彼君子兮」，兩句合起來就是「彼君子兮，不素餐兮」，按照朱熹和姚際恒的意見，這兩句詩顯然是誇讚君子不素餐的。這裏所謂君子是西周或春秋時期貴族男子的通稱。在當時的社會條件下，遵行禮樂的貴族男子要親自下田耕種是一件不可思議的事情。因此，公孫丑對〈伐檀〉詩句的理解純屬望文生義。反之，孟子立足儒家的「職分」觀念或社會分工的觀念來對「不素餐兮」進行解釋，則恰好合乎了這句詩的本義。在這一詮釋個案中，孟子詮釋《詩經》的方法是「知言」，不過，「知言」在這裏並不表現為一種創造性的詮釋方法，因為孟子的詮釋與該詩的原意剛好吻合。

（四）

孟子曰：「仲子，不義與之齊國而弗受，人皆信之。是舍簞食豆羹之義也。人莫大焉亡親戚君臣上下。以其小者，信其大者，奚可哉？」

在這裏，孟子又一次提到了陳仲子。在〈滕文公下〉中，孟子稱「於齊國之士，吾必以仲子為巨擘焉」，在這裏，孟子說「仲子，不義與之齊國而弗受」，這說明孟子對陳仲子的評價具有一貫性，孟子總是首先有限度地肯定陳仲子是一位廉潔之士，是有德之人。同樣，孟子接下來又立即批評陳仲子，指出陳仲子所守的道義只「是舍簞食豆羹之義」，即小廉小義，過於講究這類義的人必然要離群索居，陳仲子便「辟兄離母，處於於陵。」（《孟子・滕文公下》）殊不知這樣一來便背離了父子、君臣間的大義，即「亡親戚君臣上下」。陳仲子隱於於陵不同於伯夷隱於首陽山，陳仲子的隱居背棄了君臣之義，而伯夷的隱居恰恰成就了君臣之義，孟子譴責前者，讚頌後者。陳仲子的做法與出現在《論語》裏的荷蓧丈人頗類似，子路批評荷蓧丈人「欲潔其身，而亂大倫。」（《論語・微子》）孟子在這裏設問「以其小者，信其大者，奚可哉」，子路和孟子實質上都是以儒家倫理為綱來評判某些隱士的行為，在這一強烈的先入之見的支配之下，隱士們無論怎樣廉潔、怎樣自律，往往都會難逃忽視君臣、父子之大倫的責難。對孟子來說，這種識人論事的方法就是「以意逆志」，就是「知言」。

十四　盡心下

（一）

孟子曰：「盡信《書》，則不如無《書》。吾於《武成》，取二三策而已矣。仁人無敵於天下。以至仁伐至不仁，而何其血之流杵也？」

孟子說「盡信《書》，則不如無《書》」，這就表示，他對於史書中所記述的內容並不盲信，他所確信的是自己內心的價值信念；更進一步地推理可知，孟子一定會用他內心的價值信念去衡裁史書中所述內容的是否可信，總之，「盡信《書》，則不如無《書》」的說法就已經透視出孟子「知言」的思路。孟子對〈武成〉篇內容的懷疑更是清晰地展示了他「知言」思路，這一思路中也包含了他對「知人論世」、「以意逆志」、「不以文害辭，不以辭害志」等詮釋方法的運用。筆者對此詮釋實例的分析詳見本書的第三章。

（二）

孟子曰：「有人曰：『我善為陳，我善為戰。』大罪也。國君好仁，天下無敵焉。南面而征，北狄怨；東面而征，西夷怨，曰：『奚為後我？』武王之伐殷也，革車三百兩，虎賁三千人。王曰：『無畏！寧爾也，非敵百姓也。』若崩厥角稽首。征之為言正也，各欲正己也，焉用戰？」

上面的一段論述集中反映了孟子對於戰爭的態度。孟子反對無原則的戰爭，因此對那些不問是非、一位求勝的好戰分子十分厭惡，認為他們擁有領導素質與指揮才能其實是「大罪也」。當然，孟子也不是籠統地反對一切戰爭，孟子支持順乎天而應乎人的「義戰」。正義的征伐能夠解民於倒懸，「征之為言正也」，「民為暴君所虐，皆欲仁者來正己之國也。」（《孟子集注・盡心章句下》）。

在上文中，孟子還提出了「義戰必勝」的觀點，這便是他所謂的「國君好仁，天下無敵焉」。為了證成此一觀點，孟子接連引述了《尚書》裏記載的有關商湯伐桀和武王伐紂的歷史典故。「南面而征，北狄怨；東面而征，西夷怨，曰：『奚為後我？』」，這是引用商湯伐桀的故事，《尚書・商書・仲虺之誥》的記述跟《孟子》略有文字差異，原文作「東征西夷怨，南征北夷怨，曰：『奚獨後予？』」；「王曰：『無畏！寧爾也，非敵百姓也。』若崩厥角稽首」，這是引用武王伐紂的故事，《尚書・周書・泰誓》的記述也跟《孟子》略有差異，原文作「罔或無畏，寧執非敵。百姓懍懍，若崩厥角」。儘管《孟子》引文與《尚書》原文小異，但它們都表現了商湯或武王的討伐戰爭大得民眾的擁護，大得民眾擁護才能攻無不克、戰無不勝，這便證成了「國君好仁，天下無敵焉」的觀點。總體而言，孟子的引述基本準確，孟子對《尚書》的理解也大致無誤。從這個意義上說，孟子對《尚書》所記述的內容做到了「知人論世」。

（三）

孟子曰：「孔子之去魯，曰：『遲遲吾行也。』去父母國之道也。去齊，接淅而行，去他國之道也。」

以上的這段文字在〈萬章下〉的第一章已經出現過，〈萬章下〉中作「孔子之去齊，接淅而行。去魯，曰：『遲遲吾行也，去父母國之道也。』」「接淅而行」即把正在淘的米瀌乾就走，這說明了孔子離齊時的速度快、不遲疑。孟子用「可以速而速，可以久而久」來評論孔子的上述行為，以此證明孔子的「時中」，突顯孔子的「聖之時者」的形象。孟子對孔子「行事之跡」的敘述及其對孔子「為人之實」的評價顯示了他對孔子的「知人論世」。不過，孟子對孔子的這種「知」並不僅僅是客觀瞭解的知，而且還是心契神交的知，孔、孟「意」、「志」相通，「易地則皆然」。

（四）

孟子曰：「君子之厄於陳、蔡之間，無上下之交也。」

孟子這句話裏的君子指的是孔子。孟子的話是說，孔子在陳國蔡國之間遭受困苦災禍，是由於沒有跟兩國的君臣拉交情。孔子「厄於陳、蔡之間」的事情經過詳見於《史記．孔子世家》。《史記》載：「孔子遷於蔡三歲，吳伐陳。楚救陳，軍於城父。聞孔子在陳、蔡之間，楚使人聘孔子。孔子將往拜禮，陳、蔡大夫謀曰：『孔子賢者，所刺譏皆中諸侯之疾。今者久留陳、蔡之間，諸大夫所設行皆非仲尼之意。今楚，大國也，來聘孔子。孔子用於楚，則陳、蔡用事大夫危矣。』於是乃相與發徒役圍孔子於野。不得行，絕糧。從者病，莫能興……」除了《史記．孔子世家》之外，《論語．衛靈公》、《墨子．非儒下》、《莊子．山木》、《莊子．讓王》、《荀子．宥坐》、《呂氏春秋．任數》、《孔子家語．在厄》、《孔子家語．困誓》、《說苑．雜言》、《新語．本行》等諸多先秦兩漢的篇章對於孔子在陳蔡之間絕糧時的言行、表現也多有記錄，可見，此事是孔子一生中的重大事件。

照司馬遷的說法，陳蔡大夫圍困孔子的根由是他們知道孔子是一位道德高尚、嫉惡如仇的真君子，這樣的人久居陳蔡之間、親見熟知他們那些違禮悖義的惡行和醜行，因而一旦在楚國取得了權勢，就必定會做出對他們不利的舉動。顯然，只要孔子親自或派人出面與他們談條件、講價錢，承諾自己在楚國從政之後會保證他們的既得利益，雙方就可以達成妥協、互不侵犯。可是，孔子深知，陳蔡大夫的想法絕對不是君子之所想，陳蔡大夫的行為絕對不是君子之所為，他們是一群沆瀣一氣、狼狽為奸的偽君子、真小人。正如朱熹所說，陳蔡「君臣皆惡，無所與交也。」（同上）孔子怎麼可以與這類卑鄙無恥小人交往，怎麼可以與這類用心險惡之徒妥協？孔子曾用「君子固窮，小人窮斯濫矣。」（《論語・衛靈公》）的話語來激勵弟子們的意志、表達自己「殺身成仁」和絕不與惡人惡行妥協的決心，就充分說明了這一點。所以，孟子把孔子厄於陳、蔡之間的原因歸結於「無上下之交」，這就表明了孟子是深知孔子之為人及其良苦用心的。當然，這裏的「知」也不僅僅是客觀瞭解的知，它更是神交心契的知。

（五）

貉稽曰：「稽大不理於口。」孟子曰：「無傷也。士憎茲多口。《詩》云：『憂心悄悄，慍於群小。』孔子也。『肆不殄厥慍，亦不隕厥問。』文王也。」

一位名叫貉稽的士人苦於被眾人詆毀，孟子便開導他，士人受到多嘴之人的怨恨是很平常的事情，因此不必過於在意。孟子用孔子和文王的生平遭際來說明這一點，源出《詩經》的兩處引文就是分別概述孔子、文王遭人陷害或被人詆毀的遭遇的。「憂心悄悄，慍於群小」是《詩經・邶風・柏舟》裏的話，意為憂思重重心頭繞，怨恨我的小人真不少。《毛序》以為〈柏舟〉一詩「言仁而不遇也。衛頃公之時，仁人不遇，小人在側。」（《毛詩正義・邶風・柏舟》），《毛序》之說大略可從。所以，「憂心悄悄，慍於群小」的詩句「本言衛之仁人，見怒於群小。孟子以為孔子之事，可以當之。」（《孟子集注・盡心章句下》）

至於是孔子的哪些事使他看起來類似於衛之仁人，孟子並沒有交代，孟子的講法只是籠統言之。不過，我們很容易為孟子的講法找到相關的例證，像孔子與眾弟子在陳蔡絕糧的磨難就是由陳蔡大夫這班群小所造成的。「肆不殄厥慍，亦不隕厥問」是《詩經．大雅．綿》裏的兩句詩，意思是不消滅別人的怨恨，也不失去自己的名聲。〈綿〉這首詩敘述了周人的祖先開創歷史業績的過程，《毛序》說，「〈綿〉，文王之興，本由太王也。」（《毛詩正義．大雅．綿》），這是說文王的興盛，是由於太王奠定了基礎，此說不誤。「肆不殄厥慍，亦不隕厥問」、「本言大王事昆夷，雖不能殄絕其慍怒，亦不自墜其聲問之美。孟子以為文王之事，可以當之。」（《孟子集注．盡心章句下》）這裏所提到的「文王之事」大概是指周文王侍奉昆夷族和殷紂王的典故，昆夷和殷紂並不因文王的恭順而安心，他們仍然時常猜忌和責難文王，不過文王則只是盡其在我者而已，他從沒有喪失仁德、賢明的美譽，在這一點上，文王很像他的祖父周太王。孔子和文王的故事、〈柏舟〉和〈綿〉的詩句都很能印證孟子所謂「士憎茲多口」的道理，這反過來也說明了孟子對《詩經》及孔子等的引用或詮釋也都是正確的。對於孔子和文王也好，對於〈柏舟〉和〈綿〉的詩文內容也好，孟子都充分地做到了「知人論世」。

（六）

孟子曰：「逃墨必歸於楊，逃楊必歸於儒。歸，斯受之而已矣。今之與楊、墨辯者，如歸放豚，既入其苙，又從而招之。」

孟子上面的話主要是說，對於那些曾經是墨子一派和楊朱一派的人，只要他們回歸了儒家的本位，儒門弟子就應當對其既往不咎；反之，抓住對方的過去不放，千方百計地為難對方，這絕不是聖賢之所為。孟子的話顯示了他性格中寬容的一面，對曾為異端但終歸大道者，孟子是充分接納的。所以，這段話的主旨就如朱熹所說：「此章見聖賢之於異端，距之甚嚴。而於其來歸，待之甚恕。距之嚴，故人知彼說之為邪；待之恕，故人知此道之可反。仁之至，義之盡也。」（同上）在這裏，我們需要特別注意孟子的「逃墨必歸於楊，逃楊必歸於儒」的說法。為什麼「逃墨必歸於楊，逃楊必歸於儒」呢？朱熹認為：「墨氏務外而不情，楊氏太簡而近實，故其反正之漸，大略如此。」（同上）朱熹的意思大概是說，墨家的學說過於理想化、有悖人情常理，即所謂「不情」，而楊朱的學說則注重人的實際需求、但卻缺乏理想性，即所謂「近實」；追求真理的人往往因墨家思想的理想性而首先選擇墨學，但當他們發現了墨家學說的不切實際之後，又會矯枉過正地轉向楊朱學說這另一個極端，在楊、墨兩種學說中浸潤之久，學者們又可能經歷一個否定之否定，從而找尋到兼容了理想性與現實性的中正平實的儒家。

朱熹的注解說明了，孟子之所以能有「逃墨必歸於楊，逃楊必歸於儒」的洞見，是由於他可以以儒家的「中道」原則為標準來衡判楊、墨兩家的思想學說，從而見出兩種學說各自的優劣得失，簡言之，孟子在這裏運用了「知言」的方法。

（七）

曾皙嗜羊棗，而曾子不忍食羊棗。公孫丑問曰：「膾炙與羊棗孰美？」孟子曰：「膾炙哉！」公孫丑曰：「然則曾子何為食膾炙而不食羊棗？」曰：「膾炙所同也，羊棗所獨也。諱名不諱姓，姓所同也，名所獨也。」

此處的「曾皙嗜羊棗，而曾子不忍食羊棗」與〈離婁上〉所記「曾子養曾皙，必有酒肉」相似，都是特別能夠表現曾子之大孝的生活細節。羊棗是一種生長於山區的百姓喜食的普通小柿子，「實小，黑而圓，又謂之羊矢棗。」（同上）曾子的父親曾皙非常喜愛吃羊棗，曾子因而便不忍心吃羊棗。對於「曾皙嗜羊棗，而曾子不忍食羊棗」的記述，朱熹注曰：「曾子以父嗜之，父歿之後，食必思親，故不忍食也。」（同上）朱熹的注解說明了，曾子對羊棗的不忍食是父歿之後的不忍食，因為「食必思親」；睹物思人便悲從中來，內心悲傷的情感易被外物所勾起，這的確是可以體現曾子對其父的懷戀之情的，其實，這種懷戀之情也是能夠為一般人所理解的，因為這種情本就是人之常情。公孫丑大概是未曾深思，因而看到了這種現象，卻又不明白其中所包含的義理，於是就向老師孟子請教。公孫丑先「膾炙與羊棗孰美」設問，繼而又追問「曾子何為食膾炙而不食羊棗」。膾炙也就是細切的肉與烤肉，較之於羊棗，膾炙當然是更加美味的食物。孟子的回答表明了，曾子的「食膾炙而不食羊棗」絕不是由於他偏愛膾炙這種高級的美食並鄙視羊棗這種廉價的食物，而是由於「膾炙所同也，羊棗所獨也」，即肉大家都喜歡吃，羊棗只曾晳獨自喜歡吃，這就已經揭示出了曾子的行為表現與其懷念父親的思想情感之間的必然關聯。孟子的這種回答深合聖賢的孝親尊親之道。能夠透過聖賢的外在表現而推斷出其內在的心理，發現其行為的動機，由此可見孟子確實是善於「以意逆志」的。

（八）

萬章問曰：「孔子在陳，曰：『盍歸乎來？吾黨之士狂簡，進取不忘其初。』孔子在陳，何思魯之狂士？」孟子曰：「孔子：『不得中道而與之，必也狂獧乎！狂者進取，獧者有所不為也。』孔子豈不欲中道哉？不可必得，故思其次也。」「敢問何如斯可謂狂矣？」曰：「如琴張、曾晳、牧皮者，孔子之所謂狂矣。」「何以謂之狂也？」曰：「其志嘐嘐然，曰：『古之人，古之人！』夷考其行，而不掩焉者也。狂者又不可得，欲得不屑不潔之士而與之，是獧也，是又其次也。孔子曰：『過我門而不入我室，我不憾焉者，其惟鄉愿乎！鄉愿，德之賊也。』」曰:「何如斯可謂之鄉愿矣?」曰:「何以是嘐嘐也?言不顧行,行不顧言,則曰『古之人,古之人。行何為踽踽涼涼?生斯世也,為斯世也,善斯可矣。』閹然媚於世也者,是鄉愿也。」萬子曰:「一鄉皆稱愿人焉,無所往而不為愿人,孔子以為德之賊,何哉?」曰:「非之無舉也,刺之無刺也。同乎流俗,合乎汙世。居之似忠信,行之似廉潔。眾皆悅之,自以為是。而不可與入堯、舜之道,故曰:『德之賊』也。孔子曰:『惡似而非者。惡莠,恐其亂苗也;惡佞,恐其亂義也;惡利口,恐其亂信也;惡鄭聲,恐其亂樂也;惡紫,恐其亂朱也。惡鄉愿,恐其亂德也。』君子反經而已矣。經正則庶民興;庶民興,斯無邪慝矣。」

萬章用孔子寄居在陳國時說過的幾句話——「盍歸乎來?吾黨之士狂簡,進取不忘其初」來引出他的問題。孔子的話意為,何不回去呢,我那些學生們志大而狂放,進取而不忘本。萬章不理解孔子在陳國的時候為什麼會思念魯國的這些狂放之士,於是求教於孟子。孟子幾乎全引孔子本人的話語作答,在引語之外,孟子還穿插進自己對孔子意圖的揣測。孟子多引孔子之語作答,這顯示了他對孔子的「知人論世」;穿插自己對孔子意圖的揣測,這表示他對於孔子可以「以意逆志」;孟子對此問題的全部答覆則表明了他對孔子的「盍歸乎來?吾黨之士狂簡,進取不忘其初」的這幾句話能夠「知言」。

所謂「盍歸乎來?吾黨之士狂簡,進取不忘其初」在《論語・公冶長》中本作「歸與,歸與!吾黨之小子狂簡,斐然成章,不知所以裁之」,《論語》原文與《孟子》引語雖有文字上的差別,但意義差別並不大。在《論語》中,孔子在陳而思念魯之狂士的原因並沒有被給出,這便需要孟子根據他自己對孔子的瞭解或理解來對孔子的說法及想法作出詮釋。孟子首先用孔子所說「不得中道而與之,必也狂獧乎！狂者進取，狷者有所不為也」來解釋孔子為什麼思狂士。孔子這番話也見於《論語・子路》，在《論語》裏，「中道」作「中行」。中行之士是指道德高尚、行事有度的人，狂者是指志向遠大、勇於進取的人，狷者是指清高自守、不做壞事的人，這三種人都是孔子所欣賞的。孟子闡發孔子之意說：「孔子豈不欲中道哉？不可必得，故思其次也」，這就表示，中行之士難得一見，而狂放之士還可以找到，所以孔子先是思中道，退而求其次便要思狂士了，孟子的這一闡釋當不曾偏離孔子的本意。

孟子的以上答覆引發了萬章後面的一連串的提問，即「何如斯可謂狂矣」、「何如斯可謂之鄉愿矣」以及「孔子以為德之賊，何哉」等等。孟子在回答這些提問時又兩引孔子語。孟子指出，孔子最厭惡的一種人是鄉愿，他引用孔子的話說，「過我門而不入我室，我不憾焉者，其惟鄉愿乎！鄉愿，德之賊也」，這就是說，鄉愿是孔子最不屑於與之交往的人，「過門不入而不恨之，以其不見親就為幸，深惡而痛絕之也。」（同上），孔子認為這種人是「德之賊」，即賊害道德的人。「鄉愿，德之賊也」之說另見於《論語・陽貨》，可見孟子對孔子之意的轉述不誤。

至於孔子為什麼會認定鄉愿是「德之賊」，孟子仍然以孔子本人的話語來進行解釋，即「惡似而非者。惡莠，恐其亂苗也；惡佞，恐其亂義也；惡利口，恐其亂信也；惡鄭聲，恐其亂樂也；惡紫，恐其亂朱也。惡鄉愿，恐其亂德也」。《論語・陽貨》中記有孔子類似的表述：「惡紫之奪朱也，惡鄭聲之亂雅樂也，惡利口之覆邦家也。」《論語》對孔子這段陳述的記錄較簡略，《孟子》的引文則有可能是孔子講這番話時的完整版本。孔子的話指明了他痛恨鄉愿的理由，這一理由就在於，鄉愿的為人表面上合乎道德，實際上卻極不道德，這類人的存在容易使旁觀者迷惑於其所作所為，因而混淆是非、認不清道德的標準，就如朱熹所言，「鄉愿不狂不狷，人皆以為善，有似乎中道而實非也，故恐其亂德。」（同上）孟子對鄉愿的「居之似忠信，行之似廉潔。眾皆悅之，自以為是。而不可與入堯、舜之道」的刻畫也正表現了鄉愿的似是而非、極易亂德的特點，與孔子「惡鄉愿」之意完全相合。

綜上所述，孟子對孔子之言的準確引用和詮釋、對孔子思念魯之狂士之言的詳細解說，分別展示了孟子的「知人論世」、「以意逆志」及「知言」。

（九）

孟子曰：「由堯、舜至於湯，五百有餘歲。若禹、皋陶，則見而知之。若湯，則聞而知之。由湯至於文王，五百有餘歲。若伊尹、萊朱，則見而知之。若文王，則聞而知之。由文王至於孔子，五百有餘歲。若太公望、散宜生，則見而知之。若孔子，則聞而知之。由孔子而來，至於今，百有餘歲。去聖人之世，若此其未遠也。近聖人之居，若此其甚也。然而無有乎爾，則亦無有乎爾！」

上面一段是《孟子》全書的終結，在這最後的一段話裏，孟子概述了聖人之道的傳承規律。這種規律就是：約逢五百年，就會有聖人出現於世，以他的言論與行為向世人昭示大道，於是聖人之道的傳承方式就有兩種，一靠見而知之，二靠聞而知之。所謂見而知之就是親見聖人之為人，所謂聞而知之就是聽聞聖人之道。孟子心目中的聖人有堯、舜、湯、文王、孔子等人，孟子認為，大道在他們中間一代一代地傳承，只是在孔子身後，能夠繼承他的名人還沒有出現，所謂「無有乎爾，則亦無有乎爾」，就是說現在還沒有能夠繼承孔子的名人，那麼就更要擔心五百年後沒有繼承他的名人了。

朱熹認為：「此言雖若不敢自謂已得其傳，而憂後世遂失其傳，然乃所以自見其有不得辭者，而又以見夫天理民彝不可泯滅，百世之下，必將有神會而心得之者耳。故於篇終曆序群聖之統，而終之以此，所以明其傳之有在，而又以俟後聖於無窮也。」（同上）朱熹之言明白地揭示出孟子講這些話的真意，孟子表面上憂慮孔子無繼承人，實際上是想告訴世人，孔子之道就在他這裏，孟子寄望後人能夠從他手裏接過孔子之道，讓大道延續下去。孟子不是孔子同時代的人，對於孔子，他不可能見而知之，只可能聞而知之。但就是這聞而知之，使得他「知」孔子如親見孔子之為人，使得他常能「以意逆志」「尚友」孔子，對孔子人格的敬仰、對孔子所傳承之道的信任、對孔子的繼承人身分的自許，也是他奮起衛道、善於「知言」的根本原因。

參考文獻

一　中國文化部分

（一）國學原典

依作者朝代及出版年先後排序

〔春秋〕左丘明　春秋左傳　鄭州市：中州古籍出版社　1993。
〔戰國〕呂不韋　呂氏春秋　北京市：中華書局　1991。
〔戰國〕韓　非　韓非子　上海市：上海古籍出版社　1989。
〔漢〕班　固　漢書　北京市：中華書局　1962。
〔漢〕趙　岐　三輔決錄　臺北市：藝文印書館　1971。
〔漢〕王　符　潛夫論　上海市：上海古籍出版社　1978。
〔漢〕班　固　白虎通德論　上海市：上海古籍出版社　1990。
〔漢〕戴　德　大戴禮記　長春市：吉林大學出版社　1992。
〔漢〕趙　岐　孟子注　四部要籍注疏叢刊　北京市：中華書局　1998。
〔漢〕許　慎　說文解字　北京市：中國書店出版社　2001。
〔漢〕司馬遷　史記　北京市：中華書局　2005。
〔唐〕孔穎達　尚書正義　北京市：北京大學出版社　1999。
〔唐〕孔穎達　毛詩正義　北京市：北京大學出版社　1999。
〔宋〕張　載　張載集　北京市：中華書局　1978。

〔宋〕蔡　沈　書經集傳　上海市：上海古籍出版社　1987。
〔宋〕朱　熹　詩集傳　上海市：上海古籍出版社　1980。
〔宋〕陸九淵　陸九淵集　北京市：中華書局　1980。
〔宋〕歐陽修　詩本義　〔明〕林堯俞　俞汝楫　景印文淵閣四庫全書　臺北市：臺灣商務印書館　1983。
〔宋〕朱　熹　四書章句集注　北京市：中華書局　1983。
〔宋〕張　栻　孟子說　〔清〕紀曉嵐　欽定四庫全書薈要　臺北市：世界書局　1986。
〔宋〕朱　熹　朱子語類　北京市：中華書局　1994。
〔宋〕朱　熹　詩序辨說　《續修四庫全書》編纂委員會　續修四庫全書　上海市：上海古籍出版社　1996。
〔宋〕程顥、程頤　二程遺書　上海市：上海古籍出版社　2000。
〔明〕郝　敬　孟子說解　季羨林　四庫全書存目叢書　北京市：北京大學出版社　1994。
〔明〕王陽明　王陽明全集　北京市：紅旗出版社　1996。
〔清〕王夫之　讀四書大全說　北京市：中華書局　1975。
〔清〕李光地　榕村四書說　王雲五　四庫全書珍本九集　臺北市：臺灣商務印書館　1979。
〔清〕王先謙　詩三家義集疏　北京市：中華書局　1982。
〔清〕章學誠　文史通義　北京市：中華書局　1985。
〔清〕王先謙　荀子集解　北京市：中華書局　1988。
〔清〕錢大昕　潛研堂集　上海市：上海古籍出版社　1989。
〔清〕戴　震　戴震全集　合肥市：黃山書社　1995。
〔清〕李光地　榕村語錄　北京市：中華書局　1995。
〔清〕錢大昕　金石文跋尾　南京市：江蘇古籍出版社　1997。
〔清〕錢大昕　廿二史考異　南京市：江蘇古籍出版社　1997。

〔清〕吳　淇　六朝選詩定論緣起　季羨林　四庫全書存目叢書　濟南市：齊魯書社　1997。
〔清〕焦　循　孟子正義　北京市：中華書局　1998。
〔清〕王先謙　莊子集解　西安市：三秦出版社　1998。
〔清〕錢大昕　十駕齋養新錄　南京市：江蘇古籍出版社　2000。
〔清〕姚際恒　詩經通論　《續修四庫全書》編纂委員會　續修四庫全書　上海市：上海古籍出版社　2002。

（二）近人及今人著作

依作者姓名筆畫順序排序

丁原明　黃老學論綱　濟南市：山東大學出版社　1997。
王　博　莊子哲學　北京市：北京大學出版社　2004。
北京大學注釋組　荀子新注　北京市：中華書局　1979。
匡亞明　孔子評傳　南京市：南京大學出版社　1990。
朱自清　詩言志辨　臺北市：臺灣開明書店　1975。
朱維錚　中國經學史十講　上海市：復旦大學出版社　2002。
牟宗三　才性與玄理　臺北市：臺灣學生書局　1993。
牟宗三　中國哲學的特質　臺北市：臺灣學生書局　1965。
牟宗三　心體與性體　臺北市：臺北正中書局　1968。
牟宗三　四因說演講錄　臺北市：鵝湖出版社　1997。
牟宗三　從陸象山到劉蕺山　上海市：上海古籍出版社　2001。
牟宗三　現象與物自身　臺北市：臺灣學生書局　1996。
李　申　老子衍今譯　成都市：巴蜀書社　1990。
李明輝　中國經典詮釋傳統（二）儒學篇　臺北市：臺灣大學出版中心　2004。

李明輝　孟子重探　臺北市：聯經出版事業公司　2001。
李明輝　康德倫理學與孟子道德思考之重建　臺北市：中央研究院中國文哲研究所　1994。
李明輝　儒家經典詮釋方法　臺北市：臺灣大學出版中心　2004。
李清良　中國闡釋學　長沙市：湖南師範大學出版社　2001。
李澤厚、劉綱紀　中國美學史（第一卷）　北京市：中國社會科學出版社　1984。
沈善洪、吳光　黃宗羲全集（第一冊）　杭州市：浙江古籍出版社　1985。
周光慶　中國古典解釋學導論　北京市：中華書局　2002。
周裕鍇　中國古代闡釋學研究　上海市：上海人民出版社　2003。
姜廣輝　經學今詮三編　瀋陽市：遼寧教育出版社　2002。
姜廣輝　經學今詮四編　瀋陽市：遼寧教育出版社　2004。
姜廣輝　經學今詮初編　瀋陽市：遼寧教育出版社　2000。
姜廣輝　經學今詮續編　瀋陽市：遼寧教育出版社　2001。
徐復觀　中國人性論史（先秦篇）　上海市：上海三聯書店　2001。
徐復觀　中國文學精神　上海市：上海書店出版社　2004。
徐復觀　中國思想史論集　上海市：上海書店出版社　2004。
徐復觀　中國思想史論集續篇　上海市：上海書店出版社　2004。
徐復觀　徐復觀論經學史二種　上海市：上海書店出版社　2002。
馬一浮　中國現代學術經典——馬一浮卷　石家莊：河北教育出版社　1996。
馬恒君　莊子正宗　北京市：華夏出版社　2007。
高　亨　詩經今注　上海市：上海古籍出版社　1980。
高柏園　孟子哲學與先秦思想　臺北市：文津出版社　1996。
國際儒學聯合會　國際儒學研究第四輯　北京市：中國社會科學出版

社　1998。
梁啟雄　荀子簡釋　北京市：中華書局　1983。
陳鼓應　莊子今注今譯　北京市：中華書局　1983。
傅偉勳　從創造的詮釋學到大乘佛學　臺北市：東大圖書出版公司　1990。
傅偉勳　學問的生命與生命的學問　臺北市：正中書局　1994。
景海峰　中國哲學的現代詮釋　北京市：人民出版社　2004。
馮友蘭　中國哲學簡史　北京市：北京大學出版社　1996。
黃俊傑　中國經典詮釋傳統（一）通論篇　臺北市：臺灣大學出版中心　2006。
黃俊傑　中國孟學詮釋史論　北京市：社會科學文獻出版社　2004。
楊伯峻　孟子譯注　北京市：中華書局　1960。
楊柳橋　荀子詁譯　濟南市：齊魯書社　1985。
楊國榮　莊子的思想世界　北京市：北京大學出版社　2006。
楊儒賓　中國經典詮釋傳統（三）文學與道家經典篇　臺北市：臺灣大學出版中心　2004。
楊澤波　孟子性善論研究　北京市：中國社會科學出版社　1995。
董治安　先秦文獻與先秦文學　濟南市：齊魯書社　1994。
董洪利　古籍的闡釋　瀋陽市：遼寧教育出版社　1993。
董洪利　孟子研究　南京市：江蘇古籍出版社　1997。
聞一多　聞一多全集　北京市：三聯書店　1987。
劉笑敢　莊子哲學及其演變　北京市：中國社會科學出版社　1988。
劉　劍　郭店楚簡校釋　福州市：福建人民出版社　2004。
樓宇烈　王弼集校釋　北京市：中華書局　1980。
錢　穆　先秦諸子系年考辨　上海市：上海書店　1992。
聶石樵、雒三桂、李山　詩經新注　濟南市：齊魯書社　2000。

顏炳罡　生命的底色　濟南市：山東友誼出版社　2005。
顏炳罡　當代新儒學引論　北京市：北京圖書館出版社　1998。

（三）學術論文

依作者姓名筆畫順序排序

文江濤　「以意逆志」與解釋學美學——中國傳統文學釋義方法與西方解釋學的對話　萍鄉高等專科學校學報　2005年3月。
牟宗三　觀念的災害　牟宗三　時代與感受　臺北市：鵝湖出版社　1984。
牟宗三、張君勱、徐復觀、唐君毅　為中國文化敬告世界人士宣言——我們對中國學術研究及中國文化與世界文化前途之共同認識　《唐君毅全集》編委會　唐君毅全集（卷四之二）　臺北市：臺灣學生書局　1991。
杜書瀛　面對傳統：繼承與超越　錢中文、杜書瀛、暢廣元　中國古代文論的現代轉換　西安市：陝西師範大學出版社　1997。
郜積意　趙岐《孟子注》章句學的運用與突破　孔子研究　2001年1月。
郭英德　論「知人論世」古典範式的現代轉型　中國文化研究　1998年2月。
郭　傑　孔子的詩學　深圳大學學報（人文社科版）2000年6月。
景海峰　解釋學與中國哲學　哲學動態　2001年7月。
湯一介　「道始於情」的哲學詮釋——五論創建中國解釋學問題　學術月刊　2001年7月。
湯一介　三論創建中國解釋學問題　中國文化研究　2000年2月。
湯一介　再論創建中國的解釋學　中國社會科學　2000年1月。

湯一介　能否創建中國的解釋學　學人　1998年13月。
湯一介　論中國先秦解釋經典的三種模式　北京行政學院學報　2002年1月。
湯一介　論創建中國解釋學問題　學術界　2001年4月。
湯一介　關於建立《周易》解釋學問題的探討　周易研究　1999年4月。
湯一介　關於僧肇注《道德經》問題——四論創建中國解釋學問題　學術月刊　2000年7月。
蒙培元　人·理性·境界——中國哲學研究中的三個問題　泉州師範學院學報（社會科學版）　2004年3月。
蒙培元　儒學是宗教嗎？　孔子研究　2002年2月。
蒲震元　現代詮釋與微觀考辨——再談古代文論的現代價值轉型　文藝研究　1998年3月。
劉玉建　孔穎達易學詮釋學原則及意義　管子學刊　2004年1月。
劉毅青　解釋學的限度與重建中國解釋學——以徐復觀為例　文藝理論研究　2005年6月。
鄧新華　「以意逆志」論——中國傳統文學釋義方式的現代審視　北京大學學報（哲學社會科學版）　2002年4月。
顏炳罡　論傳統文化的繼承與創新　哲學研究　1992年9月。

（四）工具書

依作者姓名筆畫順序排序

北京大學圖書館索引編纂研究部　孟子索引　北京市：北京大學出版社　1992。
呂紹綱　周易辭典　長春市：吉林大學出版社　1992。

香港中文大學中國文化研究所　先秦兩漢古籍逐字索引叢刊　尚書逐字索引　香港：香港商務印書館　1995。

香港中文大學中國文化研究所　先秦兩漢古籍逐字索引叢刊　論語逐字索引　香港：香港商務印書館　1995。

二　西方文化部分

依出版時間先後排序

（一）外文原版書

〔德〕M.HEIDEGGER · Being and Time · New York：Harper & Row，1962 ·

〔德〕M.HEIDEGGER · On the Way to Language · New York：Harper & Row，1971 ·

〔法〕Paul Ricoeur · Hermeneutics and Human Sciences · London：Cambridge University Press, 1982 ·

〔英〕Joel C. Weinsheimer. Hermeneutics:A Reading of Truth and Method · New Haven and London：Yale University Press，1985 ·

〔美〕Gary Brent Madison · The Hermeneutics of Postmodernity:Figure and Themes[M] · Bloomington：Indiana University Press，1988 ·

〔德〕H.GADAMER.Truth and Method · New York：Cross Roads，1989 ·

〔英〕C.Thiselton · New Horizons in Hermeneutics · London：Haper

Collins Publishers，1992．
〔加拿大〕J.GRONDIN．Introduction to Philosophical Hermeneutics．New Haven：Yale University Press，1994．

（二）譯著及研究性著作

〔德〕海德格爾　存在與時間　陳嘉映、王慶節譯　上海市：三聯書店　1987。

〔意〕艾柯等　詮釋與過度詮釋　王宇根譯　北京市：三聯書店　1997。

〔德〕海德格爾　在通向語言的途中　孫周興譯　北京市：商務印書館　1997。

嚴平　走向解釋學的真理——伽達默爾哲學述評　北京市：東方出版社　1998。

〔德〕伽達默爾　真理與方法　洪漢鼎譯　上海市：上海譯文出版社　1999。

洪漢鼎　詮釋學——它的歷史和當代發展　北京市：人民出版社　2001。

洪漢鼎　理解的真理　濟南市：山東人民出版社　2001。

洪漢鼎　理解與解釋——詮釋學經典文選　洪漢鼎等譯　北京市：東方出版社　2001。

〔德〕海德格爾　尼采　孫周興譯　北京市：商務印書館　2002。

〔古希臘〕亞裏士多德　尼各馬可倫理學　廖申白譯　北京市：商務印書館　2003。

〔德〕伽達默爾　人和語言　戴維．E．林格　哲學解釋學　夏鎮平、宋建平譯　上海市：上海譯文出版社　2004。

〔德〕韋爾海姆·狄爾泰　人文科學導論　趙稀方譯　北京市：華夏出版社　2004。

（三）學術論文

潘德榮　詮釋學：從主客體間性到主體間性　安徽師範大學學報　2002年3月。
〔美〕帕爾默　海德格爾的本體論和加達默爾的哲學詮釋學　彭啟福譯　安徽師範大學學報　2002年3月。
洪漢鼎　西方詮釋學的定位及伽達默爾詮釋學的本質特徵　中國思想史研究通訊　2004年2月。
童洪雷　伽達默爾與相對主義　湘潭師範學院學報　2004年2月。
孫秀雲　海德格爾對歷史性「理解」長白學刊　2004年5月。

（四）工具書

馮契、徐孝通　外國哲學大辭典　上海市　上海辭書出版社　2000年。

三　綜合部分

（一）著作

陳榮華　葛達瑪詮釋學與中國哲學的詮釋　臺北市：明文書局　1998。
成中英　世紀之交的抉擇　上海市：上海知識出版社　1991。
成中英　本體與詮釋（第一輯）上海市：三聯書店　2000。
洪漢鼎　詮釋學與人文社會科學（叢書）上海市：上海譯文出版社

2001。
成中英　本體詮釋學（第二輯）　北京市：北京大學出版社　2002。
洪漢鼎　中國詮釋學（第一輯）　濟南市：山東人民出版社　2003。
成中英　本體與詮釋：中西比較（第三輯）　上海市：上海社會科學院出版社　2003。
洪漢鼎　中國詮釋學（第二輯）　濟南市：山東人民出版社　2004。
黃俊傑　中日《四書》詮釋傳統初探　臺北市：臺灣大學出版中心　2004。
成中英　本體與詮釋：賀成中英先生七十壽誕論文專輯　上海市：上海社會科學院出版社　2005。
洪漢鼎、傅永軍　中國詮釋學（第三輯）　濟南市：山東人民出版社　2006。
洪漢鼎、傅永軍　中國詮釋學（第四輯）　濟南市：山東人民出版社　2007。
李明輝　儒家與康德　臺北市：聯經出版事業公司　1990。
劉小楓、陳少明　經典與解釋的張力　上海市：三聯書店　2003。

（二）論文

顏炳罡　詮釋・批判・重建——兼論中西哲學發展方式之差異　中國哲學史　2004年1月。
成中英　本體詮釋學三論　安徽師範大學學報（人文社會科學版）　2004年4月
余敦康　詮釋學是哲學和哲學史的唯一的進路　北京青年政治學院學報　2005年2月。

（三）工具書

馮　契　哲學大辭典　上海市　上海辭書出版社　1992年。

經學研究叢書・經學史研究叢刊 0501023

孟子詮釋思想研究

作　　者 李　凱
責任編輯 游依玲
編輯助理 吳家嘉

發 行 人 林慶彰
總 經 理 梁錦興
總 編 輯 張晏瑞
編 輯 所 萬卷樓圖書股份有限公司
臺北市羅斯福路二段 41 號 6 樓之 3
電話 (02)23216565
傳真 (02)23218698

發　　行 萬卷樓圖書股份有限公司
臺北市羅斯福路二段 41 號 6 樓之 3
電話 (02)23216565
傳真 (02)23218698
電郵 SERVICE@WANJUAN.COM.TW
香港經銷 香港聯合書刊物流有限公司
電話 (852)21502100
傳真 (852)23560735

ISBN 978-957-739-735-5
2012 年 3 月初版
定價：新臺幣 420 元

如何購買本書：
1. 劃撥購書，請透過以下郵政劃撥帳號：
帳號：15624015
戶名：萬卷樓圖書股份有限公司
2. 轉帳購書，請透過以下帳戶
合作金庫銀行 古亭分行
戶名：萬卷樓圖書股份有限公司
帳號：0877717092596
3. 網路購書，請透過萬卷樓網站
網址 WWW.WANJUAN.COM.TW
大量購書，請直接聯繫我們，將有專人為您服務。客服：(02)23216565 分機 610
如有缺頁、破損或裝訂錯誤，請寄回更換

國家圖書館出版品預行編目資料

孟子詮釋思想研究 / 李凱著. -- 初版. － 臺北市：萬卷樓, 2011.12
面；　公分. -- (哲學研究叢書.學術思想叢刊)
ISBN 978-957-739-735-5(平裝)
1.(周)孟軻 2.學術思想 3.詮釋學

121.26　　100025475